Economia e Finanças Públicas:

DA TEORIA À PRÁTICA

Economia e Finanças Públicas:

DA TEORIA À PRÁTICA

2020 • 6ª Edição

Paulo Trigo Pereira
Professor Catedrático do ISEG

Francisco Nunes
Professor Auxiliar do ISEG

ALMEDINA

ECONOMIA E FINANÇAS PÚBLICAS

AUTORES
Paulo Trigo Pereira
Francisco Nunes

EDITOR
EDIÇÕES ALMEDINA, S.A.
Rua Fernandes Tomás, nºs 76-80
3000-167 Coimbra
Tel.: 239 851 904 · Fax: 239 851 901
www.almedina.net · editora@almedina.net

DESIGN DE CAPA
FBA.

PRÉ-IMPRESSÃO
João Jegundo

IMPRESSÃO E ACABAMENTO
ACD Print, S.A.
Janeiro, 2020

DEPÓSITO LEGAL
466262/20

ALMEDINA | GRUPOALMEDINA

BIBLIOTECA NACIONAL DE PORTUGAL – CATALOGAÇÃO NA PUBLICAÇÃO

PEREIRA, Paulo Trigo, 1959- , e outro

Economia e finanças públicas : da teoria à prática / Paulo Trigo Pereira, Francisco Nunes. – 6ª ed
ISBN 978-972-40-8307-0

I – NUNES, Francisco

CDU 336

À memória de
Luis Melo Breyner,
Meu Pai

Paulo Trigo Pereira

ÍNDICE

Índice de Quadros

Índice de Figuras

NOTA PRÉVIA À 6ª EDIÇÃO

Nesta sexta edição deste livro podemos dizer com satisfação que, após a crise, finalmente o rácio do peso da dívida no PIBpm começou a diminuir, embora se mantenha ainda a níveis muito elevados. O saldo orçamental está praticamente em equilíbrio, algo inédito e histórico na democracia portuguesa. O futuro dirá se é um episódio transitório e efémero, na vida democrática, ou se estamos mesmo a iniciar uma mudança cultural na atitude em relação às finanças públicas e ao crescimento económico e ao emprego. Esse futuro dependerá do que fizerem os nossos políticos, influenciados pelos académicos e estudantes, os organismos da sociedade civil, as instituições públicas de monitorização das contas públicas e a atenção dos media. Devemos continuar muito vigilantes a tudo, e é muito, que poderá levar a um novo descontrolo das finanças públicas pois não podemos repetir os desmandos das décadas passadas e pensar bem como relançar uma economia sustentável e um emprego de qualidade.

Pretendemos que este livro ajude a perceber claramente a relação entre crescimento económico, défice público e sustentabilidade das finanças públicas. No discurso público em Portugal continua a haver muitos comentadores que acham estranho os valores de referência para o défice e a dívida pública e que se questionam sobre a sua razoabilidade. Outros há que consideram que todos os problemas das finanças públicas derivam da nossa adesão ao euro e que não temos responsabilidades próprias. A resolução dos exercícios, em particular do capítulo 16, clarificará decerto essas interrogações. Respondemos, assim, à solicitação de alunos e docentes apresentando uma maior diversificação e atualização de dados de exercícios e tópicos de reflexão resolvidos. Nesta edição temos as soluções das questões de escolha múltipla. A sexta edição deste livro surge num momento em que a economia portuguesa, ainda vulnerável, vive um período de desaceleração do crescimento, muito baixa inflação e uma situação das finanças públicas bem melhor que no passado recente, mas ainda com um rácio excessivo da dívida pública no PIBpm (118,2% em 2018).

Portugal, apesar do resgate financeiro internacional (2011-14), está com um rácio desta magnitude, em trajetória descendente, o que é importante, e com fraco crescimento, mantendo uma situação vulnerável nas finanças públicas. É importante promover o crescimento e manter o saldo quase equilibrado, o que não serão tarefas fáceis. Num livro com o sub-título – da *Teoria à Prática* – não poderíamos deixar de abordar a situação presente das finanças públicas. Fizémo-lo sobretudo no capítulo 16, sobre *A Caminho da Sustentabilidade do País (2020-2030)?*, que coloca um conjunto de problemas e de exercícios simples. Esperemos que o país tenha encerrado um capítulo difícil da sua história das finanças públicas e iniciado uma trajetória de sustentabilidade. Este capítulo prático é complementar da primeira parte de um ensaio didáctico intitulado *Portugal: Dívida Pública e Défice Democrático*, editado pela Fundação Francisco Manuel dos Santos em 2012 onde um dos autores argumenta que o problema das finanças públicas não é de agora, é estrutural, e tem sido um problema perene da nossa democracia. Mais recentemente, e precisamente para mostrar que em economia e finanças públicas há sempre alternativas, desenvolvemos, com alguns colegas, uma proposta de caminho para as finanças públicas em P.T. Pereira et al. *Uma Estratégia Orçamental para Portugal* (2018), Almedina.

Este livro prático acompanha o manual teórico *Economia e Finanças Públicas* (Pereira, Afonso, Arcanjo e Santos, pela Escolar Editora), e actualiza já alguns dados do sistema fiscal português, da segurança social, do processo orçamental, das contas das administrações públicas e apresenta o novo quadro orçamental da União Europeia.

Numa página pessoal (https://trigopereira.pt/publicacoes/livros/), há uma ligação para informação adicional sobre este livro e os outros dois, bem como artigos no jornal *Público* onde realizei mensalmente a análise da execução orçamental até Agosto de 2015 e versando outros temas correlacionados. Também artigos para o jornal online *Observador* onde tenho escrito, por vezes sobre questões orçamentais e financeiras. Seguindo o *link* deste livro, no apontador acima referido, poderá encontrar materiais estatísticos adicionais, referentes a Portugal, países da União Europeia, bem como dados disponíveis sobre países de língua oficial portuguesa. São úteis quando se pretender dados mais antigos. Existe acesso reservado aos alunos do ISEG a outros materiais (*readings*, bases de dados, provas de avaliação, *powerpoints* das aulas de EFP) através do portal Aquila. Os docentes do ensino superior que queiram utilizar o livro poderão ter também acesso a outros materiais adicionais (para isso pede-se para contactar *ambos* os autores para fnunes@iseg.ulisboa.pt ou ppereira@iseg.ulisboa.pt).

PAULO TRIGO PEREIRA, ISEG Janeiro de 2020.

INTRODUÇÃO

A temática das finanças públicas continuará certamente na agenda pública nos próximos anos. Entre os problemas que se colocam à economia e às finanças públicas em Portugal nos próximos anos estão os seguintes: Qual o nível óptimo para o saldo orçamental em 2020-25, tendo em conta a necessidade de ponderar a redução do peso da dívida, mas também uma qualidade de serviços públicos? Que medidas orçamentais poderão promover o crescimento económico? Como evoluirá a despesa social, em particular a despesa com pensões, e que projecções é possível fazer em relação ao peso dessa despesa no PIBpm? Deve a tributação incidir mais sobre o rendimento (do trabalho ou do capital) ou sobre a despesa? Qual deve ser o objectivo de médio prazo para o saldo das administrações públicas? Que regras orçamentais deverão existir para alcançar esse objectivo? Não deve a Constituição proteger explicitamente as gerações futuras? Será preciso nela introduzir regras ou pelo menos princípios que as defendam? Que incentivos fiscais deverão ser dados para incentivar o crescimento económico e o desenvolvimento do território? Do lado da despesa, como assegurar a igualdade de oportunidades quando é necessário optar entre diferentes afectações da despesa pública? Por exemplo, que medidas deveriam ser tomadas para compensar a exclusão social no ensino superior provocada pela introdução de Bolonha e o associado aumento significativo das propinas do 2º ciclo quando comparadas com as do 1º ciclo?

Infelizmente, em Portugal há ainda um certo desconhecimento, teórico e empírico, sobre a realidade portuguesa. Contudo, como afirmamos no capítulo 4 deste livro, "*a prossecução do interesse público depende da qualidade da deliberação, o que pressupõe a existência de um espaço político e público de apreciação e ponderação dos argumentos justificativos das várias medidas de políticas públicas.*"

O livro *Economia e Finanças Públicas* (da Escolar Editora, em co-autoria com António Afonso, José Gomes Santos e Manuela Arcanjo) é o complemento teórico deste livro. Aqui pode encontrar exercícios, cuja feitura permitirá clarificar, no sentido de uma apreciação crítica, muitas medidas que estão a ser tomadas. Desde o objectivo relativo ao saldo orçamental, à sustentabilidade da dívida e outras questões relacionadas aos, agora designados, Programas de Estabilidade, às leis das Finanças Regionais e Locais, ao IVA, ao IRS, à consolidação e cálculo da contribuição dos vários sub-sectores para o saldo global das administrações públicas. Ao contrário do que alguns podem fazer crer, não há um único caminho para o crescimento, desenvolvimento e sustentabilidade das finanças públicas. Há diversos caminhos, e várias são as opções que podem ser tomadas. Há, pois, que estudá-las.

Cada capítulo deste livro começa com um breve *resumo* da temática fundamental aí abordada. Alguns dos conceitos fundamentais são aqui recordados para contextualizar a análise que se segue. Seguem-se *tópicos de reflexão* sobre as matérias versadas nos diferentes capítulos do livro e *questões de escolha múltipla*, onde existe apenas uma alínea que está certa. Nalguns capítulos justifica-se a elaboração de *exercícios*, para uma melhor assimilação dos conceitos teóricos e contacto com a realidade portuguesa. Alguns destes *tópicos de reflexão* (TR) e *exercícios* (E) têm *resolução* no final do respectivo capítulo. Na lista dos enunciados o número do TR ou do exercício (E) que estejam resolvidos encontram-se *sublinhados*. As resoluções seleccionadas estão divididas por secções específicas dentro de cada capítulo, referenciadas pelo tipo de questão, capítulo e respectivo número na lista dos enunciados (exemplos: TR.3.**25** e E.9.**1**). As questões de escolha múltipla, de todos os capítulos do livro, têm as soluções localizadas no final do livro, numa tabela própria.

Nos tópicos de reflexão, quando os problemas são de natureza *normativa*, não há uma única resposta correcta. Trata-se então de clarificar quais os critérios normativos subjacentes (hierarquização e *tradeoffs*) e qual a prescrição adequada, de acordo com esses critérios *específicos*, para a proposta, por exemplo, uma dada política pública em resposta a um problema. Quando se trata de análise positiva, em que o intuito é prever o efeito da manipulação de certas variáveis instrumentais (e.g. investimento público, taxas de imposto) em variáveis objectivo, há que clarificar as hipóteses subjacentes e as principais características do modelo que se consideram. A alteração das primeiras ou das segundas levam, como não poderia deixar de ser, a previsões distintas. No final do capítulo 9 existe uma "Nota sobre o IVA: confusões e controvérsias". Essa nota serve para ilustrar os três níveis que deveriam ser considerados para uma discussão séria sobre as alterações no IVA. Os dados empíricos, a análise teórica positiva e os juízos de valor normativos.

No final do volume encontra, porém, uma breve resenha das principais fontes estatísticas, com os apontadores (*links*) para as principais entidades que intervêm em Portugal e na União Europeia na produção de informação sobre finanças públicas – informação estatística e relatórios técnicos de análise. A bibliografia de referência deste livro é a que consta do manual teórico de base já citado, *Economia e Finanças Públicas*, da Escolar Editora.

AGRADECIMENTOS

Gostaríamos de agradecer, em particular, a colaboração dos Professores António Afonso, José Carlos Gomes Santos e Manuela Arcanjo, co-autores do livro de Economia e Finanças Públicas (Escolar Editora), por um percurso, de escrita e também de leccionação, que continua com esta sexta edição e pelos contributos que deram para a melhoria deste livro. Tem sido um estímulo poder contar com a amizade e o apoio solidário de todos. Queremos ainda agradecer o apoio de revisão (1ª edição) dado pela Mariana Pereira, bem como na actualização de dados e revisão da Ana Cordeiro Ferreira (2ª edição), da Raquel Azevedo (3ª e 4ª edição) da Cátia Nunes (5ª edição) e da Inês Piedade (6ª edição).

Uma palavra também de apreço aos Professores Vítor Martins, Carlos Farinha Rodrigues, Carlos Gouveia Pinto e Luís Costa, *compagnons de route* na leccionação destas matérias. Ao Professor João Ferreira do Amaral um agradecimento pelas conversas sobre tópicos de macroeconomia. Escusado será dizer que qualquer erro remanescente é da nossa inteira responsabilidade. Mas aqui socorremo-nos da frase de Bento Jesus Caraça, com que nos cruzamos diariamente no *hall* de entrada do ISEG: "*se não receio o erro, é porque estou sempre pronto a corrigi-lo*".

Parte das questões deste livro foram já trabalhadas com os alunos do ISEG/ULisboa, da Universidade da Madeira, da Academia Militar e da Universidade Eduardo Mondlane, alunos esses que são sempre o grande incentivo e a razão de ser destes projectos académicos e da própria actividade docente. Como investigadores da UECE (Unidade de Estudos sobre a Complexidade e a Economia do ISEG/ULisboa) gostaríamos de agradecer o co-financiamento da FCT (*Fundação para a Ciência e a Tecnologia*), no âmbito do projecto estratégico (UID/ECO/00436/2019). Esperamos sinceramente que o livro seja um instrumento útil para estudantes, professores e simples estudiosos de economia e finanças públicas e que contribua para um melhor conhecimento da realidade portuguesa e das opções económicas e políticas em matéria de finanças públicas. O *Institute of Public Policy Thomas Jefferson – Correia da Serra* (www.ipp-jcs.org), criado em 2013, pretende, de uma forma sustentada, analisar e avaliar o enquadramento institucional e o impacto das políticas públicas, mesmo depois de elas já terem saído das páginas dos jornais e "perdido" actualidade na agenda político-mediática devoradora dos dias de hoje. As reformas no Estado, nomeadamente a descentralização, o crescimento económico, o emprego, a redução das desigualdades sociais, o combate ao previsível declínio populacional, as disfunções no mercado habitacional, e o próprio processo de construção europeia deverão ser objecto de análise aprofundada, pois por ela passará decerto parte da solução da crise que atravessamos. Neste contexto, a compreensão dos problemas das finanças públicas, que este livro pretende promover, é essencial, pois se forem entendidas e respondidas de forma autónoma pelos portugueses, poderão assegurar a sustentabilidade social, económica e ambiental do país.

Paulo Trigo Pereira e Francisco Nunes, ISEG Janeiro de 2020

1.
Economia e finanças públicas em democracia

Resumo
O livro Economia e Finanças Públicas analisa o papel do sector público numa economia mista, com um particular enfoque de aplicação ao caso português.

Este capítulo clarifica, antes do mais, a abordagem político-económica que ultrapassa uma mera análise económica normativa da intervenção das entidades do sector público, antes tomando em consideração os condicionalismos institucionais e as restrições de natureza política envolvidas nas tomadas de decisão colectiva.

É clarificada a distinção essencial entre análise *positiva e normativa*. A primeira pressupõe a existência de um modelo baseado num conjunto de hipóteses e visa a previsão das consequências em certas variáveis objectivo da manipulação de variáveis instrumentais (ou estruturais). Já a análise normativa (que muitas vezes não dispensa uma análise positiva prévia) destina-se a produzir juízos de valor quer sobre determinadas características da sociedade actual (e.g. distribuição de rendimento, características do mercado de trabalho, etc), quer sobre os resultados da implementação de certas políticas públicas.

Dentro dos critérios normativos utilizados pelos economistas sobressaem os de equidade, eficiência e liberdade (negativa). Tratando-se de juízos de valor, não existe obviamente consenso entre economistas, quer em relação à prioridade de cada critério relativamente aos restantes quer em relação à natureza e intensidade de eventuais conflitos entre eles. Contribui para a transparência do debate económico e político que cada economista clarifique quais as suas prioridades e qual o seu entendimento do conflito entre, por exemplo, eficiência e equidade. Contudo, *"Demasiadas vezes se assiste a intervenções de economistas que procuram passar recomendações com implicações morais e políticas como se de pronunciamento científicos se tratassem"*.

Por exemplo, a liberalização do mercado de arrendamento contribui para uma melhoria na eficiência na afetação de recursos (habitação), mas qual o efeito sobre a equidade e o direito à habitação? Muitos, onde nos incluímos, dirão que o efeito é negativo, assumindo que em média o grupo dos proprietários está melhor na sociedade que o grupo dos arrendatários. A primazia dada ao critério da eficiência sugere a liberalização do mercado, porém uma ponderação mais forte da equidade sugere uma intervenção ativa no mercado e sobretudo o uso de instrumentos adequados (na tributação, na regulação e nas prestações sociais) para prosseguir objectivos de equidade.

As divergências dos economistas são mais pronunciadas na análise normativa, mas estendem-se também à análise positiva. Também há divergências quanto aos modelos que melhor se adaptam à realidade e quanto à necessidade (ou não) de estes se basearem em hipóteses realistas.[1]

Já no que diz respeito à forma de entender a sociedade, existe algum acordo entre economistas quanto a uma visão humanista (ou individualista) em que a sociedade é entendida como uma comunidade de indivíduos onde o bem-estar social está necessariamente relacionado com o bem-estar desses indivíduos. Deste modo, o impacto das políticas públicas na sociedade será necessariamente analisado em termos do impacto nos indivíduos que a compõem. Esta perspectiva opõe-se a uma visão orgânica, não partilhada pela maioria dos economistas, em que a sociedade seria vista como uma entidade autónoma e em que seria possível identificar a sua *"vontade"*, o seu *"bem-estar"* a partir de algo estranho e exógeno aos indivíduos que a compõem (por exemplo, um líder político ou religioso que *"revelaria"* o bem comum da sociedade).

O papel do governo numa sociedade democrática tem sido analisado de forma diversa pelos economistas que se têm debruçado sobre as finanças públicas. Numa tradição que remonta a Erik Lindhal, e cujo expoente máximo foi, até há pouco tempo, Richard Musgrave, o governo tem sido entendido como um ditador benevolente, isto é, como um agente que pretende maximizar o bem-estar da sociedade, funcionando sem restrições de natureza institucional. Em certo sentido, esta perspectiva é mais relevante em sociedades democráticas, onde através do voto e de sondagens de opinião os cidadãos manifestam alguma preferência em relação às políticas públicas. Outra tradição, que remonta a Knut Wicksell, e cujo principal mentor foi James

[1] É conhecida a posição de Milton Friedman de que o realismo das hipóteses não é relevante desde que as predições sejam boas. No capítulo 9, sobre o sistema fiscal português, indicaremos como num dado estudo editado pelo Banco de Portugal e que teve algum acolhimento mediático se chega a conclusões logicamente certas a partir de premissas de tal modo irrealistas que essas conclusões, são na nossa opinião não só irrelevantes, como sugestivas de políticas públicas erradas, de acordo com um quadro normativo que será tornado claro.

Buchanan, dá maior importância às questões institucionais e tem adoptado, sobretudo na corrente da teoria da escolha pública (ver capítulo 4), uma visão mais céptica do governo, nomeadamente pela subordinação da sua acção a grupos de interesse procurando rendas, ou a burocratas procurando maximizar orçamentos, ou a políticos maximizando votos. A ênfase numa ou noutra das formas de encarar o governo, sugere também diferentes perspectivas quanto à importância relativa das funções do sector público numa economia mista.

Musgrave sistematizou as três funções do sector público numa economia mista contemporânea: melhoria da eficiência na afectação de recursos, ultrapassando certos fracassos do mercado; melhoria da equidade e justiça social, através de políticas de redistribuição de rendimentos e de promoção de igualdade de oportunidades; e estabilização macroeconómica, através da promoção do crescimento, do emprego, da estabilidade de preços e alisando os ciclos económicos.

Tópicos de reflexão: Capítulo 1

1. "*A abordagem político-económica da economia do sector público traduz-se em fundamentar economicamente as políticas financeiras do sector público, tendo em conta as regras e instituições que propiciam, ou não, essas políticas.*" Clarifique o conteúdo desta afirmação.

2. Tendo em conta as funções que Musgrave atribui ao sector público e os critérios normativos relevantes, justifique a intervenção do Estado nos seguintes casos:
a. Plano de vacinação obrigatório.
b. Regulação das emissões industriais de poluição, incluindo um quadro de sanções pecuniárias.

3. O aumento da esperança de vida dos portugueses e o declínio das taxas de natalidade, com o consequente aumento do rácio de dependência da população idosa, levou a défices no financiamento da segurança social que obrigaram a que se tomassem medidas para a reforma da forma de financiamento em 2007. Várias alternativas seriam possíveis para o financiamento. Uma delas seria manter as características do sistema, diminuindo os benefícios futuros (nomeadamente com descida do valor das pensões) ou aumentando as contribuições para a segurança social. Outra seria alterar as características do sistema, passando de um regime exclusivo de repartição (em que os contribuintes actuais financiam os pensionistas actuais) para um regime misto de

repartição e capitalização (em que há uma componente de capitalização das poupanças numa lógica de tipo privado).

a. Identifique qual o problema referido que é claramente do âmbito da análise positiva.
b. Explique por que é que o tipo de resposta dado ao problema do desejável método de financiamento da segurança social é do âmbito da análise normativa.

4. Se um governo toma uma medida no sentido da liberalização do mercado das telecomunicações, a que critério(s) está a dar primazia? Será que neste caso se pode falar em conflito entre eficiência e equidade? Justifique.

5. Há alguns anos o parlamento italiano alterou o sistema eleitoral do país com a expectativa de dar maior estabilidade política aos governos italianos e deste modo contribuir para resolver o problema das finanças públicas em Itália. Que tipo de variáveis foi aqui considerado?

6. Explique qual a distinção entre uma perspectiva humanista (ou individualista) e uma perspectiva orgânica de considerar conceitos como: bem-estar social, interesse público ou vontade colectiva.

7. Duas das funções do sector público numa economia mista têm sobretudo a ver com uma intervenção microeconómica do governo e outra com uma natureza macroeconómica. Identifique-as explicitando o seu conteúdo.

8. *"A perspectiva de que a actuação do governo pode sempre ser modelizada como um 'ditador benevolente' leva a certo tipo de erros, enquanto que a visão oposta de que os actores políticos defendem apenas interesses individuais enferma de outro tipo de limitações."* Comente.

9. Diminuir o sigilo em relação às contas bancárias individuais é uma medida que é favorável de acordo com um critério normativo, mas desfavorável de acordo com outro. Identifique esses critérios e, tendo em conta o conflito resultante entre ambos, dê a sua opinião sobre o carácter desejável (ou não) dessa medida de política.

10. Dê um exemplo de três medidas de políticas públicas cuja racionalidade fundamental assenta respectivamente num critério de: i) Eficiência; ii) Equidade; iii) Liberdade.

11. Dê um exemplo de três medidas de políticas públicas em que existe um *conflito* entre *dois* critérios normativos: i) Eficiência e equidade; ii) Equidade e liberdade; iii) Eficiência e liberdade.

12. Um governo democrático tem poderes especiais, que mais nenhuma organização na sociedade possui. Explicite quais são esses poderes que o distinguem relativamente a outras instituições e qual a sua justificação.

13. Considere o debate em torno de um eventual aumento das taxas moderadoras nos serviços de urgência hospitalar.

a. Discuta os fundamentos e os efeitos desta proposta de medida à luz dos critérios normativos de eficiência e de equidade.
b. Explique por que é que, em relação a este debate, diferentes economistas podem ter opiniões divergentes em termos da análise normativa e positiva.

14. "Os economistas divergem sobre a análise normativa das políticas públicas, mas nunca divergem na análise positiva".
Diga se a afirmação é verdadeira ou falsa e comente-a a partir de um exemplo concreto.

15. Dadas as funções que Musgrave atribui ao papel do sector público numa economia mista, comente as seguintes políticas públicas, enquadrando-as na respectiva função principal, justificando:

i) Criação de uma infraestrutura informática ligando em rede todos os agentes do sistema de Justiça (tribunais, Ministério da Justiça, etc.);
ii) Linha de crédito bancário especial dedicada a empresas industriais exportadora.

Questões de escolha múltipla

1.1. Uma diferença entre a análise normativa e positiva é que:

a. Apenas a análise normativa é relevante para escolher entre opções de política.
b. A análise positiva trata de factos e, portanto, não pode ser fonte de desacordo.
c. A análise positiva é descritiva enquanto que a análise normativa é valorativa.
d. A análise normativa é mais importante que a análise positiva.

1.2. As opiniões dos economistas são divergentes:
a. Apenas porque discordam dos modelos que mais se adaptam à realidade.
b. Apenas porque têm valores diferentes.
c. Pois não se entendem sobre a importância da economia.
d. Pois, por vezes, discordam quer sobre a análise normativa, quer sobre a análise positiva.

1.3. Qual das seguintes proposições não diz respeito à análise positiva:
a. Uma política de preços subsidiados leva a um excesso de oferta.
b. Se o rendimento mínimo garantido for baixo não haverá diminuição da oferta de trabalho.
c. Uma política de controlo de rendas é preferível quando as rendas são ajustadas periodicamente.
d. A subida da taxa de juro vai aumentar os encargos das famílias com o endividamento.

1.4. O que é que *não é necessariamente verdade* no que respeita aos critérios de eficiência de Pareto e melhoramento de Pareto:
a. A existência de um potencial melhoramento de Pareto implica que a economia está numa situação Pareto ineficiente.
b. Um melhoramento de Pareto leva a uma afectação de recursos Pareto eficiente.
c. Um movimento de uma afectação Pareto eficiente para outra afectação Pareto eficiente nunca é um melhoramento de Pareto.
d. Se a economia tem uma afectação de recursos óptima, então não é possível melhorar a situação de um agente sem ser à custa da diminuição no bem-estar de outro agente.

1.5. Diga qual das seguintes afirmações é do âmbito da análise positiva:
a. O Estado só deve recorrer ao crédito para financiar investimentos.
b. Prevê-se que crescimento do PIB no ano seja de 1,3%.
c. O governo devia liberalizar o mercado do arrendamento.
d. A tributação sobre as empresas deveria ser reduzida.

1.6. Diga qual das seguintes proposições é do âmbito da análise positiva:
a. Devem ser promovidas as exportações com incentivos públicos.
b. As taxas moderadoras nas urgências hospitalares são baixas.
c. Prevê-se um crescimento do investimento público em 2006.
d. A taxa normal de IRC deve descer.

1.7. O critério normativo de liberdade (negativa) significa:
a. Que cada indivíduo deve ser livre de fazer aquilo que quer.
b. Que as empresas devem ser livres de realizarem os investimentos que quiserem.
c. Ausência de coerção de uma entidade pública (Estado) sobre as escolhas individuais.
d. A escolha entre sapatos e camisolas não deve ter a interferência dos impostos.

1.8. O aumento das taxas moderadoras nos serviços de urgência hospitalar pode justificar-se:
a. Apenas por razões de equidade.
b. Por razões de eficiência e numa lógica de utilizador pagador.
c. Apenas por razões de encaixe financeiro do Estado.
d. Apenas por razões de justiça distributiva.

1.9. A função afectação do Estado concretiza-se, entre outras medidas, com a:
a. Provisão pública de bens de mérito.
b. Provisão pública de bens públicos.
c. Tributação progressiva do rendimento.
d. Tribuição de prestações sociais no âmbito da segurança social.

1.10. A função redistribuição do Estado tem a ver, entre outras coisas, com a:
a. Provisão pública dos chamados bens de mérito.
b. Provisão pública de bens públicos.
c. Regulação das actividades geradoras de externalidades.
d. Promoção do investimento privado.

1.11. A função redistribuição do Estado tem a ver, entre outras coisas, com a:
a. Promoção do investimento público.
b. Produção de bens públicos puros.
c. Pagamento de prestações sociais.
d. Apoio financeiro à actividade exportadora.

1.12. Diga qual das seguintes frases é *verdadeira*:
a. A função afectação justifica-se pela existência de fracassos de mercado.
b. A função redistribuição justifica-se porque o mercado é um processo justo.
c. A redistribuição do rendimento justifica-se porque a utilidade marginal do rendimento é constante.
d. A função estabilização atribui sempre prioridade à estabilidade de preços em relação ao emprego.

1.13. Diga qual das seguintes afirmações é do âmbito da análise positiva:
a. Espera-se que o desemprego vá aumentar no ano que vem.
b. As administrações públicas não devem ter défice.
c. O subsídio de desemprego deve aumentar.
d. O sector das telecomunicações deve tornar-se mais competitivo.

1.14. Diga qual das seguintes afirmações é do âmbito da análise positiva:
a. O saldo global das administrações públicas deve ser equilibrado.
b. O investimento público deveria aumentar.
c. O salário mínimo nacional é muito baixo.
d. Prevê-se que as exportações aumentem no ano que vem.

1.15. Diga qual das seguintes afirmações é *falsa*:
a. Os defensores do Estado Mínimo consideram que o mercado é um processo justo.
b. Os defensores do Estado de Bem-Estar dão sobretudo ênfase à função afectação do sector público.
c. Os que consideram o Estado Imperfeito dão ênfase aos fracassos do governo e à necessidade do seu controle.
d. As finanças clássicas advogam que o orçamento do Estado deve ser equilibrado.

1.16. O governo decidiu introduzir portagens em estradas com elevado tráfego e actualmente sem custos para o utilizador. Para além do encaixe financeiro da medida, ela destina-se a melhorar a:
a. Eficiência.
b. Equidade, em termos de capacidade de pagar.
c. Liberdade.
d. Igualdade.

1.17. Diga qual das seguintes afirmações é do âmbito da análise positiva:
a. A inflação irá aumentar no próximo ano.
b. O salário mínimo nacional é baixo.
c. A tributação sobre as empresas é alta.
d. O novo Aeroporto deve ser construído na Ota.

1.18. O critério de eficiência, associado à função afectação do Estado, tem a ver com:
a. Produzir os bens ao mais baixo custo.
b. Ser capaz de alcançar os objectivos.

c. Para os mesmos recursos obter o máximo de resultados.
d. Afectar recursos de forma óptima de acordo com as preferências dos agentes económicos.

1.19. O critério de liberdade (negativa) significa que:
a. Deve existir uma esfera de autonomia individual face à intervenção coerciva do Estado.
b. Não deve haver limites à intervenção do Estado.
c. Cada indivíduo pode agir livremente segundo as suas motivações.
d. O Estado pode e deve interferir em todas as decisões dos indivíduos.

1.20. Indique qual das seguintes interrogações se enquadra no âmbito da análise positiva em finanças públicas:
a. Quais os efeitos decorrentes de alterações em variáveis estruturais (leis, instituições) na forma como são concebidas e implementadas as políticas públicas?
b. Qual deve ser o âmbito de intervenção do Estado na economia em matéria de gestão das despesas e das receitas públicas?
c. Que conjunto de políticas orçamentais podem assegurar a promoção da sustentabilidade das finanças públicas de um país?
d. Quais as políticas públicas prioritárias que devem ser suportadas pela despesa pública?

1.21. A função estabilização do Estado está relacionada, entre outras atribuições, com:
a. A regulação de actividades económicas geradoras de externalidades.
b. Intervenções que visam assegurar um determinado nível de crescimento e de emprego.
c. Intervenções que visam acautelar as desigualdades sociais e promover a igualdade de oportunidades.
d. Intervenções no domínio fiscal com o propósito de melhorar a repartição do rendimento na sociedade.

1.22. Diga qual das seguintes afirmações é do âmbito da análise positiva:
a. O respeito da *"regra de ouro"* das finanças públicas é um bom princípio de política orçamental.
b. O saldo global das Administrações Públicas deve ser equilibrado (não registar nem défice nem superavit).
c. O Complemento Social para os Idosos (CSI) deveria ser mais elevado, para melhorar a eficácia na redução da pobreza em Portugal.

d. Prevê-se que a inflação na Zona Euro deverá estabilizar nos 2,1% no próximo ano.

1.23. Diga qual das seguintes afirmações é do âmbito da análise normativa:
a. As receitas de taxas moderadoras nas urgências hospitalares representam cerca de 3% dos recursos financeiros do Serviço Nacional de Saúde.
b. Para 2014 prevê-se um crescimento real das exportações de 15%.
c. O levantamento do sigilo bancário impõe-se como uma prioridade para se promover uma maior equidade fiscal.
d. O Banco Central Europeu apresentou uma estimativa para a taxa de inflação na zona do Euro de 1,5% para o próximo ano.

1.24. Diga qual das seguintes frases é *verdadeira*, a respeito do âmbito das funções do Estado, na classificação de Musgrave:
a. A função estabilização e a função afectação inserem-se numa óptica macroeconómica.
b. A função distribuição e função afectação inserem-se numa óptica microeconómica.
c. A função afectação engloba apenas as políticas públicas dirigidas à promoção das condições de concorrência económica entre agentes produtores nos mercados.
d. A função redistribuição cinge-se essencialmente às políticas públicas que são objecto do sistema de segurança social.

1.25. Diga qual das seguintes frases é *verdadeira*:
a. A função estabilização consiste apenas na necessidade de se manter a inflação controlada e estável.
b. A função redistribuição congrega o conjunto das políticas de redistribuição dos rendimentos e de promoção de igualdade de oportunidades entre os cidadãos.
c. A função estabilização deve ser entendida como um dos elementos fulcrais na promoção da equidade por parte do Estado.
d. A função afectação resume-se no conjunto das actuações do Estado dirigidas à correcção de externalidades na produção e no consumo.

1.26. O salário mínimo nacional é um exemplo de política pública em que se pode considerar que:
a. Existe um conflito entre os critérios normativos de liberdade e equidade.
b. Existe um conflito entre os critérios normativos de eficiência e equidade.
c. Existe um conflito entre todos os critérios normativos.
d. Existe um conflito entre os critérios de liberdade e eficiência.

1.27. A promoção de um sistema de justiça mais eficaz, no sentido de um melhor funcionamento dos tribunais, é um aspecto que se enquadra claramente:

a. Na função estabilização do sector público.
b. Quer na função estabilização quer na função afectação do sector público.
c. Na função afectação do sector público.
d. Na função distribuição do sector público.

Tópicos de Reflexão Resolvidos

TR.1.11

Conflito entre: *Eficiência e Equidade*

Em termos de eficiência, a intervenção do sector público tem, essencialmente, a ver com a correcção de fracassos de mercado (bens públicos, externalidades, regulação dos mercados/ garantir a concorrência e correcção de informação assimétrica), por forma a assegurar a eficiência na afectação dos recursos (no sentido paretiano). As medidas de política orientadas por critérios de eficiência visam privilegiar estas áreas de intervenção genéricas.

Em termos de equidade, a preocupação geral está centrada sobre a redução das desigualdades da distribuição dos rendimentos, a criação de condições para a promoção da igualdade de oportunidades entre os cidadãos bem como o assegurar do acesso a bens primários, como factores determinantes do bem-estar social.

Em algumas medidas de política é possível encontrar pontos de conflito entre os critérios normativos de eficiência e equidade, como determinantes de uma decisão. Vamos aqui apontar alguns, de entre outros possíveis, com referência ao caso português:

a. Taxas moderadoras nas urgências hospitalares;
b. Subsídio de desemprego;
c. Existência de um Salário Mínimo Nacional
d. Reestruturação de redes de equipamentos sociais (exemplo: centros de saúde, ...)

Uma breve reflexão a respeito de cada um dos exemplos:

a. Os economistas que valorizem mais o critério normativo de eficiência tenderão a concordar com este tipo de medida, pois o aumento das taxas moderadoras nas urgências terá como efeito esperado desincentivar as idas de doentes às urgências cujo estado de saúde não o justifique, melhorando a eficácia do serviço no atendimento aos verdadeiros casos de urgência.

Os economistas/decisores que valorizarem mais os aspectos de equidade, poderão manifestar preocupação pelo facto de se poder estar a excluir cidadãos do acesso a um serviço considerado um direito social básico, especialmente para os cidadãos de mais baixos recursos económicos. Neste exemplo existe uma clara ilustração do *trade-off* entre eficiência e equidade.

b. Esta prestação social, que acode à ocorrência de um risco social clássico – o desemprego, representa uma vertente de protecção social imprescindível do indivíduo activo, que se pode ver confrontado com a perda de rendimento resultante da supressão do seu posto de trabalho ou termo do contrato. Se não existisse, o trabalhador ficaria privado de rendimento, colocando-o numa situação de vulnerabilidade económica. Mas, por outro lado, a existência desta prestação pode ser desincentivadora da procura de trabalho (ou retardar a vontade de regresso do indivíduo activo ao mercado de trabalho), sendo isso um factor de redução da produção potencial, um factor de perda de eficiência na economia.
c. A existência de um salário mínimo nacional (SMN) é uma medida legislativa claramente colocada com a preocupação de equidade social, no sentido de não tolerar que qualquer indivíduo, na sua condição de trabalhador, aufira um rendimento inferior a determinado patamar considerado justo, em termos sociais. Mas, em termos estritamente económicos, na perspectiva da eficiência, os economistas podem ver no SMN um factor de aumento do desemprego e, portanto, prejudicar a eficiência: se o salário fosse de livre negociação, haveriam mais trabalhadores dispostos a aceitar um salário mais baixo e, assim, encontrariam emprego. A existência de SMN, tratando-se, no mercado de trabalho, de um preço mínimo regulado, impede esse mecanismo de mercado e pode ser, por isso, um obstáculo à eficiência no mercado de trabalho.
d. A reestruturação de uma rede de serviços à população, associado a necessidades básicas em saúde (por exemplo, o encerramento de serviços de saúde em favor da construção de hospitais centrais) pode implicar um óbvio conflito entre eficiência e equidade: por um lado, reduzir custos globais em saúde e optimizar recursos face a resultados potenciais na produção de serviços (poderá proporcionar valências a populações que nunca deles beneficiaram num contexto de pulverização de unidade de serviços mais pequenas no território); mas, por outro, esse tipo de reconversão pode introduzir distorções básicas no acesso, em que a *proximidade* é determinante, com reflexos negativos em termos de justiça social.

Conflito entre: *Equidade e liberdade*
Exemplo: manutenção do sigilo bancário no acesso à informação privada dos indivíduos.
Frequentemente, tem surgido um debate animado sobre se o levantamento do sigilo bancário seria, ou não, uma medida adequada e eficaz para o combate à evasão fiscal e fraude fiscal, corrupção e branqueamento de capitais. Este argumento é defendido por quem coloca a tónica da análise na questão da equidade na ideia do que é socialmente mais justo. Mas uma medida destas pode levantar sérias dúvidas quanto à garantia da reserva de privacidade a que os cidadãos devem ter direito, sem que o Estado, pelo seu poder coercivo, aí intervenha excessivamente. Assim, manter o sigilo bancário será um valor que privilegia muito o critério da liberdade, o qual as políticas públicas têm de levar em consideração. O Estado deve, pois, ser sujeito a limites na sua capacidade de interferir na espera privada dos cidadãos. Este é um caso em que há conflito entre equidade e liberdade.
O exemplo do sigilo bancário está bem estudado: por um lado, a diminuição do sigilo bancário representaria um instrumento eficaz na promoção de uma maior equidade fiscal no cumprimento das obrigações de todos os contribuintes; por outro, isso representaria uma interferência na esfera privada dos cidadãos, que é protegida por lei, para muitos injustificável como meio material legítimo para promover a equidade. Há, pois, um conflito entre critérios.

Conflito entre: *Eficiência e Liberdade*
Exemplos:
- Impostos que incidem sobre circulação e aquisição de veículos: IUC e ISV;
- Aumento do imposto sobre o tabaco;
- Proibição de fumar em espaços públicos;

O imposto sobre veículos (ISV) é um imposto específico que recai sobre a transação de veículos novos. O imposto único de circulação (IUC) incide sobre os proprietários de veículos sobre a sua posse e utilização. Facilmente se reconhece que o uso de automóvel causa externalidades negativas (poluição ambiental/ pressão no uso do espaço urbano...), no sentido em que os custos sociais provocados pelo uso do carro privado são superiores ao custo privado que resulta para o seu proprietário/utilizador.
Por este motivo, faz sentido que sejam os proprietários de automóveis a suportar um montante em ordem a repor o dano social causado pelo uso do automóvel. Nesta linha de pensamento, e por razões de eficiência, justifica-se a existência de um imposto como o IUC. Subjacente a este imposto está presente o conhecido princípio do "poluidor-pagador", que é uma tradução do

princípio do benefício (ver capítulo 7) como princípio geral da equidade, aplicado a este caso: é justo que sejam os que mais contribuem para a degradação ambiental quem mais pague para financiar a despesa pública relacionada com a existência de automóveis – construção de estradas, policiamento, ...). Mas se analisarmos um pouco mais aprofundadamente as implicações destes impostos na liberdade de escolha dos indivíduos, poderemos descortinar alguma forma de conflito entre eficiência e liberdade. O critério normativo da liberdade (negativa) estabelece que o Estado deve reservar-se no modo como interfere na esfera privada dos cidadãos. A existência de ISV, relevante na formação de decisão de aquisição de um veículo novo, pode funcionar como um incentivo diferencial, ou relativo, para a compra de outros bens em detrimento do automóvel – habitação por exemplo. Neste sentido, a importância económica do imposto poderá estar na base de uma interferência com a liberdade de escolha dos indivíduos em relação à aquisição de bens com alto valor no orçamento do cidadão. De facto, os impostos associados a automóveis são, em termos relativos, muito superiores aos associados à compra de habitação própria (onde até se tem verificado a existência de alguns benefícios fiscais). Teríamos então um caso de algum conflito entre o critério normativo de eficiência (resposta à externalidade) e o critério normativo de liberdade (limitação das possibilidades de escolha relativamente a bens com um efeito-rendimento expressivo).

O aumento do imposto sobre o tabaco ou a proibição de fumar em espaços públicos são também bons exemplos deste conflito. Nestes casos, o imposto sobre o consumo do tabaco, ou a sua proibição, são formas de responder às externalidades negativas provocadas pelo consumo deste bem sobre toda a sociedade: o lançamento do imposto/ proibição será uma medida bem-vinda para os que valorizam mais o critério normativo da eficiência – está-se a corrigir uma externalidade negativa causada por uma insuficiência no funcionamento dos mercados em termos de promoção da eficiência. Mas, ao mesmo tempo, os defensores do critério normativo da liberdade poderão aduzir que este tipo de medida representa uma forma algo abusiva de o Estado interferir na auto-determinação e capacidade de escolha privada por parte dos cidadãos. Há, pois, um conflito entre os critérios normativos.

<u>TR.1.**14**</u>

A afirmação não está correcta; na sua segunda parte. Os economistas divergem, frequentemente, quer em aspectos de análise normativa quer em aspectos decorrentes daquilo que se insere no próprio discurso positivo.

A análise positiva pertence ao domínio do que pode ser descrito com objectividade, do que é quantificável e mensurável. De forma simples e sintética, a análise positiva preocupa-se com o *"o que é"*. Dentro da análise positiva, associada à utilização de modelos teóricos, em articulação com os dados empíricos observados, cabe ainda a previsão económica, uma das principais aspirações profissionais do economista.

A análise normativa, tão presente na problematização económica, depende de três critérios normativos centrais (eficiência/ equidade/ liberdade) e tem que ver com o domínio dos juízos de valor, com o que se acha que deveria ser desejável, o que *"deve ser"*. Desejável em termos de eficiência; desejável em termos de equidade; desejável em termos de garantia das liberdades. Daí que os referidos critérios normativos "iluminem" os juízos sobre o que se entende como desejável ao optar-se por uma dada decisão, uma política pública, para se atingir determinado objectivo.

Neste sentido, a análise normativa está aberta à subjectividade do sujeito (à sua "opinião") que produz a análise, e exposta à hierarquização dos diferentes critérios para formar posição.

Quem analisa uma situação/decisão, associada a uma determinada política pública (acção) em termos normativos, faz uma comparação entre a sua percepção da realidade (medida até por leitura de dados objectivos) e aquilo que acha desejável ser feito para se obter um determinado resultado e servir um determinado objectivo (valorizando um ou mais critérios normativos) que se pretende alcançar. Os juízos de valor (a base da análise normativa) são feitos com base em critérios normativos.

Os economistas discordam pois entre si quer relativamente à análise positiva quer à análise normativa.

Na análise positiva podem discordar relativamente à escolha dos modelos económicos – nas suas premissas/ hipóteses/ instrumentos de análise – mais adequados ou "realistas", para explicar uma determinada realidade/situação/ fenómeno. Como podem discordar também, mesmo consensualizando um determinado modelo, em termos das opções metodológicas para desenvolver uma determinada análise empírica ou previsão económica. Ou ainda nas teorias explicativas.

Na análise normativa, claro, podem discordar (o que é até mais frequente e óbvio) relativamente à hierarquização dos critérios normativos que enformam uma dada decisão. É mais importante prosseguir objectivos de eficiência ou equidade? Deve-se relaxar critérios de controlo e verificação da liberdade negativa dos indivíduos em favor de uma opção que privilegia a eficiência ou a equidade?

Existem, pois, divergências quanto ao grau de conflito entre diferentes critérios normativos, o que leva frequentemente os economistas a proporem linhas de acção distintas para um mesmo problema/ situação económica.

Exemplo: a introdução de taxas moderadoras nas urgências dos hospitais. A certa altura, e perante a gratuitidade do acesso aos cuidados de saúde no âmbito do SNS, estudou-se a possibilidade de introduzir taxas moderadoras de acesso às urgências com vista a moderar o acesso, evitando congestionamento e, por isso, assegurar que apenas as verdadeiras urgências na doença fossem mais eficazmente atendidas. Veja-se, desde logo, que, em termos normativos, o argumento de partida tinha a ver com a busca do aumento de eficiência no funcionamento/resultados de um serviço de saúde.

Neste caso podemos ter duas fontes de divergência – uma positiva e outra normativa. A positiva, ligada à análise dos efeitos de uma tal medida, susceptíveis de serem quantificados. A introdução de uma taxa moderadora vai realmente reduzir a intensidade no uso do serviço? Para um economista que considere à partida, que a procura de serviços de saúde (num quadro de urgência) é perfeitamente rígida, a taxa moderadora não terá efeito na redução do uso do serviço; para um economista que admita como hipótese alguma elasticidade na procura daquele serviço, então a imposição da taxa terá como efeito conduzir a alguma redução da utilização das urgências, atingindo o objectivo (de maior eficiência).

Poderemos ter uma clara divergência sobre o modelo de análise a considerar (basicamente, por causa das hipóteses de partida). Só estudos empíricos aprofundados poderão dirimir estas divergências e consensualizar hipóteses. Mas pode existir divergência inicial.

Já no caso da vertente normativa, a fonte de controvérsia tem a ver com a prioridade dada aos critérios normativos, na defesa ou rejeição da medida. Quem valoriza mais o critério de eficiência, assumindo alguma elasticidade da procura, defenderá a medida, pois a taxa moderadora contribuirá para a filtragem das verdadeiras urgências, aumentando a eficiência na afectação dos recursos. Quem valorizar mais o critério da equidade, verá na medida um obstáculo em termos redistributivos: um indivíduo com poucos recursos pagará o mesmo montante que um indivíduo rico e isso poderá objectar a que, por motivos puramente económicos, pessoas com menores recursos tenham menor acesso a um direito constitucionalmente garantido – o direito à saúde.

Como ponderar aqui os prós (eficiência) e os contras (equidade) decorrentes da introdução da taxa?

Claro que os economistas que dão subjectivamente prioridade ao critério da eficiência serão a favor, ao passo que os que valorizam mais os efeitos redistributivos serão contra, mesmo sendo a taxa um montante monetário relativamente baixo (ou não... para haver eficácia na moderação o montante eficaz é discutível).

Por vezes, é possível mitigar um pouco o purismo dos argumentos introduzindo certas características na medida: neste caso, introduzir algumas isenções relativamente a determinados grupos vulneráveis da sociedade, o que acontece na realidade, pode atenuar um pouco o grau de conflito entre os dois critérios normativos na apreciação da medida (isenções a idosos, desempregados, população portadora de deficiência, beneficiários de certas prestações sociais, como o RSI, etc...).

TR.1.**15**

– *(i)* Esta medida enquadra-se na função *afectação* do Estado.

Na função afectação inclui-se o conjunto de decisões que visam promover a afectação eficiente dos recursos, assegurando os fundamentos do correcto funcionamento dos mercados (definição e manutenção dos direitos de propriedade), e a resolução dos fracassos de mercado.

A criação da infra-estrutura informática nos operadores de justiça contribuirá para que os tribunais funcionem melhor e com mais eficácia – um dos requisitos para que as relações negociais dos agentes e os mercados funcionem com mais eficiência –, designadamente na adequada protecção dos direitos de propriedade.

– *(ii)* Esta medida enquadra-se na função *estabilização* do Estado.

Na função estabilização inclui-se o conjunto de decisões que visam promover a estabilização económica ao nível macro, actuando sobre (ou procurando influenciar) variáveis relevantes como o crescimento económico, o nível de emprego, o equilíbrio das contas externas, o controlo da inflação ou ainda assegurar a sustentabilidade orçamental e dos sistemas de segurança social.

A criação de uma linha de crédito para empresas exportadoras, por exemplo coordenada pelo Ministério da Economia, traduz-se num incentivo ao investimento privado que, por efeito derivado, terá consequências esperadas positivas sobre o emprego e o crescimento – preocupações centrais na função estabilizadora do Estado.

2.
Teorias sobre o papel do Estado

Resumo

O objectivo central deste capítulo é apresentar, ainda que de forma sucinta, os fundamentos filosóficos das três principais concepções de Estado, que têm como corolário três abordagens distintas em relação ao papel das finanças públicas. Conforme facilmente se verá, os debates políticos actuais acabam por estar ancorados, de uma forma ou de outra, numa destas distintas concepções de Estado ou numa combinação delas. Uma das questões centrais de qualquer economia mista contemporânea, quer ela se designe capitalista, como nos países europeus (do Oeste e do Leste), quer nos que ainda se designam formalmente comunistas mas que são economias mistas, como a China, é qual o papel e a importância relativa dos mercados, por um lado, e do sector público, por outro.

Convém referir que os primeiros defensores do Estado Mínimo (Adam Smith, David Ricardo, Jean Baptiste Say), que escreveram entre finais do séc. XVIII e meados do séc.XIX, fizeram-no numa altura em que as restrições de toda a natureza à circulação de bens, pessoas e capitais eram enormes tendo em conta os padrões actuais. O desejo de um Estado Mínimo, com pouca despesa pública e baixos impostos, era visto como condição necessária ao crescimento económico, que seria assegurado por mercados no essencial auto-regulados. Para estes autores o papel do Estado é essencialmente o de providenciar a defesa em relação a ataques de países estrangeiros, a segurança e paz interna e as infraestruturas necessárias ao desenvolvimento que nenhum privado quereria suportar sozinho. O recurso ao endividamento público era pois claramente condenado, a menos que se justificasse por razões extraordinárias como a guerra. Neste sentido, os orçamentos deveriam estar, por regra, equilibrados e a principal fonte de financiamento deveria ser os impostos.

A isto se chama hoje a perspectiva das *finanças clássicas*. Do ponto de vista filosófico, o principal mentor moderno da perspectiva de que a redistribuição de rendimento *não* deve ser uma função do Estado contemporâneo é Robert Nozick. Este autor dá uma justificação para a justeza do funcionamento e dos resultados do mercado, pelo que qualquer interferência neste deve ser mínima.

Outra é a perspectiva do Estado de Bem-Estar ou Providência cuja defesa teve o seu auge nas décadas de 30 a 50 do séc. XX. Apesar de se concordar que os mercados são instrumentos poderosos de afetação dos recursos, considera-se que não são auto-regulados, como o demonstrou a grande depressão de 1929 nos EUA que rapidamente alastrou à Europa. Para além disso, os mercados não são processos inteiramente justos, pois tendem a reproduzir as desigualdades sociais. Os que têm, pelo berço ou pela sorte, acesso a maior riqueza, melhores escolas, melhor ambiente familiar, têm uma probabilidade imensamente maior de ter maior sucesso nos mercados, havendo deste modo uma reprodução e por vezes um acentuar das desigualdades. Neste sentido, os defensores do Estado de Bem-Estar advogam um papel bastante mais pro-activo do sector público, sobretudo na função redistribuição, pretendendo assegurar que todos os indivíduos tenham acesso a um rendimento mínimo, a um conjunto de outros bens primários necessários à sua formação como cidadãos autónomos (educação, cuidados básicos de saúde, etc.) e que estejam cobertos dos riscos associados a um conjunto de contingências sociais (desemprego, doença, etc.). O papel das finanças públicas é agora bastante mais intervencionista, pois a despesa pública não serve apenas a função afectação (produção de bens públicos, etc.), mas destina-se também à função redistribuição. Deriva daqui que o peso da despesa pública no PIBpm deverá ser maior, bem como os impostos, aceitando estes autores, em matizes diferentes, as várias formas de financiamento do défice público (impostos, endividamento e criação de moeda). O défice, seja de que montante for, não é problema e deverá ter um efeito contra-cíclico, isto é, deverá ter um efeito de expansão económica quando a economia está em recessão. Estas ideias inspiraram-se economicamente nas correntes keynesianas da década de 40 e foram sustentadas por economias que cresceram fortemente nas décadas de 50 e 60 do século passado.

As ideias do Estado Imperfeito, o Estado que cresce sem cessar, uma espécie de "monstro" devorador de recursos, são já antigas, embora tenham tido uma divulgação relativamente recente entre nós[2]. No pensamento económico

[2] A imagem popularizou-se entre os media e certo discurso político português a partir de um artigo de opinião de Aníbal Cavaco Silva, antigo Presidente da República. Cavaco Silva, como economista, tomou certamente contacto com a ideia do "monstro" sistematizada por Thomas Hobbes no seu livro *Leviathan*, pois Hobbes é também uma referência para os autores

desenvolveram-se sobretudo nas décadas de 60 a 80, com as teorias sobre os fracassos do governo. Vários factores podem contribuir para esses fracassos. Por um lado, a tendência para ganhar votos com aumentos de despesa pública e diminuição de impostos sugere, na presença de ilusão fiscal, que os défices (receita menos despesa) são endémicos dos regimes democráticos. A existência de informação assimétrica entre parlamentos que aprovam orçamentos e a administração que os executa, faz com que estes possam gastar muito acima do óptimo. Grupos de interesse podem também explicar medidas orçamentais dificilmente justificáveis na óptica do interesse público. Resulta desta imperfeição da actuação governamental no quadro institucional democrático, a necessidade de restrições (regras orçamentais) de preferência constitucionais ou simplesmente de lei de valor reforçado, que controlem os governos de forma a que estes sirvam o interesse público de longo prazo e não meros interesses eleitoralistas miópicos de curto prazo. Está-se, pois, perante uma forma de constitucionalismo financeiro[3].

Na actualidade, na maioria dos países da União Europeia, a gestão das finanças públicas tem elementos das finanças intervencionistas associadas ao Estado de Bem-Estar, mas também tem alguns elementos do *constitucionalismo financeiro* como pode ser ilustrado, não só pelo Pacto de Estabilidade e Crescimento (capítulo 15), como pelas leis orçamentais que estabelecem regras para as Administrações Públicas (capítulo 12)[4]

Tópicos de reflexão: Capítulo 2

1. *"O laissez faire deveria ser a prática corrente: qualquer afastamento deste princípio, a menos que justificado por algum benefício maior, é maléfico."* J. Stuart Mill
a. Identifique e caracterize a concepção de Estado implícita na afirmação.
b. Explique duas das implicações que tal concepção do Estado traz para as finanças públicas.

2. *"O Estado deve envolver-se na correcção das assimetrias na distribuição dos rendimentos e da riqueza e na promoção activa da igualdade de oportunidades."*
a. Em que concepção de Estado e das finanças públicas esse envolvimento mais se fundamenta? Justifique.

da teoria da escolha pública, do qual Alan Peacock, seu orientador de doutoramento, era dos principais mentores no Reino Unido.

[3] A análise em torno das implicações da democracia nas finanças públicas é desenvolvida em P.T. Pereira (2012).

[4] Para uma visão da situação de Portugal em 2019 e de algumas linhas gerais do modelo europeu de governação económica, ver o capítulo 16 deste livro.

b. Dê quatro exemplos de instrumentos orçamentais que se possam utilizar na função de Musgrave expressa na afirmação.

3. *"O melhor de todos os planos financeiros é gastar pouco e o melhor de todos os impostos é aquele que for menor."* Jean Baptiste Say

a. Explique qual a concepção de Estado subjacente a esta afirmação e quais os argumentos que a suportam.

b. Refira algumas características que poderão definir, em sua opinião, *"o melhor de todos os impostos"*.

4. De entre as várias teorias do Estado, uma delas dá particular ênfase à função redistribuição.

a. Clarifique qual delas é e quais as suas implicações na abordagem das finanças públicas.

b. Duas concepções éticas que justificam a redistribuição são o utilitarismo e o rawlsianismo. Interprete estas duas concepções de bem-estar social.

5. A redistribuição é uma função importante do sector público numa economia mista.

a. Explique, utilizando um conceito de bem-estar social, porque é que a redistribuição de rendimento pode fazer aumentar o bem-estar social.

b. Identifique e clarifique, qual a concepção de Estado que dá maior importância à função redistribuição e quais os fundamentos que a justificam.

6. Comente a seguinte afirmação: *"As concepções de Estado Mínimo e de Estado de Bem-Estar, representam duas visões distintas do papel do mercado e do sector público numa economia mista"*.

7. A atribuição de incentivos fiscais na compra de veículos todo-o-terreno (*jeeps*), entretanto abolidos, não correspondeu a uma perspectiva de interesse público de apoiar a agricultura, mas antes de interesses privados daqueles que comercializam estes veículos. Qual a concepção de Estado mais adequada para se entender este tipo de medida? Justifique.

8. Utilizando o jogo *"dilema do prisioneiro"*, explique como é que na Idade Média, embora os europeus preferissem a paz à guerra, a situação frequente era a de invasões e ataques frequentes. Clarifique por que é que para Hobbes a solução do *"dilema do prisioneiro"* leva à criação de outro problema: a emergência do monstro *"Leviatã"*.

9. O facto de que muitas vezes os políticos tendem a aumentar os impostos após serem eleitos e a reduzi-los em vésperas de eleições radica em razões eleitoralistas e não em necessidades de políticas económicas apropriadas[5]. Clarifique o conteúdo da afirmação e quais os autores que deram relevância ao estudo deste tipo de comportamentos.

10. Tendo em conta as três grandes funções do sector público propostas por Musgrave, identifique qual a que melhor caracteriza a noção de Estado de Bem-Estar e explicite sucintamente os seus fundamentos teóricos.

11. Faça uma análise comparativa ao estatuto que os *mercados* assumem em duas concepções distintas do papel do sector público: i) o Estado de Bem-Estar; ii) o Estado Imperfeito.

12. Explique quais as principais razões por que certos autores defendem o Estado *Mínimo* e caracterize as finanças públicas segundo esta concepção.

13. Tendo em conta as finanças clássicas, intervencionistas e o constitucionalismo financeiro, clarifique em relação a cada uma das situações seguintes, qual(quais) a(s) que melhor se ajusta(m) a cada tipo de abordagem das finanças públicas: i) Rendimento social de inserção; ii) Orçamento equilibrado; iii) Critérios de Maastricht sobre o défice e a dívida pública; iv) Orçamento limitado à função afectação; v) Regras genéricas para redistribuição; vi) Rácio de despesa pública no PIB de 20%.

14. Há autores que defendem que os cidadãos, quer na esfera privada (mercado) quer na esfera pública (Estado), prosseguem essencialmente os seus interesses. Comente esta visão do Estado e dê dois exemplos de medidas que podem ser implementadas para limitar ou impedir tais comportamentos e consequências.

15. Certos autores defendem que o Estado é imperfeito e há fracassos do governo. Dê dois exemplos destes fracassos e de duas medidas de finanças públicas defendidas por esses autores.

16. Vários economistas políticos consideram que existem fracassos do governo, a par dos fracassos do mercado.

[5] A compreensão das políticas económicas apropriadas será deixada para o capítulo 13 e seguintes.

a. Caracterize a concepção de Estado que dá mais relevância às falhas do governo.
b. Indique algumas medidas de finanças públicas preconizadas pelos que consideram o Estado Imperfeito.

17. Responda às seguintes questões:
a. Duas das funções do sector público numa economia mista são a função afectação e a função estabilização. Explique sucintamente o seu conteúdo e dê um exemplo ilustrativo de intervenção pública referente a cada uma delas.
b. De acordo com a concepção do Estado de Bem-Estar, o sector público deve modificar o funcionamento das forças de mercado com determinadas finalidades normativas. Com que objectivos deve o Estado intervir na economia à luz desta concepção?

18. Explique o que entende por Estado de Bem-Estar e que implicações tem nas finanças públicas.

19. O papel do *mercado* e do sector público é analisado segundo visões distintas na concepção de Estado Mínimo e na concepção do Estado de Bem-Estar. Identifique e discuta, sucintamente, os argumentos de cada uma das concepções de Estado relativamente a este tópico.

20. De acordo com a concepção do Estado de Bem-Estar, o sector público deve modificar o funcionamento das forças de mercado, com determinadas finalidades normativas.
Com que objectivos deve o Estado intervir na economia, à luz desta concepção?

21. Descreva, sinteticamente, as principais características da concepção teórica do Estado Mínimo e do tipo de finanças públicas que lhe está associado.

22. Na concepção de Estado de Bem-Estar encontramos preocupações muito bem definidas sobre qual deve ser o papel do Estado na economia e na sociedade. Refira, sucintamente, as principais características do papel do Estado à luz daquela concepção.

Questões de escolha múltipla

2.1. A noção de que o Estado deve garantir a todos um rendimento mínimo independentemente do valor da sua propriedade é associada ao:

a. Estado Mínimo.
b. Estado Paternalista.
c. Estado de Bem-Estar.
d. Estado Imperfeito.

2.2. Diga qual das seguintes afirmações é *falsa*:
a. Os defensores do Estado Mínimo consideram que o peso do sector público na economia deve ser pequeno.
b. Os defensores do Estado de Bem-Estar aceitam o défice público e o recurso ao crédito.
c. Os que vêem o Estado como imperfeito consideram que não existem fracassos do governo.
d. Os defensores das finanças clássicas consideram que os impostos devem ser baixos.

2.3. Diga qual das seguintes afirmações é *falsa*:
a. Os defensores do Estado Mínimo argumentam que o papel do Estado é necessário para fornecer infra-estruturas.
b. Os defensores do Estado Protector argumentam que a função redistribuição do Estado é uma função importante.
c. Os que acham o Estado imperfeito consideram que, sem limitações, o Estado pode crescer de forma desmesurada.
d. Os defensores das finanças clássicas consideram que os impostos aduaneiros (sobre as importações) devem ser altos.

2.4. Diga qual das seguintes afirmações é *falsa*:
a. Os defensores das Finanças Clássicas consideram que os orçamentos devem estar equilibrados.
b. Os defensores do Estado de Bem-Estar dão particular ênfase à função redistribuição.
c. Os defensores do Estado Imperfeito consideram que não existem fracassos do mercado.
d. As finanças modernas, sobretudo na Europa, são uma síntese das finanças intervencionistas e do constitucionalismo financeiro.

2.5. Um bem de mérito é um bem:
a. Público.
b. Que alguns indivíduos consideram meritório.
c. Em que não se verifica necessariamente a soberania do consumidor.
d. Adquirido com esforço e merecido.

2.6. Diga qual das seguintes afirmações é *falsa*:
a. Os defensores do Estado Mínimo advogam que os impostos devem ser baixos.
b. Os defensores do Estado de Bem-Estar dão uma importância grande à função redistribuição.
c. Os que consideram o Estado Imperfeito dão ênfase à necessidade de impôr restrições às actividades dos governos.
d. Os defensores do Estado de Bem-Estar não dão importância à função afectação.

2.7. John Rawls considera que a melhoria do bem-estar social se verifica necessariamente quando:
a. Aumenta o rendimento médio da sociedade.
b. Diminui a desigualdade da distribuição de rendimento.
c. Aumenta o bem-estar dos que estão pior na sociedade.
d. Aumenta o rendimento mediano da sociedade.

2.8. Nozick considera que as desigualdades:
a. São todas justas.
b. São todas injustas.
c. Que não resultam do roubo, extorsão, etc. são justas.
d. Devem ser corrigidas.

2.9. Os economistas clássicos (Smith, Ricardo, John Stuart Mill,...) consideram que a função essencial do Estado é a:
a. Função afectação.
b. Função de redistribuição do rendimento.
c. Função estabilização.
d. Função de promoção da igualdade de oportunidades.

2.10. As finanças "modernas" consubstanciadas na prática dos países da União Europeia são um misto de finanças:
a. Clássicas e intervencionistas.
b. Clássicas e constitucionalismo financeiro.
c. Clássicas, intervencionistas e constitucionalismo financeiro.
d. Intervencionistas e constitucionalismo financeiro.

2.11. Diga qual a afirmação *falsa*. O Estado Leviatã a que se refere Hobbes corresponde a um:
a. Estado imperfeito.

b. Estado que cresce sem restrições.
c. Caso de fracasso do governo.
d. Caso de fracasso do mercado.

2.12. Diga o que é *falso*. Os autores que defendem as finanças clássicas consideram:
a. Que a despesa pública deve ser financiada sobretudo por impostos.
b. Que o peso do Estado na economia deve ser pequeno.
c. Que o Orçamento do Estado deve estar equilibrado.
d. Que a redistribuição de rendimento seja justa.

2.13. Diga qual a afirmação *falsa*. Os autores que defendem o Estado de Bem-Estar consideram que:
a. A função redistribuição é importante.
b. A função afectação é importante.
c. Os défices são legítimos para financiar a despesa pública.
d. O Orçamento do Estado deve estar equilibrado.

2.14. A denúncia de que muitas das decisões em políticas públicas, embora relevantes para a comunidade, são influenciadas pelos ciclos eleitorais é uma característica do discurso dos que entendem o Estado como:
a. Estado Mínimo.
b. Estado de Bem-Estar.
c. Estado Imperfeito.
d. Estado de Direito.

2.15. Diga qual das seguintes afirmações é *verdadeira*:
a. Os defensores do Estado de Bem-Estar consideram que as funções afectação e estabilização são as mais importantes funções do sector público.
b. Os defensores das finanças intervencionistas consideram que o recurso ao crédito só é admissível em períodos de recessão económica.
c. Os autores que defendem as finanças clássicas consideram indiferente o peso do Estado na economia desde que a capacidade de gerar receitas fiscais seja adequado ao nível de despesa.
d. Apesar de as concepções de Estado Mínimo e Estado de Bem-Estar apresentarem bastantes diferenças entre si, ambas consideram relevantes a função afectação.

2.16. Diga qual das seguintes afirmações é *verdadeira*. Os autores que defendem as finanças clássicas consideram que:

a. A despesa pública poderá ser financiada através de emissão de moeda ou, em alternativa, através de emissão de dívida pública.
b. O peso do Estado na economia deve ser significativo, para atender às necessidades essencialmente exigidas pela função afectação.
c. Despesa pública deve ser financiada sobretudo por impostos.
d. Os défices são legítimos para financiar a despesa pública.

2.17. A introdução do rendimento social de inserção pode ser enquadrada:
a. Na concepção de Estado de Bem-Estar, mas não na de Estado Mínimo e de Estado Imperfeito.
b. Nas concepções de Estado de Bem-Estar, de Estado Mínimo e de Estado Imperfeito, simultaneamente.
c. Na concepção de Estado Mínimo, mas não na de Estado de Bem-Estar e de Estado Imperfeito.
d. Na concepção de Estado de Bem-Estar e de Estado Mínimo, mas não na de Estado Imperfeito.

2.18. Nozick – um autor ligado à reflexão contemporânea sobre o Estado Mínimo – considera que as desigualdades:
a. São todas justas.
b. São todas injustas.
c. Que não resultem de roubo, extorsão ou de quaisquer outras acções ilegítimas, são justas.
d. Mesmo que resultem de roubo, extorsão ou de quaisquer outras acções ilegítimas, não devem ser corrigidas.

2.19. Diga qual das seguintes afirmações é *falsa*:
a. Os defensores do Estado Mínimo dão primazia aos impostos como recurso financeiro do Estado.
b. Os defensores do Estado de Bem-Estar não aceitam o défice público e o recurso ao crédito.
c. Os defensores do Estado Imperfeito consideram que existem fracassos do governo.
d. As finanças modernas, sobretudo na Europa, são uma síntese das finanças intervencionistas e do constitucionalismo financeiro.

2.20. A teoria sobre a criação de desigualdades e a defesa do mercado como processo justo deve-se a:
a. Stuart Mill (1848).
b. Briggs (1961).

c. Nozick (1974).
d. Rawls (1971).

2.21. Diga qual das seguintes afirmações é *falsa*:
a. Os defensores do Estado Mínimo argumentam que o papel do Estado é importante para assegurar a existência de instituições necessárias ao bom funcionamento dos mercados.
b. Os defensores do Estado de Bem-Estar consideram que a função estabilização é a mais importante função do sector público.
c. Os defensores do Estado Imperfeito consideram que, sem limitações constitucionais, o peso do Estado na economia pode aumentar de forma incontrolável.
d. Os defensores do Estado Mínimo argumentam que o papel do Estado é importante para assegurar o fornecimento de infra-estruturas.

2.22. Suponha uma sociedade composta apenas por dois indivíduos, A e B, em que B tem um rendimento inicial superior ao do indivíduo A. O indivíduo B faz uma transferência monetária para o indivíduo A tal que, em resultado dessa transferência, a redução da utilidade para B iguala o acréscimo de utilidade para A. Após esta operação redistributiva, a ordenação dos rendimentos é a mesma que inicialmente. Nestas condições:
a. O nível de bem-estar social mantém-se quer para os utilitaristas, quer para os rawlsianos.
b. O nível de bem-estar social aumenta para os utilitaristas e mantém-se inalterado para os rawlsianos.
c. O nível de bem-estar social aumenta para os rawlsianos e diminui para os utilitaristas.
d. O nível de bem-estar social aumenta para os rawlsianos e mantém-se inalterado para os utilitaristas.

2.23. Admitindo que o bem-estar depende estritamente do nível de rendimento disponível dos indivíduos, qual das seguintes combinações de situações representa, *ceteris paribus*, uma melhoria do bem-estar quer para os utilitaristas quer para os rawlsianos?
a. Redução da taxa máxima do IVA e redução de 2 pontos percentuais nas taxas marginais dos três últimos escalões do IRS.
b. Aumento do salário médio na economia e aumento das prestações de Rendimento Social de Inserção.
c. Isenção de propinas no ensino superior público e aumento da pensão média de reforma.

d. Eliminação das taxas moderadoras nos hospitais públicos e aumento da progressividade no IRS.

2.24. Suponhamos a existência de dois agentes – o indivíduo A e o indivíduo B – sobre os quais se sabe que têm funções de utilidade distintas e que estas dependem exclusivamente do rendimento. Sabe-se, igualmente, que não existem custos de redistribuição do rendimento e que A tem maior rendimento que B. Nestas condições, podemos concluir que o óptimo social rawlsiano se verifica quando:
a. A utilidade marginal do rendimento do indivíduo A seja maior do que a utilidade marginal do indivíduo B.
b. O indivíduo A tenha o mesmo rendimento do que o indivíduo B.
c. Não dispomos de informação suficiente para poder definir a condição de formação do óptimo social rawlsiano.
d. O indivíduo B tenha maior rendimento do que o indivíduo A.

2.25. Diga qual das seguintes afirmações *não é verdadeira*:
a. Os defensores do Estado de Bem-Estar aceitam naturalmente o défice público.
b. Os defensores do Estado Imperfeito consideram que é necessário precaver em relação aos fracassos do governo.
c. As finanças modernas, sobretudo na Europa, são uma síntese do constitucionalismo financeiro e das finanças intervencionistas.
d. Os defensores do Estado Mínimo dão primazia ao crédito como recurso financeiro do Estado.

2.26. O que é que *não é verdade* de acordo com o utilitarismo clássico?
a. Justifica-se a transferência de rendimento de um indivíduo mais rico para um mais pobre, quando a utilidade marginal do rendimento é decrescente e não há custos de redistribuição do rendimento.
b. Um euro transferido para uma determinada pessoa tem o mesmo valor que um euro retirado a outra pessoa qualquer.
c. O nível de bem-estar social não se altera se, *ceteris paribus*, o acréscimo de bem-estar de um indivíduo pobre for igual ao decréscimo de bem-estar de um indivíduo rico.
d. O bem-estar social aumenta se o acréscimo de bem-estar de um indivíduo rico for superior ao decréscimo do indivíduo pobre.

2.27. O que é que *não é necessariamente verdade* acerca de uma função de bem-estar rawlsiana:

a. Tem curvas de indiferença social em ângulo recto.
b. É derivada de uma concepção de justiça.
c. Se o bem-estar social aumenta, a desigualdade de rendimentos entre os mais pobres e os mais ricos diminui.
d. É uma função crescente com o nível de bem-estar dos mais pobres na sociedade.

2.28. Diga o que *é necessariamente verdade* acerca do rawlsianismo:
a. A melhoria de bem-estar de um grupo origina uma melhoria do bem-estar social.
b. O bem-estar social não se altera se o acréscimo de bem-estar de um grupo for igual ao decréscimo de outro.
c. Se o nível de bem-estar dos que estão pior aumenta e dos que estão relativamente melhor diminui, o bem-estar social melhora.
d. Tudo o resto constante, uma melhoria do bem-estar dos que estão pior na sociedade melhora o bem-estar social.

2.29. Diga o que *nem sempre é verdade* acerca do utilitarismo:
a. O bem-estar social é a soma dos níveis de bem-estar individual.
b. Se um indivíduo melhora o seu bem-estar mais do que o outro piora, o bem-estar da sociedade melhora.
c. A redistribuição de rendimento entre indivíduos com iguais funções de utilidade e capacidades contributivas diferentes altera o bem-estar social.
d. Quando aumenta o rendimento de uma sociedade e há redistribuição, o bem-estar social aumenta necessariamente.

2.30. A quantidade eficiente (óptima) de produção de um bem público obtêm-se se e só se:
a. A soma dos preços fiscais pagos pelos indivíduos iguala o custo marginal.
b. A soma das quantidades procuradas por cada indivíduo, a cada preço fiscal, iguala o custo marginal.
c. Para certa quantidade, a soma das disposições marginais a pagar iguala o custo marginal.
d. Cada indivíduo contribui para o bem público aquilo que está disposto a pagar.

2.31. Assuma que há custos de redistribuição de rendimento, os indivíduos A e B têm funções de utilidade iguais, e o "estado social" inicial é Pareto eficiente. Contudo, A tem maior rendimento que B. Então, a distribuição de rendimento óptima, na óptica utilitarista, será quando:

a. O individuo B tiver maior rendimento que o A.
b. O indivíduo A tiver maior rendimento que o B.
c. O rendimento de A e B for igual.
d. A utilidade total de A e de B for a mesma.

2.32. Assumindo que não há custos de redistribuição de rendimento e que o indivíduo A tem maior capacidade de transformar rendimento em bem-estar individual (utilidade) que o indivíduo B (para idênticos rendimentos), então o óptimo social rawlsiano é quando:
a. O indivíduo B tem maior rendimento que o A.
b. O indivíduo A tem maior rendimento que o B e a mesma utilidade total.
c. A utilidade marginal do rendimento de A e de B é a mesma.
d. A utilidade marginal do rendimento de A deve ser maior que a de B.

2.33. Sabe-se que a quantidade de um bem público é menor que a quantidade eficiente (óptima) se e só se:
a. O custo marginal igualar o custo médio mínimo.
b. Para um certo preço fiscal os indivíduos quiserem quantidades diferentes do bem público.
c. A soma das disposições marginais a pagar por essa quantidade for superior ao custo marginal.
d. Todos os indivíduos desejam essa quantidade do bem público independentemente do que pagaram.

2.34. Diga qual das afirmações *não é necessariamente verdadeira*. Existe uma melhoria de bem-estar social na óptica rawlsiana se:
a. Os que estão pior na sociedade melhoram o seu bem-estar.
b. Todos os indivíduos melhoram o seu bem-estar.
c. A soma dos níveis de bem-estar dos membros da sociedade diminui, mas quem está pior melhora a sua situação.
d. Um indivíduo melhora o seu bem-estar e todos os outros mantêm a sua situação.

2.35. Assumindo que não há custos de redistribuição de rendimento e que para idênticos níveis de rendimento a utilidade marginal do rendimento do indivíduo A é superior à do indivíduo B, então o óptimo social utilitarista é quando:
a. O indivíduo A tem maior rendimento que o B e a mesma utilidade marginal.
b. O indivíduo A tem maior rendimento que o B e a mesma utilidade total.

c. A utilidade total do rendimento de A e de B é a mesma.
d. A utilidade marginal do rendimento de B é maior que a de A.

2.36. Assumindo que os indivíduos são diferentes e que a sua utilidade depende só do rendimento, que a utilidade marginal é decrescente e que não há custos de redistribuição do rendimento, então:
a. O óptimo social utilitarista é quando os indivíduos tiverem o mesmo rendimento.
b. O óptimo social rawlsiano é quando os indivíduos tiverem o mesmo rendimento.
c. O óptimo social utilitarista é quando os indivíduos tiverem a mesma utilidade marginal do rendimento.
d. O óptimo social rawlsiano é quando os indivíduos tiverem a mesma utilidade marginal.

2.37. Existe uma correspondência teórica entre a concepção de Estado e a abordagem das finanças públicas que lhe corresponde. Identifique a correspondência (↔) *falsa* nas alternativas seguintes:
a. Estado de Bem-Estar e Estado Imperfeito ↔ Finanças Modernas.
b. Estado de Bem-Estar ↔ Constitucionalismo Financeiro.
c. Estado Mínimo ↔ Finanças Clássicas.
d. Estado de Bem-Estar ↔ Finanças Intervencionistas.

2.38. Diga qual das seguintes afirmações é *verdadeira*. Os autores que defendem as finanças intervencionistas nos países da UEM consideram que:
a. A despesa pública poderá ser financiada por impostos, recurso ao endividamento, admitindo-se também a possibilidade de emissão de moeda.
b. A despesa pública poderá ser financiada por impostos e recurso ao endividamento, não se admitindo a possibilidade de emissão de moeda.
c. A despesa pública deve ser financiada exclusivamente por impostos.
d. A despesa pública deve ser financiada exclusivamente por impostos e emissão de moeda.

2.39. A chamada "regra de ouro" é defendida pelos seguintes tipos de finanças públicas:
a. Finanças intervencionistas e finanças clássicas.
b. Finanças clássicas, finanças intervencionistas e finanças modernas.
c. Finanças intervencionistas, finanças clássicas e constitucionalismo financeiro.
d. Finanças modernas e finanças intervencionistas.

2.40. A ideia de se ter um Estado ao serviço dos interesses particulares tem a ver com:
a. O conceito de externalidade negativa.
b. O conceito de fracassos de mercado.
c. O conceito de fracassos de governo.
d. O conceito de fracasso das instituições.

2.41. A preocupação com a sustentabilidade das finanças públicas bem como a orientação dos recursos para o crescimento económico e a adopção de regras constitucionais para o défice e para a dívida pública, são características:
a. De todas as s tipologias de finanças públicas.
b. Das Finanças Modernas.
c. Das Finanças Intervencionistas.
d. Das Finanças Modernas e das Finanças Intervencionistas.

Tópicos de reflexão Resolvidos

TR.2.**9**
Esta afirmação refere-se, implicitamente, a um dos fracassos de governo, denunciados pelos teóricos do Estado Imperfeito. O final do Século XX veio mostrar objectivamente (análise positiva) que a actuação das entidades decisoras do sector público, os governos, ia no sentido de alimentar um sector público com uma extensão de intervenção com tendência para crescer desmesuradamente, com crescimento sustentado da despesa pública.
Em tom crítico, interroga-se se os governos democráticos não serão representados por sectores que seguem, essencialmente, os seus próprios interesses privados na gestão da coisa pública.
Este tipo de premissa conduz-nos à crítica *hobbesiana* do Estado –"O Estado Leviatã", que se reflecte no risco de crescimento incontrolável da influência económica do Estado, pela prerrogativa de que dispõe, na cobrança coerciva de impostos, dando azo a níveis crescentes de exigência em recursos, podendo tomar o Estado num "monstro" que vai para além da satisfação das necessidade dos cidadãos, alimentando-se a si próprio, numa teia de interesses complexos e clientelares que vão sendo, em muitos casos, induzidos pela elite do poder.
A ideia de o Estado estar exposto ao risco de ser um veículo da satisfação de interesses particulares da elite decisória estabelece um conjunto de fracassos de governo: (i) "rent seeking"; (ii) burocracia; (iii) ciclos políticos-económicos e (iv) inconsistência inter-temporal de certas decisões da despesa pública.
Ora, a frase que está em comentário refere-se a um destes fracassos de governo em particular – a existência de ciclos políticos-económicos, em que muitas das

decisões relevantes para a comunidade são influenciadas pelos ciclos eleitorais, onde as forças políticas procuram aceder ao/manter o poder. A gestão dos anúncios de medidas fiscais é típica na ilustração deste fracasso de governo: como incentivo positivo, os governos são generosos (por vezes irresponsavelmente, em relação às condições económicas conjunturais defrontadas) em vésperas de eleições, baixando impostos e/ou aumentando a despesa e, quando eleitos, no início do ciclo governativo, tendem a aumentar os impostos e/ou a restringir a despesa.

Acontece que, frequentemente, os ciclos políticos não coincidem com os ciclos económicos face à adequação ou desejabilidade de uma determinada medida fiscal, prejudicando os objectivos subjacentes à função estabilização. Por exemplo, os efeitos económicos de uma decisão sobre impostos com fundamento extraeconómico (reprodução do poder condicionado ao ciclo eleitoral) pode conduzir a maus resultados na gestão macroeconómica do ciclo.

Buchanan e Brenan são dois autores que se notabilizaram na expressão crítica da existência de um Estado Imperfeito que tende a satisfazer abusivamente os interesses de uma elite e que recorre progressivamente a aumentos de impostos para satisfazer interesses clientelares emergentes.

Buchanan tem uma visão moderada do "Estado Leviatã" *hobbesiano*, embora chamando a atenção para os riscos monopolistas decorrentes do poder coercivo do Estado na cobrança de impostos e na produção legislativa – dois factores essenciais na distorção de poder que pode alimentar uma despesa pública não controlável.

Associada a esta crítica surge o imperativo de se impor regras constitucionais que coloquem limites à actuação do governo em matéria de controlo da despesa pública e limites ao endividamento do Estado.

TR.2.19

A visão sobre o papel dos mercados e do sector público nas duas concepções de Estado é divergente.

Na concepção de Estado Mínimo:

- é conferida primazia ao papel do mercado na eficiência económica, devendo assegurar-se as condições de exercício de liberdade de escolha aos agentes;
- o papel essencial do sector público, intervindo o menos possível, é assegurar que os mercados funcionem correctamente, no sentido de uma clara definição e manutenção dos direitos de propriedade, regulação e protecção jurídica dos contratos e provisão de infra-estruturas básicas. A função afectação é a principal preocupação da intervenção do sector público.
- na reinterpretação contemporânea do Estado Mínimo (Nozick) sublinha-se que o mercado deve ser considerado um processo justo quando os

direitos de propriedade foram atribuídos de forma justa, legítima. É privilegiada a liberdade de escolha do indivíduo.

- As desigualdades sociais seriam então explicadas por diferentes atitudes/ escolhas dos indivíduos (consumo/ poupança; trabalho/ lazer) ao longo do tempo. Os mercados, por si só, não seriam veículos de desigualdade social em si mesmos se assentes em direitos de propriedade legítimos, não devendo aí o sector público interferir.

Na concepção de Estado de Bem-Estar:

- aceitação de que o mercado pode constituir um mecanismo eficiente de troca de informação entre agentes económicos e um bom veículo para uma afectação eficiente dos recursos;
- mas os mercados não constituem processos justos *a priori*. Dada uma distribuição inicial dos direitos de propriedade muito desigual (num dado *status quo*), os mercados tendem a reproduzir e a agravar essas desigualdades.
- o sector público deve usar o seu poder legítimo para modificar as forças de mercado no sentido de promover uma repartição do rendimento mais justa e assegurar uma maior igualdade de oportunidades entre os cidadãos. O papel redistributivo do Estado (função distribuição) surge como aspecto fulcral para atenuar as injustiças fomentadas pela natureza e funcionamento do mercado.
- o sector público é necessário para se alcançar uma sociedade mais justa, reconhecendo-se que o mercado não conduz a uma afectação de recursos desejável, em termos de justiça.

<u>TR.2.20</u>

Um dos prinicpais objectivos associados à intervenção do Estado na economia, à luz da concepção do Estado de Bem-Estar, centra-se na função distribuição, que se relaciona com a preocupação com as questões da equidade, da justiça social e bem-estar dos cidadãos. Nesta concepção de Estado, o sector público pode concentrar um conjunto de decisões cuja preocupação se centra mais no critério normativo da equidade e fá-lo com dois propósitos gerais em mira:

- Reduzir as desigualdades na repartição do rendimento, redistribuindo recursos dos mais ricos para os mais pobres através de decisões situadas na esfera do sistema fiscal ou do sistema de segurança social;
- Fomentar condições materiais e organizativas com vista ao acesso a iguais oportunidades por parte dos cidadãos, em situações básicas de promoção do bem-estar (acesso a serviços básicos, ou primários, no domínio da saúde, educação ou acessibilidades, por exemplo).

Briggs (1961) foi um dos autores que melhor sistematizou a concepção do Estado de Bem-Estar ao resumir que o poder decisório, na esfera pública, pode ser utilizado para corrigir/ modificar o funcionamento das forças de mercado, seguindo três propósitos complementares:

- Assegurar um rendimento mínimo às famílias e aos indivíduos, independentemente do valor de mercado da sua propriedade.
- Aumentar o nível de segurança dos cidadãos permitindo-lhes fazer face a certos riscos sociais, como o desemprego, velhice, invalidez, doença, etc.
- Promover a igualdade de oportunidades entre os cidadãos, através da garantia de acesso a bens e serviços sociais básicos/ primários, frequentemente associados à provisão de bens de mérito (nos exemplos já referidos, como nas áreas da educação, saúde, mobilidade, etc.).

TR2.**21**

As características fundamentais da concepção do Estado Mínimo são as seguintes:

- os defensores desta concepção de Estado estão historicamente ligados às ideias liberais do "laissez-faire", dando primazia aos mercados como base da organização económica das nações.
- é dada grande importância à função afectação, ligada à preocupação com a eficiência.
- a provisão de bens públicos é necessária ao bom funcionamento dos mercados (definição e manutenção dos direitos de propriedade através de um adequado sistema de justiça; protecção e regulação de contratos; construção de infraestruturas).
- incumbe ao Estado produzir e fornecer bens e serviços que, pela sua natureza, nunca poderiam ser eficientemente facultados pelo Estado.

O tipo de finanças públicas associado ao Estado Mínimo são as *Finanças Clássicas*. As suas principais características são:

- a despesa pública, centrada na função afectação, é justificada pela necessidade de fornecer bens públicos (Defesa Nacional, Segurança Interna, administração da Justiça, infraestruturas físicas, ...).
- receita pública: essencialmente por impostos; rejeita-se o recurso à emissão de dívida, à excepção de situações extraordinárias, como por exemplo a guerra.
- saldo orçamental: equilibrado.
- função das finanças públicas: gerir as despesas e as receitas públicas com a mínima interferência no comportamento dos agentes privados.
- dimensão do sector público: no tempo dos economistas clássicos (por exemplo, Adam Smith) considerava-se que a despesa pública efectiva deve-

ria ser entre os 8-12% da "riqueza nacional". Hoje, um defensor dos Estado Mínimo na Europa advogaria uma dimensão em torno dos 35% do PIB.

TR.2.22

O Estado de Bem-Estar dá importância às três funções do sector público enunciadas por Richard Musgrave (afectação, distribuição e estabilização), mas dá especial relevo à função redistributiva, com ênfase na preocupação com as questões da equidade ou justiça social.

Dois objectivos importantes das políticas públicas, designadamente através do sistema fiscal, do sistema público de segurança social e da provisão pública de bens de mérito (educação, saúde, etc.) são os de reduzir a desigualdade na distribuição dos rendimentos e assegurar a promoção da igualdade de oportunidades entre os cidadãos. Mais especificamente: (i) garantindo aos indivíduos um rendimento mínimo, independentemente do valor de mercado dos direitos de propriedade de cada um; (ii) reduzindo a insegurança económica dos indivíduos face a contingências sociais (desemprego, velhice, doença, ...) e (iii) assegurando o acesso universal a bens primários considerados como essenciais ao bem-estar.

3.
Fundamentos para a intervenção pública

Resumo

Este capítulo apresenta os fundamentos microeconómicos para a intervenção do sector público na economia. Eles prendem-se, em primeiro lugar, com a justificação da necessidade de intervenção por razões de melhor afectação de recursos segundo o critério de eficiência de Pareto. Em segundo lugar, com a necessidade de, por razões de equidade, melhorar a justiça distributiva e assegurar uma melhor igualdade de oportunidades do que aquela que resultaria do livre funcionamento dos mercados. Por último, equaciona-se a natureza do eventual conflito entre prosseguir objectos de equidade e de eficiência.

Os mercados são instrumentos poderosos de transmissão de informação entre agentes económicos e funcionam na base de uma dada distribuição de direitos de propriedade. Levam a uma afetação de recursos *eficiente* se e só se forem *competitivos*, todos os bens sejam *privados*, os custos das decisões dos agentes (consumidores e produtores) sejam *internalizados* pelos próprios e a informação entre eles seja *simétrica*. Este resultado é conhecido como o primeiro teorema fundamental da economia de bem-estar. Uma afectação de recursos eficiente é aquela em que ninguém poderia ficar melhor sem ser à custa da diminuição do bem-estar de outrém (critério de Pareto).

A forma como se formularam as condições do teorema esclarece, desde logo, quando é que os mercados fracassam (total ou parcialmente), ou seja, em que situações é que eles não geram uma afectação de recursos eficiente. A ausência de competição gera ineficiências. Ela pode resultar de mercados em que poucas empresas operam (oligopolistas) ou em que apenas uma opera (monopolistas), quer esta situação resulte de condições naturais (custos médios decrescentes) ou de factores artificiais (barreiras à entrada). A existência de *bens públicos*, de custos da acção dos agentes *externalizados* para terceiros ou de *informação assimétrica* são outras fontes de fracasso de mercado. Em qualquer destas situações pode haver um preço ao qual compradores e vendedores estariam dispostos a transaccionar, mas essa transacção não se realiza.

Os *bens públicos* são aqueles em que não existe rivalidade no consumo simultaneamente para todos os indivíduos e em que a exclusão, se possível a baixo custo, não é desejável. Na presença destes bens, o *equilíbrio de mercado*, isto é, a quantidade produzida seria ou nula ou positiva, mas abaixo do nível óptimo. O nível óptimo de produção do bem público seria aproximadamente aquele que igualasse as disposições marginais a pagar de todos os beneficiários do bem ao custo marginal do bem. Em teoria, há um mecanismo para determinar essa quantidade óptima que seria através de um leiloeiro, a quem cada indivíduo revelaria a sua disposição marginal a pagar pelo bem público. Na prática, os indivíduos adoptam comportamentos *free rider* e subestimam a sua valorização do bem público. Assim, é o sistema político que, embora de forma imperfeita, dá uma resposta ao problema da determinação do nível de produção de bens públicos (ver capítulo 4).

As acções de indivíduos ou empresas podem gerar custos (ou benefícios) para terceiros que não são transmitidos através do sistema de preços. Quando isto acontece, está-se na presença de uma externalidade *negativa (ou positiva)* e os mercados tendem a produzir em demasia (ou de forma insuficiente) e a um preço abaixo do óptimo (ou acima do óptimo). Isto acontece porque existe uma divergência entre os custos (ou benefícios) marginais privados e os custos (ou benefícios) marginais sociais. Estes últimos incorporam os primeiros e ainda o custo (ou benefício) marginal externo. A existência de externalidades sugere que para a melhoria da eficiência poder-se-á tributar (ou subsidiar) a actividade geradora de um custo (ou benefício) marginal externo através de impostos (subsídios) pigouvianos.

Bens públicos e externalidades, a par das situações que violam a concorrência ou as situações em que a assimetria de informação entre agentes é significativa, justificam a intervenção pública por razões de eficiência.

Um fundamento distinto para a intervenção pública é a equidade. Uma determinada situação da sociedade pode ser eficiente, mas injusta. Na realidade, os mercados funcionam na base de uma distribuição inicial de direitos de propriedade dos agentes (sobre a terra, sobre o capital, etc.) que pode ser considerada injusta, pelo que os resultados do funcionamento desse mercado reproduzem em grande medida essas desigualdades e injustiças iniciais. A um estado social que é simultaneamente eficiente e justo chama-se um *óptimo social*. O segundo teorema fundamental da economia de bem-estar mostra que é possível alcançar um óptimo social (qualquer que ele seja) se primeiro houver uma apropriada redistribuição de direitos de propriedade e depois se deixar os mercados funcionarem livremente. O problema é determinar qual o estado social eficiente e simultaneamente justo.

Apesar de não haver consenso em torno do que é equidade e bem-estar social, existem duas maneiras alternativas mais importantes de as abordar. Os utilitaristas consideram que o bem-estar da sociedade é dado pela *soma* dos níveis de bem-estar de *todos* os indivíduos da sociedade. Assim, políticas públicas que façam melhorar o bem-estar agregado, melhoram o bem-estar social. Se não for possível aumentar essa utilidade agregada, então está-se perante um óptimo social utilitarista. A perspectiva utilitarista tem implicações sobre qual a distribuição de rendimento óptima. Num caso limite, assumindo indivíduos iguais, utilidade marginal do rendimento decrescente e ausência de custos de redistribuição, a distribuição de rendimentos óptima seria igualitária. Porém, com custos de redistribuição, o óptimo social verifica-se também quando a utilidade marginal do rendimento é igual entre indivíduos, mas agora para níveis desiguais de rendimento.

Já a abordagem rawlsiana (de John Rawls) é diferente. Antes do mais porque dá maior importância à igualdade de oportunidades em termos de um conjunto de bens primários – os bens de mérito (instrução, saúde básica, rendimento mínimo) – a que todos os indivíduos devem ter acesso para desenvolverem os seus planos de vida quaisquer que eles sejam. Depois, porque avalia o bem-estar social e a sua evolução (positiva ou negativa) pelo nível de bem-estar dos que estão pior na sociedade e pela sua variação ao longo do tempo. Rawls, à semelhança de Amartya Sen, não reduz a equidade à distribuição de rendimento, mas alarga-a às capacidades básicas dos indivíduos numa sociedade justa. Nesta sociedade, quer a redistribuição de rendimento, quer o acesso a *"bens primários"* necessários a uma vida condigna devem contribuir para melhorar os níveis de bem-estar dos que estão pior na sociedade.

Pode haver conflito entre equidade e eficiência, ou seja, políticas que promovam a equidade podem ter custos de eficiência e vice-versa.

Tópicos de reflexão: Capítulo 3

1. Explique duas importantes razões pelas quais os mercados fracassam e de que forma pode o Estado intervir para tentar ultrapassar os correspondentes fracassos.
2. Clarifique o conceito de não rivalidade no consumo, dando exemplo de um caso concreto. Explique por que é que é ineficiente o pagamento de um preço para acesso e consumo de um bem não rival.

3. *"A possibilidade de excluir indivíduos do consumo de um bem tem uma dimensão tecnológica, mas também jurídica. A racionalidade de excluir tem uma dimensão económica."* Comente.

4. Dê dois exemplos de intervenção pública no âmbito dos bens públicos, mais um no âmbito de externalidades positivas e outro relativo a externalidades negativas. Justifique as suas escolhas, explicando, em cada caso, a racionalidade económica dessa intervenção.

5. É provável que o nível óptimo de produção de estradas em Portugal vá ser ultrapassado. Estando as estradas construídas, mesmo a nível excessivo, ter-se-á que pagar a sua manutenção de alguma forma (impostos, contribuições ou taxas de utilização).
a. Diga qual a forma que, do ponto de vista teórico, permitiria determinar o nível óptimo de estradas a construir em Portugal.
b. Explique as dificuldades de se saber com exactidão qual esse nível óptimo.
c. Discuta formas alternativas que permitiriam, contudo, encontrar uma resposta satisfatória para o problema.

6. Clarifique por que é que existe apoio do sector público à investigação científica e a certo tipo de artes e não existe à produção de cimento ou a idas ao cinema.

7. Tendo em conta o conceito de "preço fiscal" clarifique:
a. Qual o significado do preço fiscal de um submarino.
b. Qual o significado do preço fiscal de um estádio adicional para o euro 2004.
c. Qual o significado do preço fiscal de 100 km a mais de TGV.
d. Quem não paga preços fiscais pelos bens públicos.

8. Explique por que fracassa o mercado na correcção de externalidades e ilustre graficamente a quantidade de equilíbrio e óptima de produção de um bem na presença de uma externalidade negativa na produção.

9. Considere dois indivíduos, *A* e *B*, em que as disposições marginais a pagar por um bem *X* são dadas respectivamente por DMP_A e DMP_B e podem ser representadas por funções lineares (sendo que A tem maior disposição a pagar para qualquer quantidade) e que o custo marginal da produção desse bem é constante.

a. Represente no *mesmo* gráfico: i)A função procura agregada do bem *X* caso se trate de um *bem privado*; ii)A função procura agregada do bem *X* caso se trate de um *bem público*.
b. Justifique e compare as quantidades de *equilíbrio* (caso X seja privado) com a quantidade *eficiente* (caso X seja um bem público).

10. Considere um mercado de um bem com oferta e procura normais (nem completamente rígidas nem infinitamente elásticas) caracterizado por uma externalidade negativa. Explique, ilustrando graficamente: i) o equilíbrio de mercado; ii) a solução eficiente; iii) a política pública para alcançar a solução eficiente.

11. Analise os efeitos económicos da produção privada e provisão pública de estacionamento numa cidade congestionada e da produção pública e provisão privada de serviços de urgências hospitalares.

12. Explique como as teorias do utilitarismo e do rawlsianismo podem fundamentar políticas distintas associadas ao Estado de Bem-Estar. Dê exemplos ilustrativos.

13. Represente no *mesmo* gráfico as curvas de indiferença social utilitarista e rawlsiana e interprete o seu significado. Ilustre como é possível uma melhoria de bem-estar na óptica utilitarista, sem que isso represente uma melhoria na óptica rawlsiana. Discuta no caso de um país hipotético que condições devem ser satisfeitas para que tal se verifique.

14. Distinga *utilitarismo* de *rawlsianismo* e clarifique, para cada teoria, qual o sentido na variação do bem-estar social resultante das duas medidas seguintes:
i) Introdução de um rendimento mínimo, num país que anteriormente não o tinha.
ii) Redistribuição de rendimento de uma classe de alto rendimento para uma classe de médio rendimento.

15. Suponha que um governo, para aumentar as receitas públicas, pretende: i) introduzir pagamentos diferenciados (em função do IRS) dos serviços de urgência hospitalar; ii) introduzir portagens em auto-estradas actualmente sem custos para o utilizador (SCUT). Comente estas medidas tendo em conta a natureza dos serviços e os critérios de equidade e eficiência.

16. Explique em que consiste o potencial conflito entre eficiência e equidade nas políticas públicas e dê dois exemplos concretos que traduzam esse conflito.

17. A provisão pública de um bem privado constitui uma fonte potencial de conflito entre eficiência e equidade.
a. Proceda à distinção entre provisão privada e provisão pública.
b. Admita que o acesso a um determinado bem (ou serviço) privado deixa de depender do pagamento de uma tarifa e passa a ser gratuito. Com o apoio da análise gráfica explique a razão para o conflito entre equidade e eficiência.

18. Represente graficamente a Fronteira de Possibilidades de Utilidade e uma curva de indiferença social associada a cada uma das duas concepções éticas de justiça distributiva. Admitindo que os indivíduos são diferentes e que não existem custos de redistribuição, assinale os dois óptimos sociais e explique a sua diferente natureza.

19. *"As tentativas de provisão voluntária – através de mercados competitivos – de bens com características económicas de bens públicos conduzem a situações de ineficiência"*.
a. Fundamente teoricamente, de forma sucinta, a frase acima.
b. Continuando com o referencial teórico das características económicas dos bens – rivalidade e exclusão no consumo – explique a noção de *bem misto,* apresentando dois exemplos ilustrativos.

20. Como avalia o potencial conflito entre eficiência e equidade nas seguintes situações: i) Produção privada e provisão pública de transportes colectivos numa grande cidade; ii) Produção privada e provisão privada de quiosques com serviço de café e esplanada em jardins públicos?

21. A implementação de taxas moderadoras nas urgências hospitalares pode introduzir um conflito entre eficiência e equidade. Explique a natureza do conflito e justifique a afirmação.

22. Identifique as características económicas dos bens mistos e dê dois exemplos ilustrativos.

23. Explique por que é que a provisão privada de um bem público é sempre ineficiente.

24. O utilitarismo e o rawlsianismo constituem dois referenciais para uma análise normativa do bem-estar social. Neste âmbito, responda às seguintes questões:

a. Tendo por referência o conceito de Curva de Indiferença Social (CIS), em cada uma das análises é possível pensar numa situação em que haja, teoricamente, uma melhoria do bem-estar para os rawlsianos sem que se verifique qualquer alteração de bem-estar para os utilitaristas? Justifique, suportando o seu raciocínio graficamente e definindo os conceitos relevantes.
b. Admitindo que não existem custos de redistribuição e que os indivíduos têm funções de utilidade idênticas, qual o sentido de variação esperado do bem-estar social decorrente de uma transferência de rendimento de um indivíduo de maior rendimento para um indivíduo de menor rendimento? Justifique, tendo em consideração ambas as análises normativas.

25. Responda às seguintes questões:

a. Distinguindo previamente os conceitos de produção e provisão de um bem, de que forma avalia o potencial conflito entre eficiência e equidade numa situação de produção pública e provisão privada dos serviços de tratamento do lixo urbano numa grande cidade?
b. Descreva as características económicas dos bens mistos e dê dois exemplos ilustrativos.

Questões de escolha múltipla

3.1. Existe um fracasso de mercado quando:

a. O preço mínimo a que produtores estão dispostos a vender é inferior ao máximo que os consumidores estão dispostos a pagar.
b. Há oferta do bem, mas não há procura.
c. Há procura do bem, mas não há oferta.
d. Não há procura nem oferta do bem.

3.2. Quando um mercado não funciona de forma competitiva, uma razão para a intervenção governamental é que:

a. Existem externalidades na produção.
b. Existem bens públicos que não são produzidos.
c. O mercado privado provavelmente não produz a quantidade eficiente.
d. Os preços de produção são abaixo do óptimo.

3.3. Existe um conflito entre eficiência e equidade porque:
a. Não é possível melhoramentos de Pareto sem aumentar a desigualdade.
b. A redistribuição de rendimento tende a reduzir os incentivos para um comportamento eficiente.
c. A eficiência e a equidade são necessariamente objectivos contraditórios.
d. Quem prefere mais equidade não valoriza a eficiência.

3.4. Uma Câmara Municipal concessionou a uma empresa privada a gestão e manutenção de um lar para a terceira idade. Cada utente paga uma mensalidade equivalente a 20% dos custos operacionais e o remanescente é coberto por um subsídio da Câmara. Neste caso está-se perante:
a. Provisão pública e produção privada.
b. Provisão pública e produção pública.
c. Provisão privada e produção pública.
d. Provisão privada e produção privada.

3.5. A provisão privada de um bem público puro é sempre ineficiente porque:
a. A exclusão não é possível.
b. O racionamento do consumo não se traduz em benefícios sociais.
c. A provisão pública é mais eficiente.
d. O sector privado é mais eficiente do que o sector público.

3.6. A provisão pública de um bem público puro em geral não é completamente eficiente porque:
a. A provisão pública comporta sempre custos superiores à provisão privada.
b. Um bem público puro é aquele em que não há rivalidade no consumo.
c. É difícil conhecer as verdadeiras disposições a pagar por esse bem, logo a quantidade óptima do bem.
d. Como ninguém paga pelo acesso todos querem consumir mais do que devem.

3.7. Verifica-se exclusão, sempre que:
a. Os direitos de propriedade são privados.
b. Existe uma tecnologia que permite excluir indivíduos do consumo de um bem (ou do acesso a um recurso).
c. O consumo só se faz mediante pagamento de um preço.
d. O consumo de um indivíduo afecta o bem-estar de outro indivíduo.

3.8. Se um bem privado é fornecido a um preço nulo:
a. Haverá consumo até ao ponto em que os benefícios marginais igualam o custo marginal de produção.

b. Haverá consumo excessivo até ao ponto em que os benefícios marginais se tornam nulos.
c. Torna-se um bem público, pois todos podem consumir a quantidade que quiserem e ninguém é excluído.
d. Todos consomem a mesma quantidade do bem.

3.9. A ineficiência associada à provisão pública de um bem privado é tanto maior quanto:
a. Maior a elasticidade da procura.
b. Maior for o grau de exclusão.
c. Menor a elasticidade da procura.
d. Maior o grau de rivalidade no consumo.

3.10. Diga qual dos seguintes bens *não é* um bem público:
a. Defesa nacional.
b. Iluminação pública.
c. Hospitais públicos.
d. Conhecimento científico.

3.11. Uma afectação de recursos numa economia diz-se um óptimo social *se e só se*:
a. É um óptimo de Pareto.
b. É a solução mais justa dentro das afectações eficientes.
c. Não é possível aumentar a soma dos níveis de bem-estar dos membros da sociedade.
d. Não é possível melhorar o bem-estar dos que estão pior na sociedade.

3.12. Diga o que é *falso* tendo em conta a natureza dos bens públicos e dos bens privados:
a. Nos bens públicos o consumo por mais um indivíduo em nada subtrai a quantidade disponível para os restantes.
b. Nos bens privados os agentes revelam as suas preferências e nos públicos não.
c. Nos bens públicos nunca é possível a exclusão.
d. Nos bens privados os agentes ajustam quantidades ao preço de mercado.

3.13. O que é que *não é necessariamente verdade* relativamente a um bem público puro:
a. Excluir pessoas do seu consumo geralmente não é desejável.
b. A provisão pública assegurará que uma quantidade eficiente é produzida.

c. A provisão privada levará em geral a um nível de produção insuficiente.
d. Não tem rivalidade no consumo.

3.14. Uma Câmara Municipal concessionou a uma empresa privada o tratamento do lixo e os munícipes pagam uma tarifa que cobre os custos de produção. Neste caso, está-se perante:
a. Provisão pública e produção privada.
b. Provisão pública e produção pública.
c. Provisão privada e produção pública.
d. Provisão privada e produção privada.

3.15. Um bem público puro é um bem em que não há:
a. Rivalidade no consumo e não há exclusão.
b. Exclusão, mas há alguma rivalidade no consumo.
c. Rivalidade no consumo e a exclusão, se possível, não é desejável.
d. Exclusão e há rivalidade no consumo.

3.16. Deslocações ao longo de uma curva de indiferença social mostram:
a. Que o bem-estar social varia quando a utilidade de um indivíduo é constante.
b. O máximo de bem-estar de um grupo sendo dado o nível de bem-estar do outro grupo.
c. Que a sociedade é indiferente entre mais e menos bem-estar social agregado.
d. Que a sociedade é indiferente entre distintas combinações de bem-estar de vários grupos.

3.17. O conflito entre eficiência e equidade significa que:
a. Um melhoramento de Pareto é sempre socialmente injusto.
b. A justiça social é inconciliável com a eficiência.
c. Por vezes para melhorar a equidade é necessário ter custos de eficiência.
d. Qualquer afectação de recursos eficiente é injusta.

3.18. A direcção de recursos humanos de um *laboratório associado* (subsector dos Fundos e Serviços Autónomos) decidiu celebrar um contrato de prestação de serviços com uma empresa do ramo hoteleiro, para o fornecimento de almoços aos funcionários do laboratório. Cada utente paga o preço de mercado por cada almoço. Este caso ilustra um exemplo de:
a. Produção pública e provisão pública.
b. Produção privada e provisão pública.

c. Produção privada e provisão privada.
d. Produção pública e provisão privada.

3.19. Identifique a afirmação *falsa*, tendo em conta a natureza dos bens públicos e dos bens privados:
a. Nos bens privados existe sempre rivalidade no consumo.
b. Nos bens públicos os agentes consomem a mesma quantidade de cada bem.
c. Nos bens privados os agentes revelam as suas preferências e nos bens públicos não.
d. Nos bens públicos os agentes pagam sempre preços fiscais diferentes e positivos.

3.20. Uma Câmara Municipal concessionou a uma empresa privada de prestação de serviços de apoio educativo (explicações) a exploração e gestão de uma Sala de Estudo destinada a alunos carenciados do Ensino Básico do concelho, em que as famílias não suportam qualquer custo. Estamos perante um caso de:
a. Provisão pública e produção pública.
b. Provisão privada e produção privada.
c. Provisão pública e produção privada.
d. Provisão privada e produção pública.

3.21. As licenciaturas existentes numa universidade pública correspondem a:
a. Produção pública e provisão pública.
b. Produção privada e provisão pública.
c. Produção pública e provisão privada.
d. Produção privada e provisão privada.

3.22. O pagamento de uma portagem na Ponte Vasco da Gama, representa uma aplicação do:
a. Princípio da equidade vertical.
b. Princípio da equidade horizontal.
c. Princípio da capacidade de pagar.
d. Princípio do benefício.

3.23. O primeiro teorema fundamental da economia de bem-estar estabelece que:
a. Um equilíbrio de mercado é sempre Pareto eficiente.
b. Sob certas condições, mercados competitivos levam a uma afectação de recursos eficiente.

c. É sempre possível ultrapassar fracassos de mercado.
d. Se o bem-estar de um indivíduo melhora, então o de outro tem de piorar.

3.24. A ineficiência associada à provisão pública de um bem privado traduz-se na existência de:
a. Um consumo do bem acima do óptimo.
b. Um preço do bem acima do óptimo.
c. Exclusão no consumo.
d. Um consumo do bem abaixo do óptimo.

3.25. É condição necessária e suficiente para se ter um bem público que:
a. Seja fornecido pelo Estado ou outro organismo público.
b. Nunca possa haver exclusão no consumo.
c. Todos possam consumir sem pagar.
d. Não haja rivalidade no consumo.

3.26. Certos bens designam-se bens públicos porque:
a. São fornecidos por uma entidade pública.
b. O público valoriza esses bens.
c. Não há rivalidade no consumo dos bens.
d. A provisão privada fracassaria totalmente na sua provisão.

3.27. A ineficiência associada à provisão privada de um bem público é tanto maior quanto:
a. Maior a elasticidade da procura.
b. Menor o preço do bem.
c. Menor a elasticidade da oferta.
d. Maior o grau de rivalidade no consumo.

3.28. Tendo em conta que as taxas moderadoras pagas nos hospitais pertencentes ao Serviço Nacional de Saúde (SNS) são muito inferiores aos custos associados à prestação de serviço ao utilizador do SNS, como classifica a prestação e provisão desses serviços?
a. Provisão pública e produção pública.
b. Provisão pública e produção privada.
c. Provisão privada e produção pública.
d. Provisão privada e produção privada.

3.29. Diga qual das proposições relativamente aos bens públicos *não é necessariamente verdadeira*:

a. Não existe rivalidade no consumo.
b. A exclusão se possível não é desejável.
c. É de provisão pública.
d. O consumo por mais um indivíduo em nada subtrai a quantidade disponível para os restantes.

3.30. Diga em que situação não existe conflito entre eficiência e equidade, definida de acordo com o princípio da capacidade de pagar:

a. Eliminação de taxas moderadoras nos hospitais.
b. Introdução de portagens em pontes congestionadas.
c. Eliminação de tarifas de resíduos sólidos urbanos.
d. Introdução do pagamento de tarifas em toldos de praia com pouca utilização.

3.31. Qual das seguintes situações não está associada a um fracasso de mercado?

a. Desigualdade na distribuição de rendimento.
b. Provisão mercantil de bens públicos.
c. Correcção privada de externalidades.
d. Informação completa aos consumidores.

3.32. Diga qual a afirmação *verdadeira* que completa a seguinte frase: "*Quando o aumento do bem-estar social de um grupo iguala a redução para um outro grupo, então necessariamente...*":

a. Melhora o bem-estar social na óptica utilitarista.
b. Melhora o bem-estar na óptica rawlsiana.
c. Mantém-se o bem-estar social na óptica rawlsiana.
d. Mantém-se o bem-estar social na óptica utilitarista.

3.33. Diga o que é *falso* tendo em conta a natureza dos bens públicos e dos bens privados:

a. Nos bens privados os agentes ajustam quantidades ao preço de mercado.
b. Nos bens públicos os agentes consomem a mesma quantidade a preços fiscais diferentes.
c. Nos bens privados os agentes revelam as suas preferências e nos públicos não.
d. Nos bens públicos nunca é possível a exclusão.

3.34. Diga qual das proposições é *falsa*:
a. A provisão privada de um bem público é ineficiente.
b. A provisão pública de um bem privado é ineficiente.
c. Tudo o resto constante, quanto mais elástica a função procura, maior a ineficiência da provisão pública de um bem privado.
d. A provisão pública da água é eficiente.

3.35. As auto-estradas sem custos para o utilizador (SCUT), em que a manutenção e gestão é realizada por entidades privadas são um caso de:
a. Provisão pública e produção pública.
b. Provisão pública e produção privada.
c. Provisão privada e produção pública.
d. Provisão privada e produção privada.

3.36. O pagamento de uma taxa na travessia da Ponte 25 de Abril é uma aplicação do:
a. Princípio da equidade horizontal.
b. Princípio da equidade vertical.
c. Princípio do benefício.
d. Princípio da capacidade de pagar.

3.37. Complete a seguinte afirmação: *"A tributação sobre o tabaco ...."*
a. Corresponde a um subsídio pigouviano que visa corrigir uma externalidade negativa na produção.
b. Corresponde a um imposto pigouviano que visa corrigir uma externalidade negativa no consumo.
c. Corresponde a um imposto pigouviano que visa corrigir uma externalidade positiva na produção.
d. Corresponde a um subsídio pigouviano que visa corrigir uma externalidade positiva no consumo.

3.38. Admitindo que os indivíduos são diferentes, que a sua utilidade apenas depende do rendimento, que a utilidade marginal é decrescente e que não existem custos de redistribuição, então:
a. Ao contrário dos rawlsianos, os utilitaristas não ponderam os ganhos e as perdas de bem-estar social dos diferentes grupos.
b. Ao contrário dos utilitaristas, os rawlsianos ponderam os ganhos e as perdas de bem-estar social dos diferentes grupos.
c. Os rawlsianos defendem uma redistribuição mais forte do que os utilitaristas, por privilegiarem a posição de um dado grupo na sociedade.
d. Utilitaristas e rawlsianos defendem a mesma política redistributiva.

3.39. Identifique a afirmação *verdadeira* relativa ao conceito de bem de mérito:
a. Corresponde a um bem privado, cuja provisão pública e compulsiva obedece ao princípio da soberania do consumidor.
b. Corresponde a um bem público puro, cuja provisão pública e compulsiva decorre de uma atitude paternalista do Estado.
c. Corresponde a um bem privado, cuja provisão pública e compulsiva decorre de uma atitude paternalista do Estado.
d. Corresponde a um bem público puro, cuja provisão pública e compulsiva respeita a soberania do consumidor.

3.40. Uma sociedade é composta por três grupos homogéneos de indivíduos (com o mesmo rendimento dentro de cada grupo), sendo válida a hipótese da utilidade marginal decrescente do rendimento. Admite-se que as funções de utilidade do indivíduo representativo de cada grupo são idênticas. O quadro fornece a evolução dos rendimentos nos três grupos, entre o ano t1 e o ano t2:

Grupos	t1	t2
A	15	12,5
B	8	10
C	7	5

Com base nestes dados podemos concluir que:
a. O nível de bem-estar social entre t1 e t2 manteve-se inalterado, na óptica rawlsiana; não dispomos de suficiente informação sobre o sentido de variação do bem-estar na óptica utilitarista.
b. Diminuiu o nível de bem-estar social entre t1 e t2, na óptica rawlsiana; não dispomos de suficiente informação sobre o sentido de variação do bem-estar na óptica utilitarista.
c. O nível de bem-estar social entre t1 e t2 diminui, quer na óptica rawlsiana quer na óptica utilitarista.
d. Não temos informação suficiente para tirar uma conclusão sobre a variação do bem-estar social entre t1 e t2, quer na óptica rawlsiana quer na óptica utilitarista.

3.41. Diga qual dos seguintes bens é um bem de mérito:
a. Água engarrafada.
b. Educação básica.
c. Um automóvel privado.
d. Direito de usufruto de um jardim.

3.42. O óptimo social corresponde:
a. A qualquer estado eficiente à Pareto.
b. A qualquer ponto sobre a Fronteira de Possibilidades de Utilidade.
c. A um estado da economia socialmente justo mesmo que ineficiente.
d. A um estado da economia eficiente e que maximiza o bem-estar social.

3.43. Identifique a afirmação *verdadeira*. A imposição de uma portagem numa auto-estrada com poucos utilizadores é:
a. Ilegal e tecnologicamente inviável.
b. Legal e eficiente.
c. Ineficiente porque o benefício associado a cada veículo adicional é muito elevado.
d. Ineficiente porque o custo associado a cada veículo adicional é nulo.

3.44. Sendo *Xi* o consumo do bem público *X* pelo consumidor *i*, qual a expressão algébrica verdadeira?
a. *X=X1+X2+X3.*
b. *X=(X1+X2+X3)*/3.
c. *X=X1=X2=X3.*
d. *X=X1*X2*X3.*

3.45. Em qual dos seguintes casos estamos perante um bem ou serviço misto?
a. Segurança Pública.
b. Conhecimento científico.
c. Cuidados de saúde fornecidos em Hospitais públicos.
d. Iluminação pública.

3.46. O gráfico abaixo exibe uma representação teórica do óptimo social sem custos de redistribuição (FPUT) e com custos de redistribuição (FPU), nas ópticas utilitarista e rawlsiana.

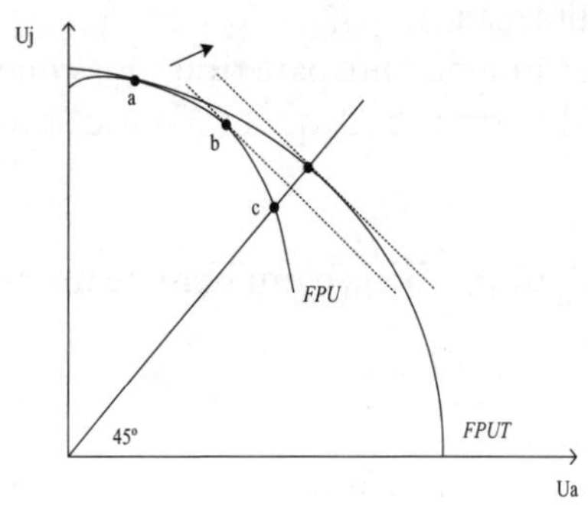

Este gráfico ilustra que na passagem da situação inicial (a) para os óptimos sociais (utilitarista e rawlsiano):

a. Os custos de redistribuição são maiores para os rawlsianos do que para os utilitaristas.
b. Os custos de redistribuição são menores para os rawlsianos do que para os utilitaristas.
c. O gráfico não nos permite obter informação suficiente para concluir sobre a ordenação dos custos de redistribuição entre rawlsianos e utilitaristas.
d. Os custos de redistribuição são neutros quer para os rawlsianos quer para os utilitaristas.

Exercícios

1. João e Ana têm moradias que bordejam um jardim não iluminado e consideram investir em candeeiros com um preço unitário de 50.
A disposição marginal a pagar do João é DMPj = 50 – 2Q e a da Ana é DMPa = 100 – 3Q.

a. Determine o número óptimo de candeeiros.
b. Determine os preços de Lindahl. Interprete.
c. Será que há outra forma de financiamento? Justifique.
d. Qual seria o equilíbrio de subscrição privada caso João e Ana não se entendessem em co-financiar os candeeiros?

2. Considere dois municípios, A e B, com territórios contíguos que analisam a possibilidade de construir um parque natural e de diversões a ser utilizado sobretudo pelos residentes de ambos os municípios. Estudos efectuados mostram que, com uma área superior a 10 hectares, o uso do parque não será congestionado para os potenciais utilizadores do parque.
Considere ainda que os Presidentes das Câmaras respectivas traduzem fielmente as preferências dos munícipes em cada jurisdição e que a respectiva disposição marginal a pagar pelo parque pode ser dada por:

$$DMP^a = 100 - 2Q \quad \text{e} \quad DMP^b = 50 - Q$$

O custo de produção de cada hectare de parque são 30 u.m.

a. Determine a dimensão óptima do parque.
b. Determine os preços de Lindahl e discuta em que medida é razoável pensar que essa vai ser a contribuição das duas câmaras municipais para o projecto conjunto.

c. Caso não haja acordo entre os presidentes da Câmara, determine qual a quantidade de equilíbrio de subscrição "privada", isto é, a quantidade em que o bem é fornecido por apenas um município. Compare esta quantidade com a óptima e diga quais as medidas que o presidente em causa pode tomar para evitar os free riders.

3. Considere dois indivíduos, A e B, cujas funções procura de um bem X são dadas respectivamente por DA e DB e podem ser representadas por funções lineares (sendo que A tem maior disposição a pagar para qualquer quantidade) e que o custo marginal da produção desse bem é constante.

a. Represente graficamente:
   a1. A função procura agregada do bem X, caso se trate de um bem privado;
   a2. A função soma das disposições marginais a pagar do bem X, caso X seja um bem público.

b. Identifique no gráfico:
   b1. O equilíbrio e o óptimo (preços e quantidades) no caso do bem ser privado.
   b2. No caso do bem ser público: o nível eficiente (óptimo) de provisão, os preços de Lindahl, o equilíbrio de subscrição privada.

c. Analise as principais diferenças do bem ser um bem público ou privado.

4. Considere que numa pequena vila os cem residentes têm preferências idênticas acerca de um bem público local dadas pela seguinte disposição marginal a pagar para o indivíduo i (i=1, 2, ...,100):

$$DMP^{a} = 10$$

e que o custo total da produção do bem público é dado por CT = 400Q.

a. Determine o nível óptimo de produção do bem público.
b. Determine os preços de Lindahl e o equilíbrio de subscrição privada, justificando.
c. Caso o financiamento desse bem público local seja realizado através do imposto municipal sobre imóveis (IMI) que incide sobre o valor patrimonial, será que estaremos na presença de preços fiscais de Lindahl? Justifique.

Nota: Assuma uma única taxa de IMI.

5. A educação (no nível de ensino superior) é geralmente considerada como um bem/serviço misto.

a. Justifique por que razões a educação pode ser analisada como um bem misto e, com a ajuda de um gráfico apropriado, mostre quais os níveis de equilíbrio na provisão totalmente privada de educação e na provisão pública de educação. Clarifique as razões pelas quais ambas as formas de provisão são ineficientes.
b. Diga o que entende por provisão óptima, de que depende a ineficiência da provisão pública e qual a política que permitiria passar de uma hipotética situação de provisão pública para uma provisão óptima. Enuncie dois tipos de dificuldades, baseados em critérios normativos diferentes, que se colocam para a implementação desta política.

6. Considere um projecto de construção de uma infra-estrutura desportiva de área X (hectares) que beneficia sobretudo os residentes de dois municípios A e B. As disposições marginais a pagar de cada um dos municípios são dadas respectivamente por:

$$DMP^a = 4 - \frac{1}{3}.X, \qquad DMP^b = 2 - \frac{1}{6}.X$$

O custo marginal de construir a infraestrutura é constante e igual a 4 u.m. por hectare. Assuma que não há congestionamento para uma capacidade superior a 1 hectare.

a. Determine o nível eficiente do pavilhão desportivo considerando-o como um bem público local e os preços de Lindahl. Explique por que é difícil, na prática, determinar ambos.
b. Apesar da disposição marginal a pagar pelo município A ser superior à de B, a capacidade financeira de B (capitação de impostos locais e transferências do Orçamento de Estado) é três vezes superior à do município A. As câmaras municipais e respectivas assembleias concordaram em financiar os custos em proporção das respectivas capacidades financeiras. Qual será o preço fiscal pago por cada? Comente à luz dos resultados da alínea anterior.

Tópicos de reflexão Resolvidos

TR.3.16

O sector público pode intervir numa economia mista com dois propósitos essenciais: melhorar a eficiência (constituir uma solução para lidar com os fracassos de mercado) ou promover a equidade na distribuição de recursos e a justiça social (promoção da igualdade de oportunidades, diminuição das desigualdades na repartição do rendimento e diminuição da insegurança económica dos indivíduos face às contingências sociais).

Estas duas vertentes de actuação podem entrar em conflito – o *trade-off* central em teoria económica.

Mas este potencial conflito não existe, necessariamente, sempre e em qualquer situação: em presença de desperdício, é possível melhorar a eficiência sem sacrificar qualquer elemento relevante em termos de equidade, ou até melhorar, simultaneamente, a equidade!

Contudo, há situações, na formulação de políticas públicas, em que pode ser necessário sacrificar aspectos de eficiência para se dar satisfação a critérios de equidade e vice-versa.

Os conflitos entre os dois critérios normativos em políticas públicas podem estar associados aos designados *custos de redistribuição* e à *provisão pública de bens privados* (bens de mérito, com características mercantis de bens privados).

Por exemplo, no caso da implementação de uma política redistributiva forte, com impostos progressivos ou um contexto de carga fiscal elevada, coloca-se a questão dos efeitos distorcedores de desincentivo sobre a oferta de trabalho (influi nas escolhas marginais entre trabalho/lazer) e o consequente menor rendimento gerado na economia, afectando a eficiência global. Pode-se questionar: qual o custo, em termos de eficiência, para se ter uma maior justiça social na repartição do rendimento? Há que considerar os custos indirectos (acima descritos) e os custos directos de administração fiscal como fonte dos custos de redistribuição.

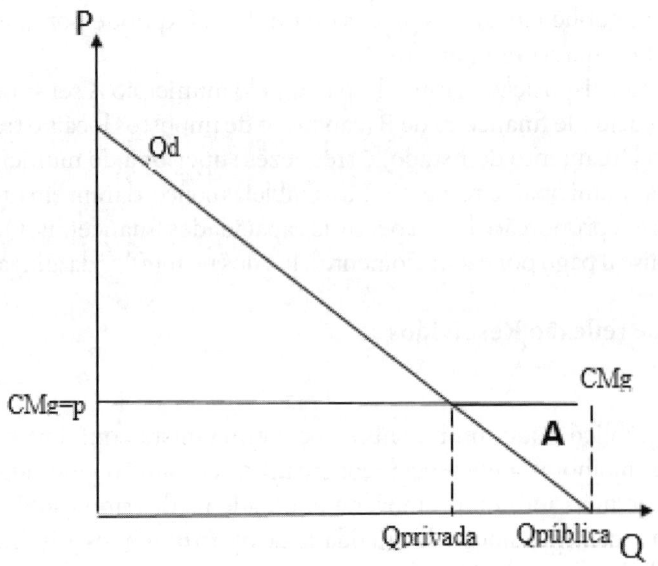

Sendo a área do triângulo **A** a medida da ineficiência social na afectação de recursos

Também a provisão pública de bens privados – fornecimento de certos *bens de mérito* – de forma gratuita à população pode conduzir a formas de sobreconsumo e desperdício social de recursos, traduzido no facto de os consumidores não suportarem o custo marginal social do que consomem e são incentivados a consumir (a curto prazo) uma quantidade do bem que ultrapassa a satisfação adequada das necessidades.

A maior equidade no acesso a bens de mérito (sobre os quais se reconhece social e politicamente que satisfazem necessidade básicas da população) pode estar na base da afectação ineficiente dos recursos (sobreconsumo/ desperdício), como representado no gráfico acima.

A importância do valor ético da promoção da igualdade de oportunidades como vector básico da equidade, realizado através da provisão pública de bens de mérito (em vários casos esses bens têm características de bens privados) pode exigir sacrifício (aceitação de custos) de eficiência.

Apresentação dos dois exemplos concretos:

Temos duas vertentes do potencial conflito: custos de redistribuição ligados à *tributação* e provisão pública de bens privados (*bens de mérito,* sem custos para os utilizadores).

O sector público, para poder actuar em termos redistributivos, necessita de recorrer à tributação para gerar receitas de forma a poder financiar as políticas públicas redistributivas. O processo de tributação na economia tem-lhe associado dois tipos de custos: os custos directos (máquina fiscal) e os custos indirectos (efeitos distorcedores dos impostos) que contribuem, via comportamental, para uma redução da actividade económica (custos de eficiência). Neste campo podemos dar como exemplo o *aumento da taxa máxima do IRS* para financiar despesa social.

Outro exemplo, para além da tributação, é a provisão pública de bens privados, que consiste em fornecer, sem custos para o utilizador, um bem/serviço com características basicamente de um bem privado. Em situação de funcionamento competitivo do respectivo mercado o bem seria adquirido por um preço que igualaria o custo marginal (ou o CMe). Se o bem for fornecido gratuitamente tenderá a haver sobre consumo, o que se traduz numa ineficiência ilustrada pela área A no gráfico da página anterior.

Caem nesta situação exemplos como o *fornecimento de água doméstica* às famílias mais pobres a tarifas muito reduzidas ou o fornecimento de *transportes públicos* subsidiados a pessoas com menores recursos (mesmo que apenas para certos grupos sociais).

TR.3.24

a)

- Para os utilitaristas, o bem-estar social é determinado pela soma não ponderada dos níveis de utilidade individual (i.e. atribui-se o mesmo peso à variação de bem estar de qualquer grupo da sociedade).
- Para os rawlsianos, o bem-estar social é definido em função do nível de bem-estar (ou utilidade) dos que estão em pior situação na sociedade.
- As curvas de indiferença social (CIS) são deduzidas a partir das funções de bem-estar social (FBES) e (i) cada CIS representa o conjunto das combinações de utilidade dos indivíduos para as quais a sociedade é indiferente, para um determinado nível constante de bem-estar social; (ii) cada curva CIS representa um determinado nível de bem-estar; (iii) à medida que as CIS se afastam da origem o nível de bem-estar associado é maior (iv) as CIS ajudam a clarificar os juízos de valor envolvidos na avaliação do bem-estar social, a perceber os critérios éticos quanto à equidade na distribuição do bem-estar na sociedade.
- CIS *utilitaristas* são geometricamente representadas por segmentos de recta com declive – 1: se a melhoria do bem-estar de um indivíduo é compensada por uma diminuição do bem-estar do outro indivíduo, na mesma magnitude, a sociedade é indiferente, desde que o nível de bem-estar agregado não se altere. O utilitarismo não considera a posição relativa de bem-estar entre agentes para determinar o bem-estar social desde que a soma não se altere.
- CIS *rawlsianas*: são definidas geometricamente por segmentos de rectas ortogonais com vértices nos pontos da bissectriz. Acima/ abaixo da bissectriz do quadrante há um agente que fica melhor (maior nível de utilidade) para um mesmo nível de utilidade do outro agente (o que está em pior situação). Numa mesma CIS tal situação não representa uma melhoria de bem-estar para os rawlsianos pois o agente que está em pior situação não melhora.
- é possível pensar numa situação em que haja uma melhoria do bem-estar para os rawlsianos sem que, porém, melhore o bem-estar para os utilitaristas. Atente-se na figura seguinte, com um exemplo, à semelhança da *Fig. 3.9 do manual de Economia e Finanças Públicas*:

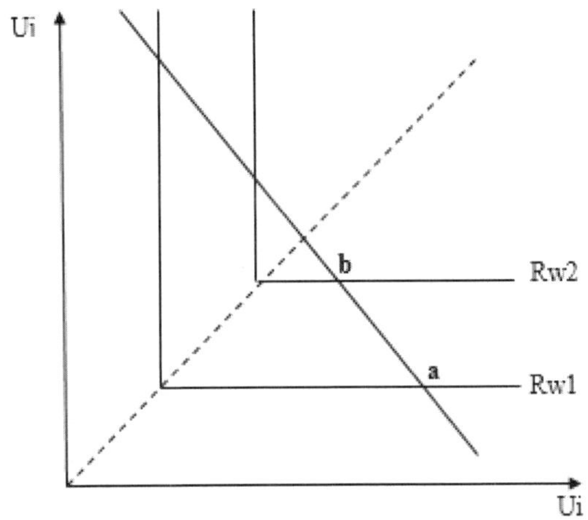

Com efeito, se considerarmos um estado inicial de distribuição das utilidades entre os indivíduos *i* e *j*, correspondente à situação *a* no gráfico (*j* está em pior situação do que *i*), e houver a passagem para uma situação de distribuição de utilidades dada por *b*, verificamos que há uma melhoria do bem-estar para os rawlsianos, pois em *b* o indivíduo que estava em pior situação (o indivíduo *j*) na situação inicial vê melhorada a sua situação, pois está numa curva de indiferença de nível superior (*RW2>RW1*), correspondente a um maior nível de bem-estar social. Por outro lado, vendo agora na perspectiva da CIS utilitarista, *UT1*, na passagem de *a* para *b* o indivíduo *i* perde alguma utilidade em favor do indivíduo *j*. Mas a redução da utilidade de *i* é compensada, *na mesma magnitude*, pelo aumento de utilidade de *j*, pelo que a sociedade será *indiferente entre a* e *b*, na visão utilitarista, já que a soma das utilidades não se altera. É pois possível que o bem-estar melhore para os rawlsianos mantendo-se constante para os utilitaristas (os pontos *a* e *b* do exemplo).

b)

- Assume-se, no enunciado da questão, que não existem custos de redistribuição e que os indivíduos têm funções de utilidade idênticas.
- Por hipótese geral, na análise do bem-estar, assume-se habitualmente que a utilidade dos indivíduos e, portanto, o bem-estar social enquanto agregação das utilidades individuais, só depende do rendimento e que a utilidade marginal do rendimento é decrescente.
- Seja: o indivíduo *j* de maiores rendimentos transfere ΔY para o indivíduo *i*, de menores rendimentos, como exemplificado no gráfico abaixo, que representa as curvas de utilidade total de cada indivíduo (sobrepostas no gráfico, já que os indivíduos são idênticos, por hipótese):

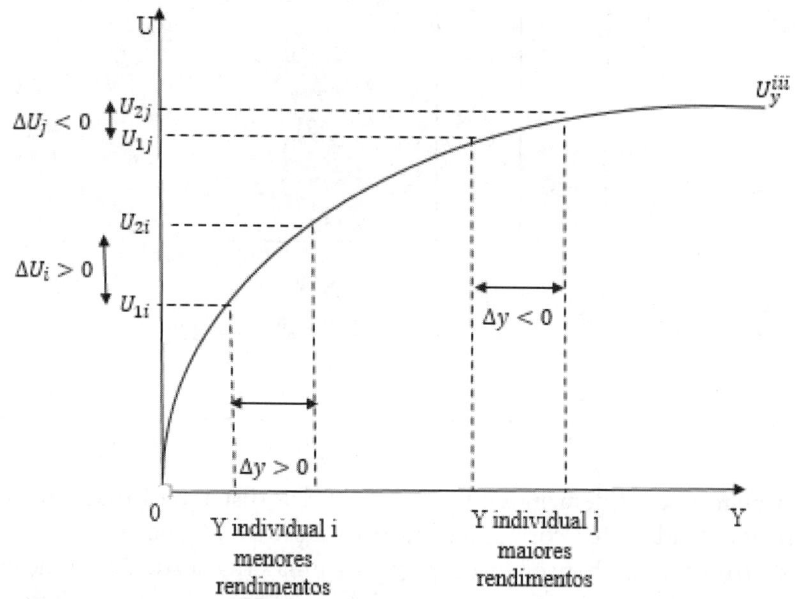

Como a utilidade marginal do rendimento é decrescente, para a transferência ΔY de *j* para *i*, vemos facilmente que a relação das variações das utilidades individuais, em valor absoluto, vem:

$$\Delta Ui > | \Delta Uj |$$

Conclusão:
(i) para os utilitaristas: ΔW>0, isto é, que o bem-estar social, com esta redistribuição de rendimento aumentará, visto que a soma das utilidades, após a transferência de rendimento, virá superior à inicial;
(ii) para os rawlsianos: depende de saber se a transferência de rendimento ocorre, ou não, para o indvíduo mais pobre (o que está em pior situação em termos de utilidade o que, neste caso, como as funções de utilidade são idênticas, equivale a dizer, para o indivíduo com o menor rendimento). Assim, se a transferência ocorrer para o mais pobre, há também uma melhoria em termos rawlsianos; se a transferência ocorrer para um indivíduo de menores rendimentos, mas não o mais pobre, então não haverá uma melhoria rawlsiana do bem-estar.

TR.3.25

a)

Produção – entidade responsável pela produção/ manutenção do bem ou serviço (propriedade dos meios de produção); provisão – forma como os cidadãos têm acesso ao bem/ serviço.

Produção pública significa que o serviço de tratamento de lixo é assegurado por uma entidade pública (por exemplo, Câmara Municipal) e a provisão privada significa que o acesso ao serviço é suportado, numa proporção economicamente significativa do seu custo, pelos cidadãos, pagando para tal.

Efeitos: pode existir algum conflito entre eficiência e equidade:

- *eficiência*: poderá ser bom para a eficiência, responsabilizando os cidadãos pela intensidade na produção de lixo, limitando, porventura, comportamentos privados mais laxistas, evitando-se "sobreconsumo" do serviço e, dessa forma, limitando a externalidade negativa associada.
- *equidade*: o acesso ao serviço acarreta um custo privado. Isto pode ter consequências em termos redistributivos: as famílias de menores rendimentos terão relativamente mais dificuldade a acomodar esta despesa no seu orçamento do que famílias de maiores rendimentos, se considerarmos que este tipo de despesa (normalmente integrada na "conta da água") tem uma expressão significativa nos orçamentos das famílias com mais baixos rendimentos.

b)

[Características]

Os bens mistos são bens que apresentam características de bens privados – no sentido em que existe capacidade de exclusão com algum fundamento económico (através de preço, tarifa ou taxa) – mas também alguma semelhança com os bens públicos, no sentido em que há uma não-rivalidade parcial no consumo. Definidas estas características, os bens mistos podem ser modelizados como bens de clube ou como bens privados a cujo consumo está associado uma externalidade positiva (benefício marginal social superior ao benefício marginal privado no consumo do bem).

[Exemplos]:

i) [bem de clube] Utilização de uma piscina municipal/ museus/ teatro (não-rivalidade parcial: utilização não rival condicionada à lotação e segurança do equipamento; possibilidade de exclusão através da cobrança de entrada).

ii) [bem privado com externalidade positiva] – ensino superior público: possibilidade de exclusão, não-rivalidade parcial, com externalidade positiva (BMS > BMP).

Exercícios Resolvidos

E.3.1

a)
O nível óptimo é dado pela condição de Samuelson (versão simplificada): a soma das disposições marginais a pagar iguala o custo marginal privado.

Custo de cada candeeiro é 50 logo o custo marginal privado: CMP=50

Note-se que DMPa=0 quando 100-3Q=0 ou seja Q=33,3 (aprox.)

E que DMPj=0 quando 50-2Q=0 ou seja Q=25

Logo, a soma das disposições marginais a pagar (ver figura 3.4 do livro Economia e Finanças Públicas) tem dois ramos diferentes (embora não seja relevante para o nível eficiente o segundo ramo).

$$\sum_i DMP^i = DMP^a + DMP^j = 50 - 2Q + 100 - 3Q = 150 - 5Q \text{ para } Q < 25$$

$$\sum_i DMP^i = DMP^a = 100 - 3Q \text{ para } 33{,}3 > Q > 25$$

Igualando a soma das *DMP* com *CMP* determina-se a quantidade eficiente do bem público é:

$$150 - 5Q = 50 \Leftrightarrow 5Q = 100 \Leftrightarrow Q^* = 20$$

b)
Este nível de produção é compatível com vários preços fiscais. Um caso particular são os preços (fiscais) de Lindahl que são o que cada indivíduo estaria disposto marginalmente a pagar ao nível do output óptimo.
Assim tem-se para a Ana,

$$P_a^* = DMP^a(Q^*) = 100 - 3Q = 100 - 60 = 40$$

e para o João,

$$P_j^* = DMP^j(Q^*) = 50 - 2Q = 50 - 40 = 10$$

A soma dos dois contributos é 50, que iguala o custo marginal.

c)
Há infinitas formas desde que a soma dos preços fiscais iguale o custo marginal: $P_a + P_j = 50$. Só o João é que paga impostos (50); só a Ana é que paga ($P_a = 50, P_j = 0_{50}$); ambos pagam o mesmo ($P_a = 25, P_j = 25$); ou pagam em função do valor da propriedade de cada um no valor patrimonial total (caso o financiamento seja através de um imposto sobre a propriedade).

d)
Quem deseja menos o bem público é o João e ele poderá andar à *"boleia"* (ser o *free-rider*) da Ana. Nesse caso ela poderia fornecer privadamente o bem público igualando *DMPa=CMP*. Essa igualdade faz-se para Q=16,(6), o que significa que ela estaria disposta a financiar 16 candeeiros. Note-se, contudo que seria um nível ineficiente (abaixo do óptimo) e que, sendo a iluminação um bem público, não existindo portanto rivalidade no consumo, o João beneficiaria também, mas sem contribuir.

E.3.2

a)
A dimensão óptima do parque é aquela que iguala a *soma* das disposições marginais a pagar com o custo marginal do parque, isto é:

$$\sum_i DMP^i = CMg(Q) \Leftrightarrow DMP^a + DMP^b = 30 \Leftrightarrow 100 - 2Q + 50 - Q = 30 \Leftrightarrow Q^* = 40$$

Sendo a dimensão óptima do parque 40 hectares e o nível de não rivalidade no consumo de mais de dez hectares, poderemos considerar que o parque é um bem público local puro.

b)
Os preços de Lindahl são as contribuições que cada câmara dará se contribuir de acordo com a sua disposição marginal a pagar. Assim,

$$P_a^* \equiv DMP_a(Q^*) = 100 - 2Q^* \Leftrightarrow DMP_a(Q^*) = 100 - 2.(40) \Leftrightarrow DMP_a(Q^*) = 20$$

$$P_b^* \equiv DMP_b(Q^*) = 50 - Q^* \Leftrightarrow DMP_b(Q^*) = 50 - 40 \Leftrightarrow DMP_b(Q^*) = 10$$

É possível que ambos revelem as suas verdadeiras preferências, mas é também possível que haja uma sub-revelação de preferências caso haja um comportamento egoísta dos agentes e caso achem que a sua contribuição efectiva dependerá daquilo que se mostrarem dispostos a contribuir. Nesse caso, o nível de provisão seria abaixo do óptimo.

c)
O equilíbrio de subscrição *"privada"* de um bem público pode ser determinado pela quantidade que iguala a disposição marginal a pagar pelo bem público (pelo agente que *mais* valoriza o bem público) com o seu custo marginal. Facilmente se verifica que a função $DMP_a \geq DMP_b$ para todo e qualquer Q, só sendo igual quando Q=50. Assim, os munícipes que mais valorizam o parque são os do município A, pelo que uma provisão unilateral do parque pelo município A seria dada por,

$$Q_e : DMP_a = CMg(Q) \Leftrightarrow 100 - 2Q = 30 \Leftrightarrow Q_e = 35$$

Sem acordo, mesmo assim haverá a construção do parque apenas financiado pelo município A. Note-se, contudo, que a quantidade construída (35 hectares) é inferior à óptima (40 hectares).[6]

<u>E.3.4</u>

a. Q^*=600
b. Preços de Lindahl, $P_i^* = P_j^* = ... = 4$
   O Equilíbrio de subscrição privada é nulo (Q=0).
c. Não, pois em vez de haver uma contribuição uniforme, haveria contribuição em função do valor patrimonial da habitação, e nada indica que ele seja idêntico.

[6] Aquilo que o presidente da Câmara A poderá fazer é uma provisão pública do parque para os residentes de A (têm um cartão do município pelo que não pagam a entrada) e um preço a pagar por não residentes de A. Note-se que apesar desta solução não ser *eficiente*, pois a restrição do consumo de um bem não rival é sempre ineficiente, ela é, contudo, de alguma justiça, pois os residentes no município A, eventualmente já pagariam através dos impostos locais o dito parque. Isto permitiria aliás diminuir o preço fiscal pago pelos residentes de A, que passaria a ser inferior à sua disposição marginal a pagar.

4.
Escolhas colectivas e decisão política

Resumo
Este capítulo faz uma análise da tomada de decisão colectiva em regimes democráticos e da forma como se espera que esta decisão satisfaça, ou não, os objectivos enunciados das políticas públicas, nomeadamente a sua capacidade de ultrapassar fracassos de mercado e reduzir a desigualdade de oportunidades e a iniquidade na distribuição de rendimentos.

Entre os problemas analisados contam-se os seguintes: Quais os efeitos das diferentes regras de escolha colectiva? Quais as regras desejáveis para avaliar propostas que pretendem melhoramentos de eficiência? E quais as preferidas para avaliar problemas de redistribuição? Pode haver paradoxos nas votações, por exemplo, pode a mesma proposta ser aprovada e rejeitada pelo mesmo grupo de indivíduos? Há alguma regra de votação (ou de agregação de preferências) óptima? Se a resposta for negativa, há condições específicas em que se evite paradoxos do voto? Numa instituição como o parlamento há garantia que as propostas aprovadas representam melhorias do bem-estar social? Quais as consequências de haver uma intensidade de preferências distintas entre os votantes? Qual o papel dos grupos de interesse na definição das políticas públicas? Será que se pode falar em fracasso do governo? Como se revela o interesse público no processo democrático?

Qualquer que seja o grupo que tome decisões colectivas, podemos distinguir desde logo quatro tipo de regras de decisão. Na maioria relativa, ganha a proposta que tiver mais votos que as restantes; na maioria absoluta, para além dessa condição, é necessário que os votos favoráveis sejam superiores a metade do quórum; na maioria qualificada é necessário que os votos favoráveis sejam significativamente superiores a metade do quórum (por exemplo: $^2/_3$ ou $^3/_4$); e na unanimidade é necessário que todos votem a favor. A passagem da regra da maioria relativa para a unanimidade está associada a graus crescentes de dificuldade de aprovar propostas, ou seja, a um peso cada vez maior da situação de partida *(status quo).* Sob a regra da unanimidade qualquer votante tem poder de *vetar* as propostas apresentadas por outros. Daí que, para aprovar propostas que representam melhorias na eficiência (em que por definição ninguém deve perder), a regra óptima seja uma maioria qualificada que minimiza os custos da decisão, dados como a soma de custos de negociação e dos custos de haver derrotados com a passagem da proposta. Já no que respeita a propostas que envolvem sobretudo objectivos redistributivos (por exemplo: sobre impostos ou prestações sociais), a regra utilizada deve ser a da maioria relativa ou absoluta.

Desde há vários séculos que se sabe que há paradoxos associados a regras de votação. Em geral, é possível que a proposta X ganhe a Y, a Y ganhe a Z e a Z ganhe a X, criando-se assim um ciclo de votação conhecido como *Paradoxo de Condorcet* que reflecte uma possível intransitividade das escolhas colectivas. Propriedades desejáveis das regras de votação são a *transitividade* das escolhas coletivas, a satisfação do critério de *Pareto* (se todos preferem X a Y a escolha coletiva deve ser X), a não existência de um ditador, a aceitação de *preferências sem restrições* e a *não dependência de alternativas irrelevantes.* Contudo, Arrow demonstrou que não há, nem pode ser inventada, nenhuma regra que satisfaça essas cinco propriedades.

Porém, há regras que satisfazem algumas propriedades em certas condições. É o caso da regra da maioria absoluta quando as preferências dos votantes são unimodais (têm um único máximo) e a decisão é sobre uma única variável unidimensional. Nestas condições particulares, o teorema do *votante mediano* mostra que a escolha colectiva coincidirá com a escolha que fizer o votante de preferências medianas (há tantos votantes que preferem mais como menos). Este teorema tem implicações importantes, pois mostra como os partidos políticos que almejam o poder têm tendência para ocupar a posição mediana do espaço ideológico, e também que a redistribuição do rendimento por vezes não é dirigida aos mais pobres, mas aos que ocupam a posição mediana na distribuição de rendimento.

Na realidade, porém, muitas propostas não são unidimensionais, mas sim pluridimensionais. O Orçamento de Estado tem uma componente de bens públicos, logo de eficiência (investimentos úteis em infra-estruturas), mas também tem de redistribuição (impostos, pensões de reforma, rendimento social de inserção, etc.). Na presença de uma multi-dimensionalidade na escolha colectiva não há equilíbrio no processo de votação. À partida tudo pode acontecer, isto é, com pelo menos três agentes, é sempre possível que qualquer coligação entre dois agentes seja derrotada por uma coligação entre um desses agentes e o que ficou de fora da anterior coligação. Essa instabilidade nas escolhas colectivas pode ser mitigada pelo desenho institucional. Votações sucessivas em várias propostas, processo de votação em árvore (como nos torneios) ou divisão de propostas por comissões parlamentares especializadas com menor número de deputados que o plenário da AR são exemplos de estruturas de votação que induzem equilíbrios.

A essência da democracia é que cada votante tem um voto que pode usar como quiser, mas na realidade a intensidade de preferências de cada voto (a favor ou contra) é muito diferente. É, pois, possível, e frequente, haver *logrolling* (troca de votos) em que o partido A, que apoia fortemente a proposta X (mas não Y), negoceia com o partido B, que apoia intensamente a proposta Y (mas não X), votarem favoravelmente ambas as propostas para que ambas sejam aprovadas. O efeito económico do *logrolling* é incerto, podendo levar a uma melhoria ou deterioração do bem-estar social.

Os grupos de interesse têm um efeito ambíguo nas políticas públicas. Por um lado, têm melhor informação e conhecimento técnico sobre a área de legislação ou de governação e podem contribuir – no caso dos grupos de interesse público – para a melhoria da qualidade das políticas públicas. Contudo, os grupos de interesse privado ou misto podem influenciar os decisores políticos a favor dos seus membros e em detrimento da sociedade. Se um governo actuar de acordo com os interesses de um grupo e não da sociedade, se hipotecar os benefícios das gerações futuras em relação às presentes, se der benesses a interesses seccionais e restritos, obviamente que poderemos falar em fracasso do governo. Há então, ou não, serviço do interesse público? Em democracia, dadas as eleições periódicas, pode-se argumentar que o *voto* popular é um barómetro da qualidade das políticas públicas. Porém, o voto serve frequentemente mais para afastar políticos indesejados do que para apoiar políticas, e podem não ser tomadas em devida consideração as gerações futuras. Assim é que cada vez mais autores defendem que a prossecução do interesse público depende da qualidade da *deliberação,* o que pressupõe a existência de um espaço político e público de apreciação, ponderação e apreciação dos argumentos justificativos das várias medidas de políticas públicas.

Tópicos de reflexão: Capítulo 4

1. Uma das inovações da lei das finanças locais de 2007, em relação às anteriores, foi estabelecer que *"sempre que os efeitos da celebração de um contrato de empréstimo se mantenham ao longo de dois ou mais mandatos, deve aquele ser objecto*

de aprovação por maioria absoluta dos membros da assembleia municipal." (artº 38º da Lei 2/2007). Diga qual a justificação teórica para se ter passado de uma maioria simples (ou relativa) para uma maioria absoluta.

2. A regra da unanimidade é raramente utilizada para a tomada de decisão colectiva. Explique porquê.

3. Para decisões que envolvem melhorias de Pareto (em que ninguém perde) a regra de decisão ideal é uma maioria qualificada, enquanto que em decisões com claras repercussões redistributivas a maioria relativa é mais desejável. Explique porquê.

4. Considere que numa dada Assembleia a proposta X ganha à Y, a Y à Z e por sua vez a proposta Z ganha à proposta X. Explique a razão de ser deste paradoxo e em que condições é que tal situação nunca acontece.

5. Na situação descrita em 4., um líder que controle a agenda de votação e que tenha preferência pela proposta Y, deverá propor que *sequência* de votação para satisfazer as suas preferências? O que é que poderá ser introduzido no *regimento* (regras de funcionamento) da dita Assembleia para que o líder não possa, em geral, aprovar essa sequência?

6. O teorema de impossibilidade de Arrow parte de cinco critérios (ou axiomas) simples que qualquer regra de escolha colectiva deve satisfazer. Escolha dois desses critérios e justifique por que é que devem ser satisfeitos por toda e qualquer regra de escolha colectiva.

7. O teorema do votante mediano só se aplica em certas condições. Explicite quais as hipóteses para que se possa aplicar o teorema.

8. Um país hipotético teve dois referendos sobre a interrupção voluntária da gravidez (IVG). No primeiro, em que o *não* venceu, a pergunta versava sobre a possibilidade de IVG até às 12 semanas e no segundo, em que o *sim* venceu, essa possibilidade era apenas até às 10 semanas. Explique, usando o teorema do votante mediano, como tal resultado é possível, mesmo considerando que não houve alteração das preferências dos votantes e que os votantes são os mesmos.

9. A maioria das escolhas colectivas é multi-dimensional. Explique em que consiste essa multi-dimensionalidade e quais as suas principais consequências.

10. Num governo PS sem maioria absoluta na Assembleia da República, um deputado do CDS/PP, assumindo uma posição contrária ao partido a que pertencia, viabilizou dois Orçamentos de Estado (2001 e 2002) a troco de vários investimentos públicos no seu concelho e distrito. Explique esta actuação à luz da teoria da troca de votos (*logrolling*).

11. Considere que há três partidos (A, B e C) com o mesmo número de mandatos na Assembleia da República e três propostas em votação (X, Y e Z). A seguinte matriz clarifica os efeitos no bem-estar social dos respetivos eleitorados associados à aprovação de cada uma das propostas:

Propostas\Partidos	A	B	C	Total
X	3	-2	-1	
Y	-3	-1	5	
Z	-2	6	-2	
Total				

a) Preencha os totais em coluna e em linha. Considere que as propostas são votadas separadamente (sem *logrolling*). Analise o resultado das três votações e o efeito quer isoladamente, quer em termos agregados no bem-estar social (na óptica do utilitarismo).
b) Considere agora que os partidos negoceiam entre si, nomeadamente que existe um entendimento (*logrolling*) entre os partidos B e C. Indique novamente o resultado das votações e os efeitos destas votações no bem-estar social, quer isoladamente quer em termos de bem-estar social (utilitarista).

Questões de escolha múltipla

4.1. A regra da maioria qualificada é pouco utilizada para tomar decisões colectivas porque:
a. Facilita a aprovação de propostas contra o *status quo*.
b. Favorece decisões que representam melhoramentos de Pareto.
c. Os custos da tomada de decisão são relativamente mais elevados do que na regra da maioria simples.
d. Existe um desconhecimento em relação a esta regra.

4.2. O modelo do votante mediano é sobretudo útil quando:
a. O paradoxo do voto não se verifica.
b. O número de votantes é grande e há tantos indivíduos que preferem mais como preferem menos.

c. Apenas uma dimensão da escolha é relevante.
d. Se está perante escolhas em duas dimensões diferentes.

4.3. O paradoxo do voto traduz-se:
a. Na falta de incentivos para as pessoas votarem.
b. Em que a utilização da regra da maioria leva a resultados diferentes consoante o método.
c. Em que, embora numa escolha colectiva haja a participação de muitos indivíduos, apenas um (o votante mediano) é decisivo.
d. Em que nem sempre há uma maioria absoluta a aprovar uma proposta.

4.4. Na teoria da escolha pública, o comportamento dos dirigentes da administração pública (burocratas) é modelizado como tendo como objectivo principal a:
a. Maximização do nível de serviços.
b. Maximização da dimensão do orçamento.
c. Minimização do risco.
d. Maximização das vendas.

4.5. Nas escolhas colectivas, o *logrolling* leva a que, do ponto de vista do utilitarismo clássico, se verifique:
a. Sempre um decréscimo do bem-estar social.
b. Sempre um acréscimo do bem-estar social.
c. Um acréscimo do bem-estar dos participantes no *logrolling*.
d. Um acréscimo de bem-estar dos que não participam no *logrolling*.

4.6. O teorema de Arrow mostra que é impossível:
a. Inventar novas regras de votação que satisfaçam cinco critérios "razoáveis".
b. Desenhar regras de votação que sejam democráticas.
c. Que uma regra de votação permita a aprovação de propostas que satisfaçam o critério de melhoramento de Pareto.
d. Uma regra de votação não levar a intransitividades nas escolhas.

4.7. Diga qual das afirmações é *falsa*: Em problemas que envolvem a repartição de um montante fixo ("*jogos de soma nula*") por três ou mais indivíduos...
a. Não há coligações estáveis.
b. A maioria relativa, quando comparada com a absoluta, facilita a aprovação das propostas.
c. A alteração da repartição, assumindo indivíduos egoístas, facilita a aprovação das propostas.
d. A regra da unanimidade permite que haja consensos com mais facilidade.

4.8. Diga qual das afirmações é *falsa*: Em problemas que envolvem decisões sobre a afectação de recursos em que todos podem ficar melhor (*"jogos de soma positiva"*):

a. Há mais racionalidade para o uso da maioria qualificada, do que em jogos de soma nula.
b. A unanimidade é possível mas não é provável.
c. O uso da regra da maioria absoluta (em oposição à qualificada) dificulta que se tenha informação sobre o carácter de "interesse público" das propostas.
d. O uso da maioria qualificada garante que a proposta será aprovada.

4.9. Assinale a proposição *falsa*: Quando a escolha colectiva incide sobre duas (ou mais) dimensões diferentes então...

a. Geralmente (sem coligações) não é possível prever o resultado de uma votação.
b. Os votantes medianos, em cada dimensão, não são decisivos.
c. Uma votação consecutiva em dois momentos diferentes do tempo poderá resolver a incerteza da votação.
d. A escolha colectiva reflecte a escolha do votante mediano.

4.10. Diga qual das proposições é *falsa*:

a. A regra da unanimidade favorece o *status quo*.
b. Sob a maioria relativa é mais fácil tomar decisões, do que sob maioria absoluta.
c. O uso de maioria qualificada, e não simples, aumenta a probabilidade de propostas que geram uma melhoria da eficiência serem aprovadas.
d. Com maioria absoluta os custos da tomada de decisão são menores que com maioria relativa.

4.11. Nas escolhas colectivas o *logrolling* leva a que se verifique, do ponto de vista do rawlsianismo:

a. Sempre um decréscimo do bem-estar social.
b. Sempre um acréscimo do bem-estar social.
c. Um efeito incerto no bem-estar social.
d. Um acréscimo de bem-estar dos que não participam no *logrolling*.

4.12. Diga qual das proposições é *falsa*:

a. A regra da maioria relativa favorece o *status quo*, quando comparada com a unanimidade.
b. Sob a maioria relativa é mais fácil tomar decisões.

c. O uso de maioria qualificada, e não simples, aumenta a probabilidade de propostas que geram uma melhoria da eficiência serem aprovadas.
d. Com maioria absoluta os custos da tomada de decisão são maiores que com maioria relativa.

4.13. A acção de um grupo de interesse público necessariamente:
a. Melhora o bem-estar dos membros da sociedade, mas reduz as do grupo.
b. Melhora o bem-estar dos membros da grupo mas não da organização.
c. Melhora o bem-estar social.
d. Melhora o bem-estar de membros da organização à custa da diminuição dos que não são membros da organização.

4.14. Diga qual a proposição *falsa* relativamente à regra de maioria relativa:
a. É mais rápida a decisão.
b. O poder de bloquear as propostas é pequeno.
c. O peso do *status quo* é pequeno.
d. A possibilidade de aprovar propostas redistributivas é pequena.

4.15. Qual das seguintes hipóteses não é necessária para que se verifique o teorema do votante mediano?
a. Os votantes terem preferências unimodais.
b. O espaço da escolha ser unidimensional.
c. Verificar-se a regra da maioria.
d. Os votantes terem preferências distintas.

4.16. A regra da unanimidade quase nunca é utilizada para tomar decisões colectivas porque:
a. Com esta regra as preferências dos votantes são semelhantes.
b. A unanimidade favorece decisões que representam melhoramentos de Pareto.
c. Os custos da tomada de decisão são mais baixos do que na maioria qualificada.
d. Qualquer votante tem um poder de veto sobre a decisão colectiva.

5.
Teorias e políticas públicas num contexto de incerteza

Resumo
No presente capítulo desenvolve-se a análise das políticas públicas feitas em capítulos anteriores quer no que respeita à eficiência (informação assimétrica e externalidades) quer no que respeita à equidade (indicadores de desigualdade e de pobreza).

Numa primeira parte analisa-se o conjunto de problemas introduzidos nos mercados pelo risco, incerteza e informação assimétrica, e as formas como os mercados combatem parcialmente o problema, nomeadamente no âmbito dos seguros, para cobrir situações como doença e pensões de reforma privadas. Identificam-se os fracassos de mercado e analisa-se a forma como o sector público intervém não apenas por razões de eficiência, mas também por razões de justiça distributiva.

A vida contemporânea envolve um conjunto de riscos (doença, ficar desempregado) e, em geral, a maioria dos indivíduos é *avesso ao risco* e está disposto a pagar algo para transferir esse risco para outra entidade. A aversão ao risco significa que um indivíduo ao optar entre receber 500 euros de certeza ou ter um bilhete de lotaria em que pode ganhar 0 ou 1000 com probabilidades 0,5 em cada caso, prefere a primeira opção. Este indivíduo, caso sujeito a um acidente que lhe provocará um dano *d* com probabilidade p, estará disposto a pagar um *prémio actuarialmente justo* x = p.d para transferir o risco do acidente para uma seguradora. Com informação simétrica as companhias identificariam as probabilidades diferenciadas de cada individuo em ter acidentes e fariam contratos diferenciados com prémios mais elevados para os descuidados e mais baixos para os cautelosos. Contudo, a realidade é a existência de *relações de agência* em que uma das partes (o *principal*) não consegue observar o grau de risco do agente, nem observar o seu comportamento em caso de acidente. A não observação das *características* do agente dá origem a um fenómeno conhecido como *selecção adversa*. Se os contratos oferecidos forem com idêntico prémio, actuarialmente justo em média, esse prémio será considerado elevado pelos indivíduos de baixo risco e atractivo, porque baixo, para os de alto risco. Estes subscreverão o seguro, mas aqueles que não forem obrigados não o subscreverão. Este fenónemo de selecção adversa (saída dos bons riscos) faz com que o prémio actuarialmente justo tenha que subir, o que eventualmente levará a um fracasso de mercado. Por outro lado, não se poder observar o comportamento do agente, mesmo em seguros obrigatórios, leva a problemas de *risco moral* em que é uma estratégia dominante para os segurados adoptarem níveis baixos de cautela e para as seguradoras irem subindo os prémios, quando todos ganhariam na situação inversa (baixos prémios e níveis de cautela elevados). Prova-se que não há equilíbrio privado com contratos únicos (*pooling*), mas que poderá haver um equilíbrio com *contratos separados* e distintos em que o *prémio* e a *franquia* em caso de acidente são diferentes.

O Estado defronta os mesmos problemas que os privados na presença de informação assimétrica. Tem, contudo, um instrumento que estes não têm que é estabelecer a obrigatoriedade do seguro (ou da contribuição para a segurança social). Com isto, está a fazer uma cobertura total dos riscos (solução de *pooling* coerciva) através de uma redistribuição implícita dos *"baixos"* riscos para os altos riscos.

Numa segunda parte do capítulo desenvolve-se a teoria das externalidades. Analisam-se os vários instrumentos possíveis de lidar com o problema e o impacto da informação assimétrica na escolha dos instrumentos ideais para internalizar externalidades.

Um caso extremo e optimista de lidar com externalidades é enunciado pelo *teorema de Coase*, que diz que se os direitos de propriedade estiverem claramente determinados e se os custos de transacção forem *nulos*, alcançar-se-á um nível eficiente da externalidade sem necessidade de intervenção pública. Por outras palavras, a intervenção pública só seria necessária caso os direitos de propriedade fossem incertos. Ao torná-los claros, os privados tratariam de negociar entre si. Um outro caso extremo, mas negativo, é a chamada *tragédia dos comuns*. Ela resulta de os indivíduos (pastores, pescadores, poluidores) não tomarem em consideração a externalidade colectiva que geram e desta forma levarem a níveis de utilização excessivos de recursos (ou de captura de espécies) que levam à sua improdutividade (terra), extinção (espécies animais) ou aquecimento global (ambiente). Entre estes casos extremos estão as políticas públicas que podem passar pela clarificação de direitos, quotas, impostos pigouvianos ou mercado de direitos. Com informação simétrica e ausência de custos de transacção as várias formas de políticas públicas seriam no essencial equivalentes. Actuar pelos *"preços"* (imposto unitário) ou nas quantidades (quotas) levaria em ambos os casos ao óptimo social. Contudo, em situações de informação assimétrica os resultados serão diferentes. Por exemplo, a sub-estimação, por parte do Estado, dos benefícios marginais da poluição para uma empresa faz com que um imposto *"pigouviano"* seja de montante abaixo do óptimo, levando a uma redução insuficiente da poluição. Se o Estado impusesse quotas, partindo da mesma suposição quanto aos benefícios marginais, a consequência seria uma redução excessiva da poluição.

Na terceira parte do capítulo aborda-se a questão da equidade. Desenvolve-se conceptualmente a distinção entre indicadores de pobreza e de desigualdade, bem como alguns problemas metodológicos de medição destes indicadores e de outros que pretendem apresentar de forma sintética os níveis de pobreza e desigualdade dos diversos países.

Certos indicadores, como o de *pobreza absoluta*, servem para medir a situação dos que estão pior na sociedade em termos absolutos. Isto é, define-se em geral um cabaz de bens e serviços indispensáveis para que não se esteja em situação de carência absoluta e a expressão monetária desse valor constitui esse limiar de pobreza absoluta. A partir dele pode-se calcular a *taxa de pobreza absoluta* (proporção de indivíduos abaixo do limiar) ou a *intensidade da pobreza* (diferença entre o valor do limiar e o rendimento equivalente do individuo). Trata-se aqui de indicadores numa óptica rawlsiana.

Outro indicador que já considera a distribuição de rendimento é o de *pobreza relativa*, em que o limiar de pobreza é estabelecido em função da mediana da distribuição de rendimento (por exemplo 50% do valor mediano). Por outro lado, existem medidas de *desigualdade* que incorporam informação sobre toda a distribuição (desde medidas simples de dispersão, como o coeficiente de variação, o índice de Gini ou o índice de Atkinson). Todas as medidas de pobreza ou desigualdade defrontam um problema metodológico que é a definição da unidade de observação, ou seja, a necessidade de se considerar a existência de economias de escala no consumo em agregados de maior dimensão e de diferente composição. Para isso têm sido propostas várias *escalas de equivalência* que ponderam o primeiro adulto, o segundo adulto e as crianças.

Tópicos de reflexão: Capítulo 5

1. Se lhe for dado a escolher entre um pagamento certo de 1000 euros ou em alternativa entrar num jogo em que pode ganhar 5000 euros com probabilidade 0,2 ou não ganhar nada, o que escolheria? O que demonstra a sua resposta em relação ao seu grau de aversão ao risco? Justifique.

2. Considere que a probabilidade de um condutor que guia acima do limite máximo de velocidade ser detectado e parado pelas autoridades é de 0,0001 e que, em caso de infracção a contra-ordenação é de 200 Euros. Seja o valor monetário do benefício individual de conduzir acima do limite máximo de 5 Euros. Será que um indivíduo neutro face ao risco irá conduzir acima do limite máximo? E se for muito avesso ao risco?

3. Se todos fossem mais cuidadosos com a condução, os prémios de seguro pagos seriam bastante mais baixos. Contudo, acontece o inverso. Como se chega a este resultado paradoxal?

4. O problema da selecção adversa, na presença de informação assimétrica, faz com que não haja um único contrato a ser subscrito por indivíduos de baixo e alto risco. Justifique.

5. O problema da informação assimétrica e a natureza por vezes pouco quantificável da actividade dos funcionários públicos torna difícil a sua avaliação. Comente.

6. Sem sistema de segurança social público o mercado não fracassaria totalmente mas parcialmente, pois haveria riscos que não seriam cobertos. Explique porquê.

7. Um sistema de segurança social baseado num esquema de repartição opera sempre uma redistribuição implícita do rendimento.[7] Os defensores do Estado Mínimo criticam fortemente este sistema. Explique em que se traduz essa redistribuição e por que existe uma oposição destes autores.

8. Um sistema de segurança, com uma forte componente de capitalização[8] aproxima-se da solução de mercado e tem vantagens e inconvenientes. A principal vantagem tem a ver com os incentivos que introduz para combater os problemas do risco moral. A principal desvantagem, nomeadamente para os defensores do Estado de Bem-Estar, é que se torna muito menos redistributivo. Aquilo que é uma desvantagem para estes autores é uma vantagem para

[7] Um *"sistema de repartição"* é um sistema em que as contribuições dos activos financiam as pensões dos inactivos idosos contemporâneos.

[8] Um *"sistema de capitalização"* é um sistema onde as pensões de reforma são função, em grande parte, da capitalização do valor das contribuições durante todo o período contributivo do pensionista.

neoliberais, que defendem um maior papel para os mercados e uma menor importância da redistribuição como forma de promover a equidade. Comente.

9. A existência de um sistema de segurança social pode ser justificada por três tipos de argumentos diferentes: superar um fracasso parcial do mercado, fornecer um bem de mérito e redistribuir rendimento. Sintetize os fundamentos destes três tipos de argumentos.

10. O sector público pode lidar com externalidades de diversas formas: através do zonamento, através de impostos ou através da regulamentação de níveis máximos de externalidades negativas. Explique em que consistem estas várias formas de actuação e qual o seu fundamento.

11. O problema das alterações climáticas, nomeadamente o aquecimento global da atmosfera, pode ser modelizado no contexto da tragédia dos comuns. Explique porquê.

12. Em certas condições particulares e restritivas pode haver uma negociação privada para internalização das externalidades e dessa negociação resultar uma afectação de recursos eficiente. Que condições são essas?

13. Acha que pode haver aplicação do *teorema de Coase* a uma suposta negociação entre a administração da cimenteira Secil acerca do futuro da fábrica do Outão (em pleno Parque Natural da Arrábida) e todos os turistas que visitam o parque natural? Justifique.

14. Com informação assimétrica e sub-estimação, por parte do governo, dos benefícios marginais da poluição, a imposição de um imposto pigouviano leva a resultados completamente diferentes da definição de quotas máximas de poluição. Justifique, ilustrando graficamente.

15. Distinga os conceitos de pobreza absoluta e desigualdade e identifique políticas públicas que conheça destinadas sobretudo a erradicar a pobreza e outras mais direccionadas para a redução das desigualdades.

16. Explique como é possível que, apesar do aumento do rendimento mundial, haja, simultaneamente, um aumento do número de pobres no mundo.

17. Na escala de equivalência da OCDE (modificada) o primeiro adulto vale 1, os restantes adultos do agregado familiar 0,5 e as crianças 0,3 cada. Explique

qual a necessidade do uso de escalas de equivalência para o estudo empírico da pobreza e desigualdade.

18. Considere o Quadro 5.1 abaixo, com dados sobre o rendimento disponível por adulto equivalente em Portugal. Compare a taxa anual de crescimento real do 1º e 10º decis no período 2006-2014.

a. Que conclui sobre a evolução da desigualdade entre estes dois grupos?
b. A variação na desigualdade foi devida sobretudo ao primeiro período (2006-2009) ou ao segundo (2009-2014)? Esclareça e tente justificar o porquê dessa evolução.

Quadro 5.1. Distribuição individual do Rendimento Disponível

Decil	2006	2009	2014
1	2969	3292	2469
2	4716	5206	4402
3	5919	6452	5704
4	6934	7507	6760
5	7988	8688	7844
6	9211	10079	8988
7	11068	11623	10329
8	13318	13685	12137
9	17575	17056	15185
10	31984	30177	26127
Total	11177	11383	9996

Notas: Valores do rendimento em Euros/ano a preços de 2014.

Fonte: Rodrigues, C. F.; Figueiras, R.; Junqueira, V. (2016) Desigualdade do rendimento e pobreza em Portugal: as consequências sociais do programa de ajustamento, Lisboa, Fundação Francisco Manuel dos Santos, com base no EU-SILC 2007, 2010 e 2015.

19. Considere o Quadro 5.2 e os dados sobre o rendimento disponível em percentagem da mediana.

a. Que conclui sobre a variação na desigualdade dos 50% com menos recursos?
b. Interprete as variações na posição dos relativamente mais ricos, em particular dos dois decis superiores.

Quadro 5.2. Distribuição do Rendimento Disponível

Decil	**% da Média**			**% da Mediana**		
	2006	2009	2014	2006	2009	2014
1	26.6	28.9	24.7	34.8	35.1	29.3
2	42.2	45.7	44.0	55.3	55.5	52.2
3	53.0	56.7	57.1	69.4	68.8	67.6
4	62.0	65.9	67.6	81.3	80.1	80.1
5	71.5	76.3	78.5	93.7	92.7	93.0
6	82.4	88.5	89.9	108.0	107.5	106.6
7	99.0	102.1	103.3	129.8	124.0	122.5
8	119.2	120.2	121.4	156.2	146.0	143.9
9	157.2	149.8	151.9	206.2	182.0	180.0
10	286.2	265.1	261.4	375.2	322.0	309.7
Total	(-)	(-)	(-)	131.1	121.4	118.5

* Rendimento médio de cada decil como percentagem da Média e da Mediana.
Fonte: Rodrigues, C. F.; Figueiras, R.; Junqueira, V. (2016) op. cit..

20. Tendo presente os dados do Quadro 5.3, explique por que é que, em cada ano, o índice de desigualdade de Atkinson (IA) aumenta com o parâmetro *e*. Observando os valores do IA e do Índice de Gini para os três anos (2006, 2009, 2014) que pode concluir?

Quadro 5.3. Índices de Desigualdade [2006-2014]

	2006	2009	2014
Índice de Gini	0.368	0.337	0.340
Índice de Atkinson (e=0,5)	0.110	0.093	0.097
Índice de Atkinson (e=1.0)	0.204	0.175	0.188
Índice de Atkinson (e=2,0)	0.360	0.332	0.393
S80/S20	6.4	5.6	6.0
S90/S10	10.8	9.2	10.6

Fonte: Rodrigues, C. F.; Figueiras, R.; Junqueira, V. (2016) op. cit..

21. Com os dados sobre pobreza relativa apresentados no Quadro 5.4, interprete a evolução da pobreza em Portugal nesse período. Considera que a incidência da pobreza absoluta seria maior ou menor? Justifique, clarificando os conceitos utilizados.

Quadro 5.4. Distribuição do Rendimento Disponível por Adulto Equivalente. Medidas de Pobreza

	2006	2009	2014
Linha de Pobreza (Euros)	426	469	422
(60% do Rendimento Mediano)			
Incidência da Pobreza – F(0)	0.181	0.179	0.195
Intensidade da Pobreza – F(1)	0.050	0.049	0.064
Severidade da Pobreza – F(2)	0.021	0.021	0.032

Fonte: Rodrigues, C. F.; Figueiras, R.; Junqueira, V. (2016) op. cit., valores da Linha de Pobreza em euros/mês a preços de 2014.

22. "A pobreza não é uma condição de género neutral, pois o número de mulheres pobres excede o número de homens pobres e as mulheres e os homens experimentam a condição de pobreza de maneiras distintas. "(Bastos, Casaca, Nunes e Pereirinha 2009). Comente.

23. Em relação a uma externalidade negativa na produção explique a necessidade de intervenção do Estado, ilustrando graficamente a relação entre: i) o preço de equilíbrio e o preço óptimo; ii) a quantidade de equilíbrio e a quantidade óptima.

Questões de escolha múltipla

5.1. Se eu prefiro jogar um jogo em que posso ganhar 300 com probabilidade 0,6 ou ganhar 100 com probabilidade 0,4 do que ter um pagamento certo de 220, então sou:
a. Avesso ao risco.
b. Amante do risco.
c. Indiferente ao risco.
d. Amante do risco até 220 Euros e avesso para valores superiores.

5.2. Na presença de risco moral:
a. O bem-estar dos agentes é inferior ao que seria com informação simétrica.
b. O governo tem sempre maior capacidade de combater o risco moral que os agentes económicos privados.
c. Há uma relação de agência onde as características dos agentes não são observadas pelo principal.
d. O principal tem menos informação que o agente.

5.3. Diga qual a proposição *falsa*: Com igual salário e iguais condições de trabalho, mas competências e esforço claramente diferentes numa dada profissão, o resultado poderá ser...
a. Menos esforço pelos trabalhadores mais empenhados (risco moral).
b. Menos esforço pelos trabalhadores menos empenhados.
c. Saída dos melhores trabalhadores para outras profissões igualizando o nível médio da competência dos que ficam.
d. Saída dos melhores trabalhadores para outras profissões baixando o nível médio da competência dos que ficam.

5.4. Tomando como referência o *teorema de Coase*, qual das proposições seguintes *não é verdadeira*?
a. Uma clara definição de direitos de propriedade é condição necessária, mas não suficiente, para internalizar uma externalidade.
b. A intervenção governamental por vezes não é necessária para internalizar uma externalidade.

c. Quando os custos de transacção são elevados em geral não haverá internalização privada da externalidade.
d. A eficiência é sempre assegurada através da negociação entre as partes envolvidas na externalidade.

5.5. Relativamente aos níveis eficientes de consumo, a provisão uniforme de bens privados fornecidos publicamente gera:
a. Consumo excessivo uniforme.
b. Consumo insuficiente.
c. A possibilidade de sobre-consumo para uns e de sub-consumo para outros.
d. Que todos pagam o mesmo preço.

5.6. Identifique a proposição que *não é verdadeira*: Quando a presença de uma externalidade leva a que haja produção a um nível abaixo do óptimo estamos na presença de uma...
a. Externalidade positiva.
b. Externalidade negativa.
c. Preço do bem abaixo do óptimo.
d. Imposto pigouviano.

5.7. Na presença de selecção adversa um contrato de *pooling*:
a. É um contrato de equilíbrio, se o prémio for actuarialmente justo.
b. É um contrato de equilíbrio, se a proporção dos indivíduos de baixo risco for superior à proporção dos indivíduos de alto risco.
c. Não é um contrato de equilíbrio.
d. É melhor do que contratos separados.

5.8. O que é que é *falso* acerca de uma externalidade positiva na produção?
a. Uma externalidade está associada a uma ineficiência.
b. A intervenção pública pode levar a que uma quantidade eficiente seja produzida.
c. Não se reflecte no sistema de preços.
d. A redução da produção aumenta o bem-estar social.

5.9. Quando o preço de equilíbrio de mercado está acima do preço eficiente, para o consumidor está-se na presença de uma:
a. Externalidade negativa na produção.
b. Externalidade positiva na produção.
c. Externalidade negativa no consumo.
d. Afectação de recursos eficiente.

5.10. Um imposto pigouviano:
a. Iguala o beneficio marginal externo ao nível da produção inicial.
b. Iguala o custo marginal externo para o nível óptimo de produção.
c. Iguala a diferença entre benefício marginal social e privado no óptimo.
d. Iguala a diferença entre custo marginal privado e externo no óptimo.

5.11. Qual das seguintes situações traduz uma externalidade positiva na produção:
a. O progresso tecnológico fez baixar o preço dos microprocessadores e, portanto, fez baixar o preço dos microcomputadores que os utilizam.
b. A descida do preço do petróleo fez melhorar o bem-estar dos consumidores.
c. Uma empresa de construção civil faz uma urbanização com jardim de que beneficiam empresas localizadas na zona envolvente.
d. Existe uma substancial redução no número de fumadores em recintos fechados.

5.12. Com informação assimétrica e subestimação, por parte do governo, do benefício marginal da poluição para uma empresa poluidora, um imposto de tipo pigouviano leva a um nível de poluição:
a. Abaixo do óptimo.
b. Excessivo.
c. Igual ao que seria obtido com regulamentação.
d. Óptimo.

5.13. Relativamente a um imposto pigouviano, diga qual das seguintes afirmações é *falsa*:
a. É distorcedor.
b. Altera desejavelmente o comportamento dos agentes económicos.
c. Promove a eficiência.
d. Corrige uma externalidade positiva.

5.14. O que é que é *falso* acerca de uma externalidade negativa na produção?
a. Uma externalidade está associada a uma ineficiência.
b. A intervenção pública pode levar a que uma quantidade eficiente seja produzida.
c. Não se reflecte no sistema de preços.
d. Um subsídio pigouviano leva a um nível óptimo de produção.

5.15. Diga qual das situações não está associada directamente a uma externalidade:
a. O arranjo exterior de um prédio numa rua movimentada.
b. Fumar num recinto fechado.
c. Descida do preço do petróleo.
d. Poluição produzida por uma fábrica.

5.16. Na presença de uma externalidade negativa na produção, a intervenção pública com vista a uma afectação eficiente de recursos deve corresponder a:
a. Introduzir um imposto no produtor igual ao custo marginal externo ao nível do output óptimo.
b. Introduzir um imposto no produtor igual ao custo marginal externo ao nível do output de equilíbrio inicial.
c. Acabar com a externalidade negativa.
d. Fornecer um subsídio para quem é afectado negativamente pela externalidade.

5.17. Diga qual a proposição *falsa* no contexto de uma externalidade negativa na produção:
a. A presença da externalidade traduz uma situação de ineficiência.
b. Um imposto pigouviano pode levar a uma afectação de recursos eficiente.
c. A quantidade de equilíbrio competitivo de mercado é menor que a quantidade óptima.
d. O preço de equilíbrio competitivo de mercado é menor que o preço óptimo.

5.18. Uma externalidade positiva no consumo implica necessariamente:
a. Uma divergência entre benefício marginal privado e social.
b. Um subsídio pigouviano.
c. Que existe um custo marginal externo.
d. Que o benefício marginal privado é significativo.

5.19. Para a internalização de um efeito externo positivo, o Estado deverá:
a. Atribuir um subsídio igual ao benefício marginal social no nível óptimo de produção.
b. Atribuir um subsídio igual à diferença entre o benefício marginal social e o benefício marginal privado no nível óptimo de produção.
c. Atribuir um subsídio de forma reduzir a quantidade e o preço de equilíbrio.
d. Atribuir um subsídio que permita reduzir o benefício marginal privado.

5.20. Numa situação de externalidade negativa na produção, com curvas de oferta e procura relativamente elásticas:

a. O custo para a sociedade é sempre superior ao custo de produção para as empresas pelo que a quantidade óptima é inferior à quantidade de equilíbrio.
b. O custo para a sociedade é inferior ao custo de produção para as empresas pelo que a quantidade óptima é superior à quantidade de equilíbrio.
c. O custo para a sociedade é sempre superior ao custo de produção para as empresas mas a quantidade óptima iguala a quantidade de equilíbrio.
d. O custo para a sociedade nem sempre é superior ao custo de produção para as empresas pelo que a quantidade óptima pode ser superior à quantidade de equilíbrio.

Exercícios

1. Considere um mercado competitivo do bem X, em que as condições de oferta e de procura são dadas respectivamente por:

$$Q_d = 50 - \frac{P}{2} \quad \text{e} \quad Q_s = -\frac{10}{7} + \frac{P}{7}$$

A produção do bem X está associada a uma externalidade negativa e o custo marginal externo associado é constante e igual a 10 u.m. Determine:

a. O equilíbrio deste mercado (preço e quantidade).
b. O nível óptimo de produção, bem como os preços eficientes para consumidor e produtor.
c. O tipo de intervenção pública para levar do equilíbrio à solução eficiente.

Nota: Considere que a quantidade do bem é divisível.

2. Considere um mercado de concorrência perfeita na produção do bem X, caracterizado pelas seguintes condições de procura (Qd) e oferta (Qs), respectivamente:

$$Q_d = 80 - 2P \quad \text{e} \quad Q_s = 20 + 4P$$

Associado à produção de X existe um benefício marginal externo (BME) para os habitantes de uma pequena comunidade, dado por:

a. Determine o equilíbrio de mercado e o nível eficiente de produção.
b. Calcule, justificando, a política pigouviana que permitiria alcançar o nível eficiente de produção (óptimo).
c. Ilustre graficamente e comente os resultados.

3. Considere duas empresas A e B produtoras dos bens X e Y, sendo que a empresa A gera uma externalidade negativa *apenas* na empresa B de modo que as funções de lucro total são dadas pelas seguintes expressões:

$$\pi_X = 120.X - \frac{X^2}{2}$$

$$\pi_Y = 90.Y - \frac{Y^2}{2} - \left(\frac{X^2}{2} - 40.X\right)$$

onde X e Y representam as respectivas produções.

a. Determine as quantidades de equilíbrio de mercado privado com as empresas separadas e os respectivos lucros nessa situação.
b. Determine o óptimo social e compare os resultados.
c. Mostre que através de um apropriado imposto pigouviano se poderia alcançar o óptimo social obtido na alínea anterior.

4. Considere que uma empresa, devidamente licenciada para produzir, opera num dado município e gera poluição que afecta negativamente os seus residentes. O benefício marginal da poluição para a empresa é dado por:

$$BMg(T) = 1000 - 10\ T$$

Em que *T* são toneladas de CO2. O efeito negativo nos residentes, de cada tonelada adicional de CO2, é avaliado em:

$$CMg(T) = 40\ T$$

a. Caso a empresa utilize os seus direitos de poluição, de forma apenas a maximizar o lucro, sem preocupações de natureza ambiental, determine o nível de poluição de equilíbrio (Te), o benefício total para a empresa (BT(Te)), o custo total para os residentes (CT(Te)) e o benefício (ou custo) social para a sociedade da poluição (BS(Te)).
b. Determine o nível óptimo de poluição (T*), o benefício total para a empresa (BT(T*)), o custo total para os residentes (CT(T*)) e o benefício social da poluição (BS(T*)), assumindo que só os residentes são por ela afectados. Calcule o intervalo (valor mínimo e máximo) da compensação (c) que a empresa teria que receber para reduzir o nível de poluição para o óptimo.
c. Considere agora que, contrariamente ao enunciado e à alínea anterior, eram os munícipes que tinham o direito legal ao ar limpo. Justifique, a par-

tir do *teorema de Coase* e dos cálculos efectuados, qual seria o nível óptimo de poluição e quais os valores mínimo e máximo da compensação (c_m) a pagar pela empresa para poder poluir ao nível óptimo.

d. Dadas as dificuldades de entendimento entre os municípios e as empresas em situações semelhantes sobre o valor exacto das compensações c, provocadas em parte por uma certa indefinição dos direitos de propriedade, o Estado decidiu introduzir um imposto por tonelada de CO2 emitido. Determine o valor desse imposto.

Exercícios Resolvidos

E.5.1

a)

Determinem-se primeiro as procura funções inversas (úteis também para alínea b). Assim:

Procura inversa: $P = 100 - 2Q$
Oferta inversa: $P = 10 + 7Q$
Em equilíbrio, a oferta iguala a procura donde a quantidade de equilíbrio é:

$$10 + 7Q = 100 - 2Q \Leftrightarrow 9Q = 90 \Leftrightarrow Q_e = 10$$

E o preço:

$$P_e = 100 - 2Q_e = 80$$

b)

O nível óptimo de produção é a quantidade que iguala os benefícios marginais sociais aos custos marginais sociais (*BMS=CMS*), sendo que neste exercício (dada a ausência de externalidades no consumo) os *BMS* são dados pela curva da procura, enquanto que os custos marginais sociais igualam os privados mais o associado à externalidade negativa (*CMS=CMP+CME*). Os *CMP* são dados pela curva da oferta e os *CME*=10 são independentes da quantidade produzida. Deste modo o *CMS* pode ser dado por um deslocamento pararelo e para cima da função oferta.

A nova oferta (inversa) que traduz o CMS é dada por:

$$P' = CME + 10 + 7Q \Leftrightarrow P' = 10 + 10 + 7Q \Leftrightarrow P' = 20 + 7Q$$

O nível óptimo de produção será então dado pela igualdade de *CMS=BMS*, ou seja:

$$20+7Q=100-2Q \Leftrightarrow 9Q=80 \Leftrightarrow Q^{*}=8,89$$

(Nota 1: Arredondou-se às centésimas o que em geral é suficiente.)

O preço óptimo para o consumidor será então:

$$P_c^{*}=100-2Q^{*} \Leftrightarrow P_c^{*}=100-2.(8,89) \Leftrightarrow P_c^{*}=82,22$$

O preço óptimo para o produtor será então:

$$P_p^{*}=10+7Q^{*} \Leftrightarrow P_p^{*}=10+7.(8,89) \Leftrightarrow P_p^{*}=72,23$$

(Nota 2: em rigor a diferença Pc-Pp devia igualar 10. A diferença de 0,01 deve-se ao arredondamento realizado acima)

c)
A intervenção pública pode levar do equilíbrio (*Qe*) ao óptimo (*Q**) através da introdução de um imposto pigouviano ao produtor igual ao custo marginal externo CME(Q*). Neste caso particular, como CME é constante e independente do nível de produção, o imposto pigouviano unitário deverá ser de 10 um.

E.5.2
a)
Equilíbrio de mercado:
É dado pela igualdade da oferta e da procura Qd= Qs:

$$80-2P=20+4P \Leftrightarrow P_e=10$$

e *Qe*=60
Nível Eficiente de Produção:
Genericamente será a quantidade que iguala os benefícios marginais sociais e os custos marginais sociais(Q*: BMS=CMS). Sendo BMS=BMP+BME e CMS=CMP+CME
Uma externalidade positiva trata-se analiticamente da mesma forma que bens públicos: soma-se as funções BMP e BME verticalmente, isto é, nos preços, donde é vantajoso resolver tudo em ordem a P (obter as funções inversas).

A função procura inversa traduz o benefício marginal privado ou BMP:

$$Q = 80 - 2P \Leftrightarrow P = 40 - Q/2$$

Por seu turno,
Donde o benefício marginal social associado ao consumo do bem é dado por:

$$BMS = BMP + BME = 40 - Q/2 + 20 - Q/4$$

$$BMS = 60 - \frac{3Q}{4}$$

Os custos marginais privados são traduzidos pela função oferta inversa (soma dos ramos ascendentes das funções custo marginal):

$$Q_S = 20 + 4P \Leftrightarrow P = (Q/4) - 5$$

O nível eficiente de produção Q^* obtém-se com BMS=CMS, logo:

$$60 - (3/4)Q = (Q/4) - 5 \Leftrightarrow Q^* = 65$$

E o preço óptimo será $P_p^* = 11{,}25$
Nota: este é o preço para o produtor, pois para se alcançar a solução eficiente é necessário que o preço para o consumidor seja mais baixo (ver alínea b).

b)
Subsídio pigouviano: $s = BME(Q^*) = 20 - \frac{1}{4}Q^* = 20 - \frac{1}{4}.65 = 3{,}75$
Logo s=3,75
Com este *subsídio, por unidade produzida,* o produtor pode vender Q^*=65 ao preço para o consumidor Pc=Ps-s=11,25-3,75=7,5 . Logo, Pc=7,5, enquanto que para o produtor Ps=Pc+s=7,5+3,75=11,25
Nota: Podem verificar-se os cálculos vendo que a quantidade procurada a esse preço para o consumidor (P=7,5) será:

$$Q^d = 80 - 2P = 80 - 2(7{,}5) = 65$$

c)
A figura 3.7 (do livro *Economia e Finanças Públicas*) ilustra a situação deste exercício, pois trata-se de uma externalidade positiva e de um *BME*, função decrescente de Q. Basta substituir na figura os valores calculados neste exercício.

E.5.3

a)
O equilíbrio privado será obtido através da maximização do lucro de cada empresa. Assim para a empresa A ter-se-á:

$$\frac{\partial \pi_x}{\partial X} = 0 \Leftrightarrow 120 - X = 0 \Leftrightarrow X = 120$$

Para esta quantidade o lucro será então:

$$\pi_x = 120(120) - \frac{120^2}{2} \Leftrightarrow \pi_x = 7200$$

Do mesmo modo para a empresa B, ter-se-á:

$$\frac{\partial \pi_y}{\partial Y} = 0 \Leftrightarrow 90 - Y = 0 \Leftrightarrow Y = 90$$

e o lucro será dado também em função do nível de actividade da empresa A por:

$$\pi_y = 90(90) - \frac{90^2}{2} - (\frac{120^2}{2} - 40.120) \Leftrightarrow \pi_y = 1650$$

Assim, as quantidades produzidas pelas empresas A e B em equilíbrio serão respectivamente 120 e 90 e o lucro conjunto de ambas as empresas:

$$7200 + 1650 = 8850$$

b)
Facilmente se verifica que o nível de produção de X não é óptimo, pois a empresa A está a produzir uma externalidade negativa sobre B que não é "internalizada". Uma forma de determinar o nível óptimo da produção de X (pois a de Y será a mesma) é considerar a função lucro conjunto (ou seja, implicitamente a fusão das duas empresas) e maximizar a função. Assim a função lucro conjunto será:

$$\pi_{xy} = \pi_x + \pi_y = 160X - X^2 + 90Y - \frac{Y^2}{2}$$

e o nível óptimo da produção de X será,

$$\frac{\partial \pi_{xy}}{\partial X} = 0 \Leftrightarrow 160 - 2X = 0 \Leftrightarrow X^* = 80$$

Substituindo X* na função lucro conjunto obtém-se agora:

$$\pi_{xy}(X^* = 80, Y = 90) = 10450$$

Assim se verifica que no óptimo social o lucro conjunto é superior.

c)
Resulta das funções lucro que a empresa A está a impor um custo total externo na empresa B de:

$$CTE = \left(\frac{X^2}{2} - 40.X \right)$$

pelo que o custo marginal externo (por unidade de X) será dado por:

$$CME = \frac{\partial CTE}{\partial X} = X - 40$$

A solução óptima, com *informação simétrica*, poderia ser alcançada mantendo as empresas separadas e aplicando um imposto pigouviano t^u por unidade produzida igual ao custo marginal externo ao nível óptimo de produção. Assim:

$$t^u = CME(X^*) = 80 - 40 = 40$$

Com um imposto unitário na produção de X, a nova função lucro total da empresa X seria dada por:

$$\pi'_X = 120.X - \frac{X^2}{2} - t^u X = 120.X - \frac{X^2}{2} - 40X = 80X - \frac{X^2}{2}$$

Facilmente se verifica que agora a maximização do lucro para a empresa A (com imposto pigouviano) corresponde ao óptimo social.

$$\frac{\partial \pi_x^{'}}{\partial X} = 0 \Leftrightarrow 80 - X = 0 \Leftrightarrow X = 80$$

E.5.4

a)

$T_e = 100$

$BT_{(T_e=100)} = 50.000$

$CT_{(T_e=100)} = 200.000$

O benefício líquido $BL_{(T_e=100)} = -150.000$

b)

$T^* = 20$

$c \in]32.000,72.000[$

$BT_{(T^*=20)} = 18.000$

$CT_{(T^*=20)} = 8.000$

O benefício líquido, no nível óptimo de poluição, é $BL_{(T^*=20)} = 10.000$

c)

$c_e \in]8.000,18.000[$

d. $t_u^* = 800$

6.
Despesas públicas: avaliação e tendências

Resumo

Um primeiro objectivo deste capítulo é fornecer evidência empírica que permita identificar algumas tendências gerais nas últimas décadas, mas também disparidades na evolução da despesa pública em países da União Europeia os Estados Unidos da América e o Japão, num período da história recente.

Em termos agregados e tomando como indicador da dimensão relativa do sector público o rácio da despesa das administrações públicas no PIBpm, o Japão foi, em comparação com a UE15 e os EUA, o que mais aumentou o peso do sector público entre 1970 e 2018, passando de 18,3% para 37,8%. Já o crescimento na UE28 foi mais moderado (de 35,8% para 45,6%) e nos EUA ainda mais pequeno (de 32,5% para 38,8%). Na União Europeia na década 2001-2010 há dois períodos. Até à crise financeira internacional (2007-08) a tendência foi de ligeiro decréscimo, mas a partir daí o peso aumentou situando-se em 2010 em 50,6% do PIBpm. A partir daí o peso do "Estado" tem vindo a reduzir-se.

Analisando a estrutura da despesa pública de acordo com uma classificação económica, para os países da União Europeia é possível observar algumas tendências gerais, bem como o posicionamento de Portugal. Um traço comum foi o aumento significativo, entre 1970 e 2017, do peso das transferências sociais (de cerca de 12% para 18,8% do PIBpm) verificado sobretudo nas décadas de 70 e de 80, que foi generalizado nos países da UE28. Isto foi devido não só ao alargamento dos beneficiários das prestações (subsídios de desemprego e pensões de reforma) em consequência de uma maior universalidade no pagamento dessas prestações, mas também devido ao envelhecimento da população. Dos países que apresentaram aumentos mais significativos contam-se Portugal, Grécia e Finlândia.

As despesas com pessoal tiveram uma ligeira redução do seu peso no PIB nesta década (em 2010 eram cerca de 11% do PIBpm e passaram para 10% no final desta década). Esta média esconde, contudo, realidades diversas com os países escandinavos com maior peso da despesa com funcionários públicos em 2018 (por. ex. a Dinamarca com 15,3%) e a Alemanha (7,8%), e a Irlanda (6,9%) os países com menor peso.

As despesas com juros apresentaram também um acréscimo significativo do seu peso no PIB de 1970 a 2000. Dado que estas despesas são aproximadamente iguais ao produto da taxa de juro implícita na dívida pelo *stock* da dívida, isto apenas reflecte o facto de que, para a totalidade do período, o aumento da dívida pública associado a políticas expansionistas dos governos teve um efeito mais forte que a diminuição da taxa de juro acentuada sobretudo após 1994 com a entrada na segunda fase da União Económica e Monetária. Há, contudo, a partir de 1996, uma redução no peso dos juros, o que reflecte o efeito predominante da descida da taxa de juro, situando-se estes em 1,8% do PIBpm em 2018.

No que concerne às despesas de formação bruta de capital fixo, elas representam apenas 2,9% do PIBpm da UE28 em 2019. Verifica-se que os países que em 1970 tinham níveis de rendimento *per capita* menores e que após adesão à CEE//UE mais beneficiaram dos fundos estruturais, foram os que registaram maiores aumentos no peso das despesas de investimento (Portugal e Espanha). Em contrapartida, países que mais tiveram que contrair a despesa pública, fizeram-no em parte pela redução do investimento público, caso da Suécia e da Dinamarca (na década de 1990) ou Portugal na última década.

Numa óptica funcional e utilizando a classificação das despesas das Nações Unidas (COFOG) e dados do EUROSTAT verifica-se que a despesa média com protecção social na UE28 em 2017 ocupa a fatia mais elevada (18,8% do PIBpm), seguida da saúde (7%), dos serviços públicos gerais (5,8%), e da educação (5,6%). Portugal apresenta valores acima da média na educação, e nos serviços públicos gerais, mas abaixo da média quanto ao peso das prestações sociais e da saúde.

Um segundo tópico abordado neste capítulo é o da análise da eficiência (técnica, e não de Pareto) da despesa pública. A eficiência técnica pode ser vista como a minimização de recursos (*inputs*) para alcançar um dado nível de resultados (*outputs*) ou, inversamente, como a maximização de resultados para um dado nível de *inputs*. Ganhos na eficiência técnica permitem libertar recursos que podem ser usados ou para reduzir a despesa pública ou para mantê-la com maior oferta de bens públicos (função afectação) ou com maiores benefícios sociais (função redistribuição). Existem vários métodos, não paramétricos, para avaliar da eficiência da despesa pública onde se podem determinar índices de eficiência de *inputs* que indicam quantos menos recursos poderiam ser utilizados para alcançar o mesmo nível de *output*, tomando como referência o país mais eficiente. Por exemplo, no caso da educação (ensino secundário em 2000) alguns autores concluíram que para uma amostra de países da OCDE, o mesmo nível de resultados poderia ser alcançado com menos 11,4% de recursos. Os países mais ineficientes seriam a Bélgica (17ª posição), seguida da Itália, da Grécia e da Hungria. Portugal ocuparia a 10ª posição no ranking da eficiência técnica com um índice de 0,879, indicando que poderia obter os mesmos resultados com menos 12,1% (=1-0,879) dos recursos.

Um terceiro tópico deste capítulo prende-se também com a avaliação da despesa pública, mas neste caso com as despesas de investimento – a análise custo-benefício. Aqui se distingue, em primeiro lugar, a diferente natureza de custos e benefícios que podem ser tangíveis ou intangíveis. Por exemplo, no caso de uma cimenteira na serra da Arrábida, os custos tangíveis são aqueles para os quais é fácil obter um valor monetário para os mesmos (salários, matérias-primas, etc.) e os custos intangíveis os que não são facilmente monetarizáveis, como a destruição da fauna e da flora, bem como os efeitos negativos no valor paisagístico da Serra. Os benefícios tangíveis são a produção de cimento e o emprego criado, os intangíveis são de difícil indentificação.

A análise de um projecto de investimento deverá pois considerar, para além do valor do investimento inicial, o valor actualizado do fluxo de benefícios (B) e custos (C) tangíveis futuros, mas também intangíveis, sobretudo se se tratar de projectos públicos. O *valor actualizado líquido* (VAL) de um projecto será então: a soma dos valores actualizados dos benefícios líquidos (B-C) do projecto para uma certa taxa de desconto menos o valor do investimento inicial. Por seu lado, a *taxa interna de rentabilidade* (TIR) de um certo projecto é a taxa de desconto que iguala o valor do investimento inicial ao somatório do valor actualizado (a essa taxa) dos benefícios líquidos do projecto.

Tópicos de reflexão: Capítulo 6

1. A evolução real das despesas públicas tem sido objecto de análises teóricas e empíricas iniciadas por Adolf Wagner no séc. XIX e prosseguidas por numerosos economistas.

a. Evidencie a tese deste economista alemão e distinga crescimento real e nominal de despesa pública.

b. Caracterize o contributo de duas explicações que fundamentem a tese de Wagner.

2. Explique por que se considera que a maioria dos autores catalogam as economias dos países da OCDE como economias mistas. Sucintamente, explique a racionalidade da intervenção do Estado numa economia mista.

3. Tendo em conta os dados seguintes sobre o peso da despesa pública total em percentagem do PIB (sector público administrativo):

Quadro 6.1. Despesa Pública em %PIB (UE28, EUA e Japão)

		1970	1980	1990	2000	2005	2010	2015	2018
Despesa Pública (%PIB)	UE28	:	:	:	:	46.0	50.1	47.0	45.6
	EUA	30,7	32,6	34,6	33,7	35,5	42,6	37,6	38,8
	Japão	18,3	30,8	30,6	38,8	37,0	40,7	2,4	37,8

Fonte EUROSTAT: Novembro 2019.

a. Compare a evolução do peso do sector público na Europa (UE28), Estados Unidos e Japão.
b. A partir desse indicador será possível determinar qual em que bloco económico o Estado de Bem-Estar está mais desenvolvido? Discuta.

4. A partir dos dados seguintes relativamente aos pesos da despesa pública efetiva e da despesa em prestações sociais e em saúde (COFOG) em Portugal, na Irlanda e na Finlândia:

Quadro 6.2. Despesa Pública Efetiva e em Prestações Sociais (Portugal, Irlanda e Finlândia)

		1970	1980	1990	2000	2005	2010	2015	2017
Despesa Pública (%PIB)	Portugal	:	:	:	42.7	46.8	51.9	48,2	45.4
	Irlanda	:	:	:	30.9	33.4	65.1	28.9	26.1
	Finlândia	:	40.1	47.9	47.9	49.0	53.9	56.5	53.7
Despesa Pública em Prestações sociais (%PIB)	Portugal	:	:	:	12.3	14.9	17.1	18.4	17.4
	Irlanda	:	:	:	9.8	12.1	17.7	10.4	9.5
	Finlândia	:	:	18.6	19.6	20.2	22.8	25.5	24.9

Fonte: EUROSTAT (dados COFOG, retirados em Novembro 2019)

a. Identifique a evolução registada em Portugal no período 1970-2017 e compare-a com a da Irlanda e a Finlândia.
b. Considere agora os gastos em saúde (% PIB) que conclusões adicionais pode retirar, nomeadamente sobre a importância relativa do Estado de bem-estar nestes países?

Quadro 6.3. Despesa Pública em Saúde em %PIB (Portugal, Irlanda, Finlândia)

Despesa Pública em Saúde (%PIB)	Portugal	:	:	:	6.2	7.3	7.4	6.1	6.0
	Irlanda	:	:	:	4.8	6.0	7.5	5.3	5.1
	Finlândia	:	:	5.8	5.7	6.8	7.9	7.3	7.1

Fonte EUROSTAT: Novembro, 2019.

5. Considere os seguintes dados do Eurostat sobre a evolução do peso da despesa pública no PIB (desagregado por funções) de Portugal, dos países da União Europeia a 19 membros (UEA19.Euro) e a 28 membros.

Quadro 6.4. Despesa das Administrações Públicas em % PIBpm (PT, UE19 Área Euro e UE28)

		1990	1995	2000	2005	2010	2015	2016	2017
Despesa Pública (%PIB)	*UE28*	:	:	:	46.0	50.1	47.0	46.4	45.9
	UE19A.Euro	:	52.4	46.9	47.0	50.9	48.4	47.7	47.2
	Portugal	:	42.6	42.7	46.8	51.9	48.2	44.8	45.4
Serviços Públicos Gerais	*UE28*	:	:	:	6.5	6.7	6.2	5.9	5.8
	UE19A.Euro	:	:	7.8	7.0	7.0	6.6	6.3	6.1
	Portugal	:	9.2	6.2	6.6	7.5	8.8	8.3	7.6
Defesa	*UE28*	:	:	:	1.5	1.5	1.3	1.3	1.3
	UE19A.Euro	:	:	1.3	1.3	1.3	1.2	1.2	1.2
	Portugal	:	1.7	1.6	1.3	1.9	1.0	0.8	0.9
Segurança e Ordem Pública	*UE28*	:	:	:	1.8	1.9	1.7	1.7	1.7
	UE19A.Euro	:	:	1.6	1.7	1.8	1.7	1.7	1.7
	Portugal	:	1.6	1.6	1.9	2.0	1.9	1.8	1.7

Assuntos Económicos	*UE28*	:		:	4.2	5.1	4.2	4.0	4.0
	UE19A.Euro	:	:	3.8	4.5	5.4	4.4	4.2	4.2
	Portugal	:	4.8	5.1	5.1	6.3	4.9	3.2	5.2
Protecção do Ambiente	*UE28*	:	:	:	0.9	0.9	0.8	0.8	0.8
	UE19A.Euro	:	:	0.8	0.8	0.9	0.8	0.8	0.8
	Portugal	:	0.5	0.7	0.6	0.7	0.6	0.6	0.6
Habitação e Serviços Comunitários	*UE28*	:	:	:	0.9	0.8	0.6	0.6	0.6
	UE19A.Euro	:	:	0.9	0.8	0.8	0.6	0.6	0.6
	Portugal	:	0.8	1.1	0.8	0.6	0.6	0.5	0.5
Saúde	*UE28*	:	:	:	6.5	7.3	7.1	7.1	7.0
	UE19A.Euro	:	:	6.1	6.7	7.3	7.2	7.1	7.1
	Portugal	:	5.4	6.2	7.3	7.4	6.1	6.0	6.0
Serviços Recreativos, Cultura e Religião	*UE28*	:	:	:	1.1	1.2	1.1	1.1	1.1
	UE19A.Euro	:	:	1.0	1.1	1.2	1.1	1.1	1.1
	Portugal	:	1.0	1.2	1.2	1.1	0.8	0.9	0.8
Educação	*UE28*	:	:	:	5.0	5.2	4.8	4.7	4.6
	UE19A.Euro	:	:	4.7	4.7	4.9	4.6	4.6	4.5
	Portugal	:	5.8	6.6	6.9	7.1	5.1	4.8	5.0
Protecção Social	*UE28*	:	:	:	17.6	19.3	19.0	19.0	18.8
	UE19A.Euro	:	:	18.0	18.3	20.0	20.1	20.0	19.8
	Portugal	:	11.8	12.3	14.9	17.1	18.4	18.0	17.4

Fonte: EUROSTAT, Novembro 2019.

a. Que conclui sobre o peso do sector público na economia quando compara Portugal com as médias comunitárias a 19 e a 28 membros?
b. Quais as principais diferenças que detecta em relação à estrutura dessa despesa em Portugal e na UE19A.Euro em 2005?
c. Essas diferenças no período até 2017 têm-se agravado ou diminuído?

6. Considere os seguintes dados relativamente à esperança de vida à nascença em Portugal e na União Europeia UE15:

Quadro 6.5. Esperança de vida à nascença (PT e UE15)

	1960	1970	1980	1990	2000
Homens					
Portugal	61,2	64,2	67,7	70,4	72,6
UE-15	67,4	68,4	70,5	72,8	75,3
Mulheres					
Portugal	66,8	70,8	75,2	77,4	79,6
UE-15	72,9	74,7	77,2	79,4	81,4

Fonte: Eurostat.

Que implicações terá tido esta evolução na estrutura da população activa e nas despesas públicas?

7. Considere os seguintes dados estimados (2016-2070) do rácio de dependência dos idosos (rácios da projecção de pessoas com mais de 65 anos sobre as pessoas com idades entre 15 e 64 anos) para Portugal e para os países da União Europeia a 27 membros:

Quadro 6.6. Projecções do rácio de dependência dos idosos até 2070

	2016	2025	2030	2035	2040	2045	2050	2055	2060	2065	2070
U. E.(27)	29,9	36,1	40,3	44,6	48,0	50,7	52,3	53,1	53,1	52,6	52,2
Portugal	32,1	39,0	44,2	49,6	56,4	62,7	65,4	65,1	64,9	65,7	67,2

Fonte Eurostat. Novembro 2019.

Que consequências poderá ter esta evolução demográfica na estrutura das despesas públicas? Justifique.

Questões de escolha múltipla

6.1. De 1970 a 2015 o bloco económico em que mais cresceu a despesa pública total no PIB foi:
a. Os Estados Unidos da América.
b. O Japão.
c. A Europa dos quinze.
d. A despesa pública não cresceu em nenhum bloco económico em particular.

6.2. Identifique a afirmação *falsa*: Nos países mais desenvolvidos, o rácio da despesa pública no PIB não é um bom indicador da importância relativa do Estado de Bem-Estar pois...
a. O PIB per capita é diferente de país para país.
b. Não considera a estrutura da despesa pública.
c. Nuns países a despesa pública é mais eficiente, no sentido técnico (relação *inputs/outputs*), do que noutros.
d. Não considera o peso das funções sociais.

6.3. Identifique a afirmação *falsa*: O peso do sector público na economia na UE15 reduziu-se de 1995 para 2017 e...
a. Em Portugal também.
b. Em Portugal manteve-se aproximadamente estacionário.
c. Em Portugal cresceu.
d. Em Portugal reduziu-se, mas menos que na UE15.

6.4. O rápido crescimento na despesa pública em Portugal e nos países da OCDE nos últimos 25 anos, foi devido essencialmente a:
a. Despesa em educação.
b. Despesa em transferências.
c. Despesas gerais de administração.
d. Despesas militares.

6.5. A *"lei de Wagner"* estabelece que no longo prazo há tendência para crescimento:
a. Do PIBpm.
b. Da despesa pública.
c. Da despesa pública no PIBpm.
d. Do consumo privado no PIBpm.

6.6. A taxa interna de rentabilidade (TIR) de um projecto de investimento é:
a. A taxa que iguala a soma dos valores actualizados dos benefícios futuros ao valor inicial do investimento.
b. A taxa que iguala a soma dos valores actualizados dos benefícios menos os custos futuros ao valor inicial do investimento.
c. A taxa que iguala a soma dos valores actualizados dos benefícios menos os custos futuros a zero.
d. A taxa que iguala a soma dos valores actualizados dos benefícios futuros a zero.

6.7. O valor actual líquido (VAL) de um projecto de investimento é dado por:
a. O valor dos benefícios menos custos futuros actualizado a uma certa taxa de juro, menos o valor do investimento inicial.
b. O valor dos benefícios menos custos futuros actualizado à taxa de inflação, menos o valor do investimento inicial.
c. O valor dos benefícios menos custos futuros actualizado a uma certa taxa de juro.
d. O valor dos benefícios menos custos futuros actualizado à taxa de inflação.

6.8. Um projecto de investimento de 600 milhões de euros para três anos, tem um benefício liquido de 150, 250 e 300 milhões respectivamente no primeiro, segundo e terceiro ano. Com uma taxa de juro de 3 por cento, o valor actual líquido do projecto é:
a. 55,8.
b. 75,5.
c. 79,6.
d. 100.

6.9. Um projecto de investimento de 600 milhões de euros para três anos, tem um benefício liquido de 150, 250 e 300 milhões respectivamente no primeiro, segundo e terceiro ano. Com uma taxa de juro de 5 por cento, o valor actual líquido do projecto é:
a. 25,2.
b. 28,8.
c. 60,2.
d. 66,7.

6.10. Um projecto de investimento de 600 milhões de euros para três anos, tem um benefício líquido de 150, 250 e 300 milhões respectivamente no pri-

meiro, segundo e terceiro ano. A taxa interna de rentabilidade do projecto é aproximadamente:
a. 5,1%
b. 7,3%
c. 14%
d. 16,5%

6.11. Qual dos seguintes benefícios de um projecto de investimento público em novas escolas é intangível?
a. Aumento esperado dos rendimentos futuros dos estudantes.
b. Aumento do bem-estar dos jovens.
c. Aumento dos postos de trabalho.
d. Aumento da procura de mobiliário escolar.

6.12. Qual dos seguintes custos de um projecto de investimento privado numa barragem é intangível?
a. Custo de mão-de-obra.
b. Custo de matérias-primas.
c. Custo de equipamentos.
d. Custo ambiental.

7. Receitas públicas e sistema fiscal: uma introdução

Resumo

Este capítulo é uma introdução aos diferentes tipos de receitas públicas. Apresenta as características desejáveis de um sistema fiscal e a relação das receitas fiscais com a prossecução de objectivos de eficiência e de equidade.

A mais importante fonte de receitas públicas é a receita fiscal. Os *impostos* são prestações pecuniárias efectivas, de pagamento coercivo com carácter unilateral e em geral não consignados a nenhum tipo de utilizações. As *contribuições sociais* são também contribuições pecuniárias obrigatórias, distinguindo-se dos impostos apenas porque na sua globalidade estão consignadas a certo tipo de despesa (as prestações sociais). Dado o relevo dessas prestações, as mesmas são geridas por departamentos governamentais específicos. Do ponto de vista teórico, devem ser analisadas como impostos, pelo que se designam também por *receitas parafiscais*. As *receitas patrimoniais* são receitas que provêm do património mobiliário ou imobiliário do Estado ou de outro ente público (juros de depósitos, rendas de edifícios, dividendos de empresas públicas ou o produto da alienação de activos públicos). As *taxas, licenças ou "preços"* são receitas como contraprestação de um serviço prestado a particulares por entidades públicas ou pelo uso de bens de domínio público ou pela remoção de obstáculos jurídicos à acção de particulares, devendo manter alguma relação de proporcionalidade com o custo do serviço prestado ou com o benefício auferido. As *multas, penalidades e coimas* são pagamentos unilaterais de carácter coercivo com natureza de penalização ou compensação por infração a regulamento ou outra disposição legal. As *receitas creditícias ou empréstimos* têm uma natureza diferente das anteriores, pois são receitas *não efectivas* no sentido de que resultam da contração de dívidas por parte do Estado ou outra entidade pública e que darão no futuro origem ao pagamento de juros e terão que ser amortizadas.

Há um conjunto de *características desejáveis de um sistema fiscal*, por vezes algo conflituantes entre si: *Equidade* – a distribuição da carga fiscal deve ser equitativa, isto é, não arbitrária e de acordo com princípios de equidade horizontal e vertical, em que cada um deve suportar uma parcela justa dos encargos com a actividade pública. *Eficiência* – os impostos devem minimizar a interferência em decisões eficientes dos agentes económicos e devem promover a eficiência corrigindo externalidades negativas. *Flexibilidade* – os impostos devem contribuir para, de forma automática, ter um efeito estabilizador do ciclo económico, nomeadamente promovendo um efeito expansionista no produto em período de recessão e um efeito contraccionista em período de forte expansão (ver capítulo 13). *Transparência* – os impostos, os benefícios fiscais e outras regras tributárias devem ser de fácil compreensão para os contribuintes e permitir uma responsabilização política dos governos quando tomam medidas de alteração do sistema fiscal. *Baixo custo* – o custo de cumprimento das obrigações fiscais por parte dos contribuintes e da administração fiscal por parte do Ministério das Finanças devem ser os mais baixos possíveis. *Eficácia financeira* – As receitas fiscais devem ser suficientes e adequadas para satisfazer os objectivos de financiamento da despesa pública e da política orçamental do governo.

Desenvolvendo a característica da *eficiência* pode afirmar-se que as escolhas informadas dos agentes económicos, quando internalizam todos o custos marginais sociais das suas decisões, são eficientes. Em geral, os impostos têm efeitos distorcedores no comportamento dos agentes, pois estes reduzem o consumo/produção do bem tributado para minimizar o ónus da tributação. A *ineficiência* ou *carga excedentária* de um imposto é aproximadamente igual à diferença entre a variação negativa no bem-estar de consumidores e produtores e a receita fiscal arrecadada pelo Estado; é algo que consumidores ou produtores perdem, mas que não acresce à receita do Estado. É aproximadamente igual a metade do produto da diferença entre o preço para o consumidor e o preço para o produtor (após imposto), pela redução na quantidade. Há apenas três tipos de casos em que os impostos não geram ineficiência. Um, é o imposto de montante fixo ou *lump sum* (por exemplo, imposto *per capita*). Outro, é o caso dos impostos sobre bens de procura (ou oferta) rígida, pois neste caso a receita fiscal quase iguala a perda de bem-estar de consumidores (ou produtores). Finalmente, há os impostos intencionalmente distorcedores, ou impostos pigouvianos, que *aumentam* a eficiência pois fazem com que os preços de mercado se tornem eficientes ao passarem a incorporar os custos marginais externos associados à produção ou ao consumo de certos bens.

Quanto à *equidade*, é possível estabelecer vários princípios abstractos para concretizar esta característica. A *equidade horizontal* sugere que agentes em situações semelhantes deverão suportar um idêntico ónus da carga fiscal. A *equidade vertical* é um corolário do anterior e estipula que, se um agente está em melhor situação do que outro, deverá suportar um ónus de tributação superior. Ambos os princípios podem ser aplicados tendo em conta dois outros princípios da tributação. De acordo com a equidade segundo o *princípio da capacidade de pagar*, a avaliação da situação dos agentes, semelhante ou diferente, determina-se pela sua capacidade de pagar medida em termos de *rendimento equivalente* (rendimento ajustado pela existência ou não de auto-consumo, por posse de habitação própria, despesas de saúde e educação obrigatórias, composição do agregado familiar, etc.). Inversamente, quando a equidade é justificada em termos do *princípio do benefício*, considera-se que a situação dos agentes se reporta ao benefício que retiram da despesa pública.

Do ponto de vista prático, a equidade relaciona-se com a maior ou menor progressividade dos impostos. Impostos *progressivos* são aqueles em que a *taxa média* de imposto (rácio da colecta do imposto em relação ao rendimento) aumenta com o nível de rendimento. Na análise empírica é também relevante a distinção entre *incidência legal* e *económica* de um imposto. A primeira diz respeito ao sujeito passivo do imposto, ou seja, aquele que tem a responsabilidade legal da sua liquidação junto das finanças. A segunda respeita a quem suporta efectivamente a carga fiscal após todos os ajustes nos vários mercados. Por exemplo, quando um imposto incide legalmente no produtor, mas a incidência económica recai totalmente sobre os consumidores dada a rigidez da procura, diz-se que há *repercussão total do imposto para a frente*. Há outros casos: de *repercussão parcial* para a frente, para trás ou mesmo de *não repercussão*, que é o caso quando há identidade entre a incidência económica e legal do imposto. A incidência económica do imposto é maior sobre os agentes cujo comportamento é mais rígido, sejam eles do lado da oferta ou da procura, pelo que o valor relativo das elasticidades da oferta e procura (em módulo) é essencial no estudo da repercussão de um imposto, necessário para avaliar o seu impacto na eficiência e na equidade.

Tópicos de reflexão: Capítulo 7

1. Um sistema fiscal ideal deve apresentar seis características desejáveis.
a. Caracterize, sucintamente, três dessas características ideais.
b. Considera que nos sistemas fiscais concretos elas podem ser simultaneamente respeitadas? Justifique, referindo exemplos ilustrativos.

2. Distinga impostos de taxas. Para que tipo de receita pública se aplica melhor o princípio do benefício? Justifique.

3. Uma importante distinção nas receitas públicas é entre receitas efectivas e não efectivas. Qual a razão de ser desta distinção?

4. No caso do Imposto Sobre o Rendimento das Pessoas Singulares (IRS), os contribuintes recebem anualmente em sua casa informação sobre o cálculo e o montante global da colecta de imposto. Já no caso do Imposto sobre o Valor Acrescentado (IVA), os consumidores finais vão suportando o imposto em cada compra que efectuam não tendo a noção do montante global do ónus de tributação anual que sobre eles recai. Como compara estes dois impostos à luz dos critérios de transparência e de equidade?

5. Compare a situação de uma via rápida sem custos para o utilizador (SCUT) com a situação com portagens. Analise, quer do ponto de vista do princípio do benefício, quer da capacidade de pagar, qual a opção que deveria ser tomada. Que outros factores, para além da equidade, devem ser tomados em consideração para apreciar esta problemática?

6. Suponha que um determinado bem X é comercializado num mercado competitivo e caracterizado por elasticidades preço normais (positiva para a oferta e negativa para a procura). O governo pretende lançar sobre o produtor um imposto unitário no montante fixo t. Explique, ilustrando com uma análise gráfica adequada: i) a incidência sobre os consumidores e produtores; ii) a ineficiência gerada pelo imposto; iii) de que depende a importância dessa ineficiência relativamente à receita fiscal gerada.

7. Utilizando a distinção entre incidência económica e legal de um imposto e usando uma representação gráfica apropriada, discuta qual lhe parece ser a consequência de um aumento do imposto sobre produtos petrolíferos, nos consumidores e nos produtores.

8. Quando se analisam as questões da equidade e da eficiência da tributação, há dois conceitos particularmente relevantes a ter em consideração: *repercussão* e *carga excedentária*. Defina apropriadamente estes conceitos e exemplifique, graficamente, em que condições se pode ter em simultâneo não repercussão e carga excedentária nula, após o lançamento de um imposto unitário.

9. Responda às seguintes questões:
a. Diga o que entende por carga excedentária de um imposto, como se mede e de que depende.
b. Existe algum imposto que não gere ineficiência? Como o avalia do ponto de vista da equidade?
c. Como define um imposto intencionalmente distorcedor? Exemplifique.

10. Tendo em conta as relações entre os diferentes tipos de impostos e a eficiência, responda às seguintes questões:
a. Há algum imposto que não gere ineficiências?
b. Que efeitos têm os impostos no mercado de trabalho?
c. O que são impostos pigouvianos?
d. Quando aumenta a progressividade do imposto sobre o rendimento, qual o efeito na eficiência?
e. Um imposto com taxa constante será bom para a eficiência?

11. Diga quais os dois tipos de situações de mercado em que a incidência económica de um imposto recai exclusivamente sobre os consumidores. Há alguma diferença nestas situações no que toca à ineficiência gerada pelo imposto? Justifique.

12. Explique, ilustrando graficamente, o que entende por repercussão total para a frente de um imposto. Dê um exemplo de um imposto cuja repercussão seja para a frente.

13. Com o apoio da representação gráfica adequada, comente os efeitos em termos da eficiência e da incidência económica de imposto por unidade produzida lançado sobre um bem comercializado em mercado de concorrência perfeita e cuja procura é inelástica. Diga, justificando, se os resultados alcançados seriam diferentes no caso da procura ser elástica, com tudo o resto constante.

14. O governo anunciou que irá apresentar na Assembleia da República uma proposta de subida da tributação da electricidade em sede de IVA da taxa mínima para a taxa máxima.
a. Analise esta medida do ponto de vista da equidade.
b. Caso o governo optasse por subir apenas para a taxa intermédia, diga como poderia obter um encaixe financeiro equivalente com uma alteração no IRS mais equitativa.

15. No sentido de alcançar uma redução do défice público, o governo de um país hipotético decidiu implementar, entre outras, as seguintes medidas em

sede de IRS: i) Criação de um novo escalão para rendimentos superiores a 200 mil euros com uma taxa marginal de 45% ; ii) Eliminação da dedução à colecta relativa às despesas em saúde.

a. Discuta estas duas medidas sob o ponto de vista da equidade, da eficiência e da eficácia financeira.
b. Apresente uma proposta de alteração de outro(s) imposto(s) que, apresentando uma eficácia financeira superior no próprio ano, pudesse ser mais favorável sob o ponto da eficiência.

16. O IRS é o imposto que melhor poderá implementar as noções de equidade vertical e horizontal. Explique porquê, clarificando como a promoção da equidade social pode necessitar do uso de outros impostos.

17. Considere o conjunto das características desejáveis de um sistema fiscal.

a. Distinga, de forma sintética, as características da *eficiência* e da *eficácia financeira*.
b. Em termos abstractos, gerais, quando é que se pode afirmar que um sistema fiscal é equitativo?

Questões de escolha múltipla

7.1. Diga qual dos seguintes tipos de receitas não diz respeito a receitas efectivas:

a. Impostos.
b. Taxas.
c. Venda de património.
d. Empréstimos.

7.2. Diga qual das receitas públicas não é uma receita coerciva:

a. Impostos.
b. Taxas.
c. Contribuições para a segurança social.
d. Multas, penalidades e coimas.

7.3. As regras tributárias devem ser estáveis e de fácil compreensão para os contribuintes. Esta característica do sistema fiscal designa-se:

a. Flexibilidade.
b. Transparência.
c. Baixo custo de funcionamento.
d. Eficácia financeira.

7.4. O aumento do imposto sobre o tabaco pode ter a seguinte consequência:
a. Melhorar a flexibilidade, mas piorar a eficiência.
b. Melhorar a transparência e melhorar a equidade.
c. Melhorar a eficácia financeira, mas piorar a eficiência.
d. Melhorar a eficiência, mas piorar a equidade.

7.5. De acordo com o princípio do benefício, as urgências hospitalares devem ser pagas:
a. Por todos os beneficiários do Serviço Nacional de Saúde.
b. Pelos utilizadores das urgências.
c. Através das contribuições para a Segurança Social.
d. Através dos impostos.

7.6. A incidência económica de um imposto é maior nos consumidores do que nos produtores se e só se:
a. A incidência legal for apenas nos consumidores.
b. A elasticidade da oferta for superior à da procura (em módulo).
c. A elasticidade da oferta for o dobro da elasticidade da procura (em módulo).
d. Subir o preço para o consumidor e baixar para o produtor.

7.7. Qual dos princípios seguintes não satisfaz critérios de equidade horizontal ou vertical?:
a. Quem tem maior capacidade contributiva deve pagar mais impostos.
b. Quem tem um rendimento equivalente semelhante deve pagar montantes de imposto semelhantes.
c. Quem tem maiores benefícios da despesa pública deve pagar mais impostos.
d. Quem tem menos rendimentos, mas maior benefício da despesa pública, deve pagar semelhante montante de impostos.

7.8. Num mercado competitivo de um bem em que a curva da oferta é infinitamente elástica e a da procura é normal (elasticidade negativa), qual das seguintes proposições é *verdadeira*?
a. A magnitude do acréscimo de preço depende apenas do declive da curva da procura.
b. A magnitude do decréscimo da quantidade depende inteiramente do declive da curva da procura.
c. O acréscimo de preço para o consumidor será igual ao montante do imposto.
d. O acréscimo de preço para o consumidor será inferior ao montante do imposto.

7.9. Um imposto sobre o rendimento diz-se progressivo *se e só se*:
a. For calculado como a soma de um imposto *lump-sum* conjuntamente com uma taxa marginal única.
b. As taxas médias de imposto aumentam com os níveis do rendimento.
c. Os impostos aumentam com os níveis do rendimento.
d. As taxas marginais de imposto não forem decrescentes.

7.10. Seja um mercado competitivo do bem X, em que no ponto de equilibro a elasticidade da oferta é 2 e a da procura é - 0,5. Um imposto unitário sobre o bem X incide:
a. Sobretudo nos consumidores.
b. Sobretudo nos produtores.
c. Quer nos produtores quer nos consumidores, consoante quem paga o imposto.
d. Só nos consumidores.

7.11. Quando existe coincidência entre a incidência económica e incidência legal de um imposto estamos perante:
a. Repercussão mista.
b. Boa organização da administração fiscal.
c. Incidência igualitária
d. Não repercussão do imposto.

7.12. Considere um imposto unitário num bem, cuja curva da procura é normal (elasticidade negativa) e a curva da oferta é rígida. Desprezando o efeito rendimento do imposto, diga o que é *falso*:
a. A carga excedentária é nula.
b. A repercussão económica do imposto é nos produtores.
c. O preço para o consumidor baixa.
d. A quantidade procurada não se altera.

7.13. A incidência económica de um imposto é maior nos consumidores do que nos produtores, quando:
a. Em equilíbrio a oferta é mais rígida que a procura.
b. O preço no consumidor sobe.
c. Em equilíbrio a procura é mais rígida do que a oferta.
d. Em equilíbrio a oferta e a procura têm elasticidades iguais (em módulo).

7.14. A incidência económica de um imposto de 10 unidades monetárias é de igual montante nos consumidores e nos produtores *se e só se*:

a. A incidência legal for de 5 u.m. nos consumidores e 5 u.m. nos produtores.
b. A diferença entre o preço para o consumidor e para o produtor for de 10 u.m.
c. As elasticidades da oferta e da procura forem iguais (em módulo) em equilíbrio.
d. Subir o preço para o consumidor e baixar para o produtor.

7.15. Um imposto sobre o rendimento diz-se progressivo quando:
a. Está associado a ganhos de eficiência.
b. Não distorce a opção trabalho/lazer.
c. Implementa o princípio do benefício.
d. Os que têm mais rendimento pagam proporcionalmente mais impostos.

7.16. Considere que a colecta de um imposto relativa ao contribuinte i é dada pela função: $T^i = a + bY^i$. Tendo em conta que $a > 0$ e $0 < b < 1$, este imposto é:
a. Progressivo.
b. Regressivo.
c. Proporcional.
d. Regressivo, proporcional ou progressivo consoante o rendimento.

7.17. Considere que a colecta de um imposto relativa ao contribuinte j é dada pela função $T^j = c + dY^j$. Tendo em conta que $c < 0$ e $0 < d < 1$, este imposto é:
a. Progressivo.
b. Regressivo.
c. Proporcional.
d. Primeiro regressivo, depois proporcional e por fim progressivo à medida que sobe o rendimento.

7.18. Qual dos seguintes impostos não gera ineficiências?
a. Imposto pigouviano.
b. Imposto unitário.
c. Imposto sobre o Rendimento (IRS).
d. Imposto sobre o Valor Acrescentado (IVA).

7.19. Desprezando o efeito rendimento do imposto, em que situação existe ineficiência associada ao imposto sobre os bens num mercado competitivo?
a. Quando a oferta é rígida.
b. Quando a procura é rígida.
c. Quando a oferta é infinitamente elástica.
d. Quando o imposto é *lump-sum*.

7.20. Considere um imposto unitário de montante *t* sobre um bem num mercado competitivo em que a oferta e a procura são normais (elasticidades positiva e negativa, respectivamente). Caso o imposto passe para 2*t* a ineficiência gerada pelo imposto, aproximadamente:
a. Duplica.
b. Triplica.
c. Quadruplica.
d. Passa para metade.

7.21. Considere que o governo aumentou o imposto sobre o tabaco em 1,5 euros e como consequência o preço no consumidor subiu 1,5 euros. Tendo em conta que a incidência legal é nas empresas tabaqueiras, está-se na presença de:
a. Repercussão do imposto para a frente.
b. Não repercussão do imposto
c. Coincidência entre incidência económica e legal do imposto.
d. Repercussão para trás do imposto.

7.22. Tudo o resto constante, se o governo diminui a taxa de contribuição dos trabalhadores para a Segurança Social (CSS):
a. Aumenta apenas a incidência económica da CSS nos trabalhadores.
b. Diminui apenas a incidência económica da CSS nos trabalhadores.
c. Aumenta a incidência legal da CSS na entidade patronal.
d. Diminui a incidência legal da CSS nos trabalhadores.

7.23. Diga o que é *falso*: Sabendo-se que num mercado competitivo, em equilíbrio, a elasticidade da oferta é 2 e a da procura é -4, então a introdução de um imposto unitário provoca uma...
a. Incidência económica do imposto nos consumidores duas vezes superior à incidência nos produtores
b. Incidência económica do imposto nos produtores duas vezes superior à incidência nos consumidores.
c. Subida do preço no consumidor e descida do preço para o produtor.
d. Ineficiência.

7.24. Se se ignorar o efeito rendimento do imposto, a situação em que não existe carga excedentária ocorre quando:
a. A procura é rígida e a oferta é normal.
b. A procura é normal e a oferta é infinitamente elástica.
c. A procura e a oferta são normais.
d. A elasticidade da procura é -1 e a da oferta +1.

7.25. A *"capacidade de pagar"* concretiza-se na tributação de acordo com o(s) seguinte(s) princípio(s):
a. Equidade horizontal e perpendicular.
b. Igualdade de benefícios marginais pós-imposto.
c. Equidade vertical e horizontal.
d. Igual pagamento para iguais benefícios.

7.26. O princípio do poluidor-pagador é uma manifestação do:
a. Princípio da capacidade de pagar.
b. Princípio da eficácia de um sistema fiscal.
c. Princípio do benefício.
d. Princípio da igualdade perante a lei.

7.27. Quando não existe coincidência entre incidência económica e incidência legal de um imposto estamos necessariamente numa situação de:
a. Repercussão (parcial ou total) do imposto.
b. Não repercussão do imposto.
c. Ineficácia financeira da medida fiscal.
d. Mercado de concorrência perfeita.

7.28. A que tipo de receita pública se aplica melhor o princípio do benefício?
a. À receita do Imposto sobre o Valor Acrescentado (IVA).
b. À receita em taxas moderadoras no SNS.
c. À receita em dividendos.
d. À receita em Imposto sobre Produtos Petrolíferos.

7.29. A carga excedentária de um imposto unitário corresponde, aproximadamente:
a. À perda de bem-estar de consumidores e produtores resultante do imposto.
b. À diferença entre a perda de bem-estar dos consumidores devido ao imposto e a receita fiscal de todos os impostos unitários.
c. À diferença entre a perda de bem-estar dos consumidores e produtores devido ao imposto e a receita fiscal de todos os impostos unitários.
d. À diferença entre a perda de bem-estar dos consumidores e produtores devido ao imposto e a receita fiscal gerada com o mesmo.

7.30. O Governo pretende lançar um novo imposto unitário de 3 euros sobre os produtores do bem X. Neste mercado concorrencial, em equilíbrio, a procura é rígida e a elasticidade-preço da oferta é de 1,5. Identifique a afirmação *verdadeira*:

a. A incidência legal e a incidência económica sobre o produtor é de 3 euros.
b. A incidência legal sobre o produtor é de 3 euros e a incidência económica sobre o consumidor é de 1.50 euros.
c. A incidência legal sobre o produtor é de 3 euros e a incidência económica sobre o consumidor é de 3 euros.
d. A incidência legal sobre o produtor é de 3 euros mas existe partilha da carga fiscal entre produtor e consumidor.

7.31. Idealmente, um sistema fiscal deveria ser facilmente adaptável aos ciclos económicos, não suscitar dúvidas aos contribuintes sobre as suas responsabilidades fiscais e gerar um custo directo e indirecto adequado aos objectivos. Assim, deveria reunir as seguintes características:
a. Flexibilidade, transparência e eficácia financeira.
b. Flexibilidade, transparência e baixo custo de funcionamento.
c. Flexibilidade, eficiência e baixo custo de funcionamento.
d. Flexibilidade, equidade e eficácia financeira.

7.32. No quadro do sistema fiscal português, quais dos seguintes impostos podem ser classificados de *pigouvianos*?
a. O imposto municipal sobre imóveis e o imposto sobre o tabaco.
b. O imposto municipal sobre imóveis e o imposto sobre as bebidas alcoólicas.
c. O imposto sobre o tabaco e o imposto sobre as bebidas alcoólicas.
d. O imposto sobre as bebidas alcoólicas e o imposto de selo.

7.33. Segundo o princípio da capacidade de pagar, cada contribuinte deve pagar um montante de imposto de acordo com:
a. Os benefícios que retira da despesa pública.
b. A sua capacidade económica líquida.
c. Os rendimentos do trabalho que aufere.
d. O seu património imobiliário e financeiro.

7.34. Identifique a afirmação *falsa*. A aplicação do princípio do benefício a um determinado imposto permitiria:
a. Aumentar a aceitação social desse imposto.
b. Aumentar a transparência na provisão dos bens públicos.
c. Implementar uma política redistributiva.
d. Relacionar de forma mais directa a despesa pública com a receita fiscal.

7.35. Admita que o Governo lança um imposto unitário sobre os produtores do bem X (curvas da oferta e da procura normais) o que origina uma redução da quantidade transaccionada de 100 para 90 unidades físicas e uma carga excedentária aproximada de 25. O montante do imposto unitário e da receita fiscal (unidades monetárias) são de:

a. 1 e 90.
b. 3 e 270.
c. 5 e 450.
d. 6 e 540.

7.36. Todos os impostos:

a. São distorcedores.
b. Geram ineficiências.
c. Reduzem o excedente do consumidor ou do produtor (ou de ambos).
d. Corrigem os comportamentos dos agentes económicos num sentido desejável.

7.37. Diga qual a proposição *falsa*. A carga excedentária:

a. Mede o grau de ineficiência de um imposto.
b. É aproximadamente igual à diferença entre a redução nos excedentes de consumidor e de produtor e a receita fiscal.
c. É o valor da perca de bem-estar total de consumidores e de produtores, resultante do imposto.
d. É medida aproximadamente através do triângulo de Harberger.

7.38. Identifique a afirmação *verdadeira*.

a. Ao contrário de um imposto *lump-sum*, todos os impostos dos sistemas fiscais concretos são orientados para a redistribuição do rendimento.
b. Os impostos sobre o tabaco, sobre as bebidas alcoólicas e sobre a emissão de dióxido de carbono podem ser classificados de *pigouvianos* devido à preocupação exclusiva com a equidade.
c. Os impostos dito *pigouvianos*, caso do IVA, visam modificar as decisões dos agentes económicos.
d. O novo imposto, em Portugal, sobre os sacos de plástico, pode ser classificado como *pigouviano*.

7.39. Diga qual a proposição *falsa*. A equidade horizontal sugere que:

a. Indivíduos com semelhante capacidade de pagar devem ser tratados fiscalmente de forma semelhante.
b. Indivíduos com o mesmo rendimento deverão pagar o mesmo montante de impostos.

c. Indivíduos com semelhante benefício da despesa pública devem contribuir de forma semelhante para o financiamento dessa despesa.
d. É necessário calcular um rendimento equivalente para saber se os indivíduos têm a mesma capacidade de pagar.

Exercícios

1. Responda às seguintes questões:
a. Considere o mercado do bem *X* em que a aplicação de um imposto unitário sobre os produtores é totalmente repercutido. Admita o lançamento de um novo imposto unitário de 2 euros por unidade do bem *X*. O equilíbrio de mercado pré-imposto é dado por $P_0 = 10$ euros e $Q_0 = 1.000$ unidades. Represente graficamente e quantifique a nova situação de equilíbrio.
b. Considerando o mesmo imposto, admita agora que as elasticidades-preço da procura e da oferta são, respectivamente, de 0,15 e 0,45. O que pode concluir sobre a incidência económica do imposto entre produtores e consumidores? Justifique.

2. Responda às seguintes questões:
a. Considere um bem transaccionado num mercado competitivo. A oferta e a procura são relativamente elásticas, sendo o rácio das respectivas elasticidades igual a 0.5.
O governo decide lançar um imposto unitário de valor *t* por unidade produzida. O equilíbrio de mercado pré-imposto é dado por $Qo = 2$ e $Po = 8$. Com a introdução do imposto, a quantidade transaccionada regista uma quebra de 50% com um novo preço de equilíbrio $P1 = 10$.
Determine o preço para o produtor e a receita fiscal gerada pelo novo imposto.
b. Admita o lançamento de um imposto unitário sobre os produtores do mercado do bem *X* (procura perfeitamente inelástica e oferta normal) e do mercado do bem *Y* (procura normal e oferta perfeitamente inelástica). Analise *comparativamente* as duas situações do ponto de vista do tipo de repercussão, da incidência legal e económica e ainda da receita fiscal (*Não é necessária qualquer representação gráfica*).

3. Seja o seguinte mercado competitivo em que as funções procura e oferta de um bem são dadas respectivamente por:

$$Q_d = 20 - 0{,}1P \quad e \quad Q_s = -40 + 0{,}5P$$

a. Determine o equilíbrio inicial e a incidência económica de curto prazo de um imposto unitário de 12 u.m. sobre consumidores e produtores.
b. Determine o valor aproximado da ineficiência gerada pelo imposto e a sua relação com a receita fiscal.
c. Discuta os possíveis efeitos sobre a equidade da introdução deste imposto.

4. Considere o mercado de um bem X em que as funções procura e oferta são dadas respectivamente por $Q_d = 550$ e $Q_s = 10 + 6P$. Determine a receita fiscal, a carga excedentária e a incidência económica de um imposto unitário de 10 unidades monetárias, cuja incidência legal é sobre os produtores. Interprete os resultados.

5. Considere que as funções procura e oferta, num mercado competitivo, são dadas por:
Procura: $Q_c = 130 - 2P$, para $P < 65$ (7.A.1)
Oferta: $Q_p = -20 + 4P$, para $P > 10$ (7.A.2)
a. Determine a incidência económica de curto prazo de um imposto unitário de 9 u.m. sobre os consumidores e os produtores. Comente os resultados a partir das elasticidades da oferta e da procura.
b. Calcule o valor aproximado da ineficiência gerada por este imposto.

6. Considere as seguintes funções da oferta (inversa) e da procura, num mercado competitivo, dadas respectivamente por:

$$P = -10 + \frac{1}{2}Q$$

$$Q = 40 - \frac{1}{2}P$$

a. Determine a receita fiscal e a incidência económica de curto prazo sobre consumidores e produtores de um imposto unitário de 2 u.m.. Comente os resultados obtidos.
b. Calcule, justificando, o montante aproximado da ineficiência gerada pelo imposto em causa.

7. Considere um mercado concorrencial em que a função oferta (inversa) é dada por $P=-100+(1/2).Q$ e a função procura por $Q = 240$. O governo lança um imposto unitário sobre os produtores de 10 u.m.
a. Determine o equilíbrio pré e pós-imposto, a receita fiscal do Estado e a incidência económica do imposto.

b. Diga qual a repercussão económica do imposto e, tratando-se de um bem de primeira necessidade, clarifique se existe um conflito entre eficiência e equidade.

8. A análise da repercussão, carga excedentária e incidência económica é essencial na discussão da tributação.

a. Com o apoio da análise gráfica, exemplifique e explique em que condições se pode ter, em simultâneo, não repercussão e carga excedentária aproximadamente nula após o lançamento de um novo imposto unitário.
Nota: identifique todas as variáveis e curvas constantes do gráfico.

b. Admita que um novo imposto vai tributar um determinado bem cujas elasticidades da procura e da oferta são de -1.5 e 6, respectivamente. Diga, justificando, o que se pode concluir sobre a incidência económica deste imposto.

9. A equidade e a não interferência nas decisões eficientes dos agentes económicos são duas das características desejáveis de um sistema fiscal.

a. Considere um mercado concorrencial de um bem, em que o equilíbrio é dado por Q = 100 unidades e P = 5€ . O governo decide lançar um novo imposto de 2€ por unidade produzida.

b. Determine um valor aproximado da carga excedentária e a incidência económica do imposto, sabendo que a nova quantidade transaccionada é de 90 unidades e que o preço de mercado para os consumidores passa para 6€. Apresente os cálculos e interprete resultados.

c. Discuta, de forma muito sintética, as vantagens e inconvenientes de um aumento da taxa normal do Imposto sobre o Valor Acrescentado (IVA) ou da taxa máxima do Imposto sobre o Rendimento das Pessoas Singulares (IRS) à luz dos requisitos de equidade, eficiência e eficácia financeira.

Tópicos de Reflexão Resolvidos

TR.7.9

a)

A carga excedentária (ou *deadweight loss*, DWL) representa a perda líquida de bem-estar na sociedade devido ao lançamento de um imposto indirecto num mercado competitivo e eficiente. Grosso modo, tendo por referência a representação normal de um mercado de um bem privado, a carga excedentária é aproximadamente igual à diferença, em valor absoluto, entre a perda de bem-estar global (a redução no excedente do consumidor mais a redução no excedente do produtor devidas ao imposto) e a receita fiscal obtida com o lançamento do imposto.

A carga excedentária pode ser considerada um indicador microeconómico da ineficiência causada pelo imposto ao mercado, medido pelas oportunidades perdidas de realizar transações mutuamente vantajosas entre consumidores e produtores. A carga excedentária é, pois, uma das componentes da variação do excedente do consumidor e do produtor causado pelo lançamento do imposto no mercado.

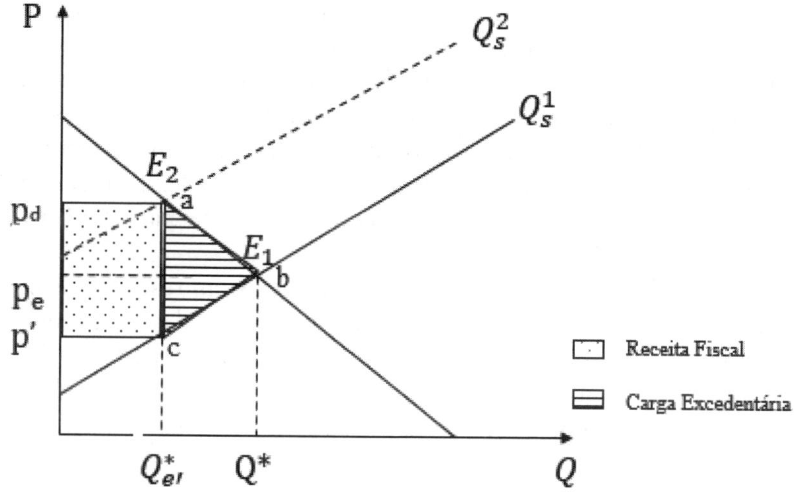

No exemplo simples apresentado no gráfico acima, a carga excedentária é repartida entre os dois lados do mercado – sobre os consumidores e sobre os produtores, após o lançamento de um imposto sobre os produtores.
Na prática, a carga excedentária pode ser medida graficamente pela área correspondente ao "*triângulo de Harberger*" [abc], que representa a soma das duas componentes de incidência da carga excedentária sobre os consumidores e produtores. Na análise gráfica é patente que a carga excedentária depende: (i) do valor do imposto; (ii) das elasticidades das curvas e (iii) ser imposto unitário ou *ad valorem*.

b)

Em geral, são os impostos não distorcedores (do tipo *lump sum*) que estão associados a situações fiscais que não geram ineficiências (carga excedentária). Os impostos não distorcedores só acarretam "efeito rendimento", não há perda de eficiência global, não há carga excedentária.
Um imposto *"lump sum"*, de montante fixo por cabeça, é um imposto em que o agente nada pode fazer, legalmente, para evitar ou alterar a sua incidência económica. Os impostos "*lump sum*" estão, simplesmente, dependentes da

existência física do contribuinte (não há como evitar...). Assim, os impostos não distorcedores, "*lump sum*", são neutrais em relação à eficiência dos mercados e não geram ineficiência (os agentes não podem fazer qualquer ajustamento no seu comportamento económico com vista a evitar ou reduzir a incidência do imposto).
Em termos de equidade este tipo de fiscalidade tem impactos negativos significativos e sugerem um conflito entre eficiência e equidade.
Encontramos facilmente motivos para ver ambos os princípios de equidade – princípio do benefício e o princípio da capacidade de pagar – violados no caso de um imposto "*lump sum*". Ao obrigar-se cada pessoa a pagar um montante fixo do imposto ignora-se as diferenças de capacidade económica de pagar (sob qualquer critério - rendimento, consumo ou riqueza) entre os diferentes indivíduos. O facto de ser um montante fixo por cabeça faz com que indivíduos de baixos rendimentos paguem proporcionalmente mais relativamente a todos os outros – o que é regressivo.
Também em relação ao princípio do benefício, existem reservas: os indivíduos não recolhem, todos, iguais benefícios decorrentes da despesa em bens públicos locais feitos pelo município... De acordo com o princípio do benefício, os impostos devem ser distribuídos em favor dos benefícios recebidos da provisão pública de bens ou serviços.

c)
Os impostos intencionalmente distorcedores visam a corrigir fracassos de mercado (externalidades negativas ou positivas – através de impostos/ subsídios indirectos, respectivamente) e, como tal, são uma resposta em termos de aumento de eficiência num mercado.
São exemplos deste tipo de imposto os impostos *pigouvianos*, um instrumento fiscal para corrigir externalidades negativas em mercados de produto, fazendo reduzir a quantidade transacionada de forma a internalizar o efeito externo causado pelos comportamentos no sistema de preços, assegurando que, no óptimo: Q*: CMgP=CMgS, após a aplicação do imposto, *t, no* mercado: t=CMgE(Q*), em que CMgE(Q*) é o custo marginal externo na quantidade óptima, Q*.
Como exemplos concretos de impostos *pigouvianos* no ordenamento fiscal português temos: o imposto sobre o tabaco (IST), o imposto sobre o álcool e bebidas alcoólicas (IABA), o imposto sobre produtos petrolíferos (ISP), tudo casos de impostos indirectos específicos em mercados onde se identificam externalidade negativas na produção ou no consumo.

TR.7.17

a)

As duas características indicadas são parte de um conjunto ideal de seis características desejáveis de um sistema fiscal numa economia monetária aberta.
– *Eficiência*: No desenho de um sistema fiscal, os impostos devem ser concebidos de modo a minimizar as interferências com as decisões eficientes dos agentes económicos, tomadas em mercados competitivos. O lançamento de impostos, em geral, fica a dever-se a objectivos externos ao funcionamento dos mercados – o facto de ser necessário gerar receitas fiscais para fazer face à despesa pública e atender a um conjunto de necessidades sociais que não podem ser satisfeitas através dos mercados e também por ser necessário operar redistribuição por motivos de equidade (para a qual é necessária a cobrança de impostos, que pode acarretar os já estudados e referidos "custos de redistribuição").
No entanto, se os mercados forem eficientes, sem intervenção, o imposto indirecto é causador de carga excedentária, uma perda líquida de bem-estar, após decorridos os efeitos comportamentais dos agentes face à existência do imposto. Assim, desejavelmente, o seu efeito, em mercados eficientes, deve ser minimizado, como característica geral de um bom sistema fiscal.
– *Eficácia Financeira*: As receitas geradas pelo sistema fiscal devem ser adequadas e suficientes para fazer face, em cada período corrente, às necessidades financeiras das administrações públicas e satisfazer os objectivos da política orçamental, na sua influência sobre a actividade económica global.
Deve ser também prevenida a possibilidade de evasão e fuga fiscal e promovidas as condições para a necessidade de reduzir o recurso à dívida para financiar défices.
O Estado é o principal fornecedor de bens públicos (contribuindo para uma melhor afectação de recursos numa economia mista) e tem a seu cargo políticas redistributivas, na linha da preocupação com a justiça social. Assim, a produtividade financeira dos impostos, o seu bom funcionamento, uma base tributável abrangente, num enquadramento sem evasão fiscal, são factores essenciais para assegurar a eficácia financeira do sistema fiscal, em termos ideais.

b)

Um sistema é equitativo em termos abstractos quando possui um conjunto de características, presentes na concepção e modo de funcionamento dos seus vários impostos, que satisfazem os principais critérios de equidade e estabelecem uma boa base tributária (definindo com rigor todos os contribuintes potenciais que devem ser abrangidos pelo imposto), evitando fugas relacionadas com a fraude e evasão fiscal. Este é um ponto crucial à partida, para assegurar que, em abstracto, um sistema seja abrangente e equitativo (isto é, genericamente promotor de equidade, da justiça distributiva).

Por outro lado, as questões de equidade de um sistema fiscal são enquadradas por dois critérios distintos, mas frequentemente complementares num mesmo instrumento fiscal (como no caso do IRS): a equidade horizontal e a equidade vertical. Na equidade horizontal, considera-se que indivíduos em situações semelhantes devem ser tratados de forma igual. Na equidade vertical, indivíduos em situações distintas, posições económicas diferentes, devem ser tratados diferencialmente.

Estes dois critérios podem ser aplicados a dois princípios fundamentais da equidade que presidem à concepção de uma determinada receita fiscal: o *princípio do benefício*, segundo o qual devem pagar mais impostos os indivíduos que mais beneficiam da provisão pública de bens e serviços e o *princípio da capacidade de pagar*, segundo o qual o ónus do imposto deve ser distribuído em função da respectiva capacidade económica dos contribuintes, medida por um indicador "adequado".

Em geral, em todo o ordenamento fiscal português, é o princípio da capacidade de pagar que está mais presente na concepção/regulação dos impostos com maior expressão económica na geração de receitas orçamentais – têm uma aplicação mais generalizada e dão maior visibilidade à aplicação de critérios de equidade na distribuição do esforço fiscal entre os contribuintes. O princípio do benefício aplica-se mais a receitas fiscais do tipo taxas/ tarifas/ licenças, em que existe contrapartida directa para o contribuinte.

Em conclusão, um sistema fiscal persegue fins gerais de equidade quando a distribuição da carga fiscal é equitativa e não arbitrária, pagando cada um uma parcela justa dos encargos com a actividade e despesa pública, segundo um dos princípios utilizados para a análise (princípio da capacidade de pagar ou princípio do benefício), acautelando o mais possível as práticas de fuga e evasão e fraude fiscal.

Exercícios Resolvidos

E.7.1

a)

Repercussão total do imposto: quando o imposto é lançado sobre os produtores e é repercutido na totalidade sobre os consumidores através do aumento do preço do bem, situação possível desde que a curva da procura do bem seja perfeitamente inelástica com curva da oferta normal.

Representação gráfica: situação semelhante à que se encontra, genericamente, na Figura 7.3 – *Painel A*, do manual de EFP, no que resultaria um esboço para representar, em concreto, a situação descrita neste exercício:

Nova situação de equilibrio: *Pc= Po + t* = 10+2=12 euros e *Q1=Qo*=1.000 unidades físicas do bem.

b)
Rácio das incidências (no consumidor e no produtor) = Rácio das elasticidades (da oferta e da procura, esta em módulo, ou valor absoluto):

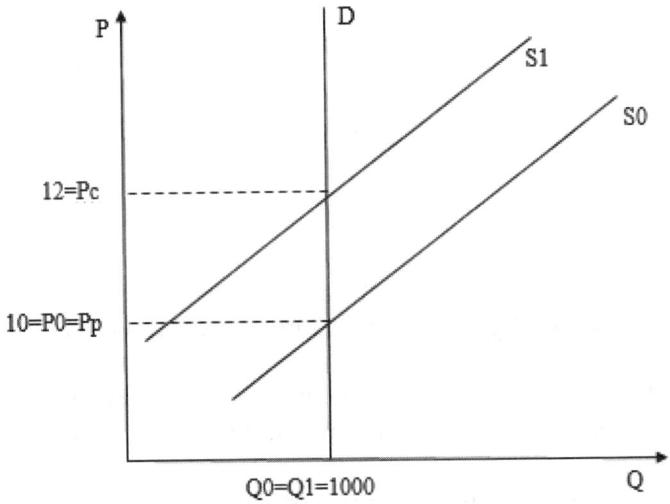

Situação de repercussão total do imposto

$$\frac{Ic}{Ip} = \frac{\varepsilon_s}{|\varepsilon_d|} = 0.45/0{,}15 = 3$$

A incidência económica do imposto no consumidor é, pois, 3 vezes superior à incidência económica no produtor.

E.7.2.

a)
Rácio das incidências (no consumidor e produtor)=Rácio das elasticidades (da oferta e da procura, esta em módulo)= 0,5, ou seja

$$\frac{Ic}{Ip} = \frac{\varepsilon_s}{|\varepsilon_d|} = 0{,}5 \text{, donde:}$$

$$\frac{Ic}{Ip} = \frac{(Pc - Po)Q1}{(Po - Pp)Q1} = 0{,}5$$

Com os restantes dados fornecidos sobre quantidades e preços, na situação inicial e final, podemos determinar p_P:

$$\frac{(10-8).1}{(8-Pp).1} = 0{,}5 \leftrightarrow \text{Pp} = 4$$

A receita fiscal será dada, neste caso, por:

$$RF = t.Q_1 = (Pc - Pp).Q1 = 6.\,1 = 6 \text{ u.m.}$$

b)
No mercado do bem *X*: dada a curva da procura (recta vertical), o imposto é totalmente repercutido sobre os consumidores; repercussão total para a frente com incidência legal sobre os produtores e incidência económica sobre os consumidores.
No mercado do bem *Y*: dada a curva da oferta (recta vertical) não existe repercussão e a incidência legal coincide com a incidência económica (sobre o produtor).
A receita fiscal é igual em ambas as situações, dado que a quantidade de equilíbrio pós-imposto não se altera.

E.7.3
Nota: Para analisar os efeitos de um imposto unitário num mercado competitivo, em equilíbrio parcial, é necessário no essencial determinar i) o preço e a quantidade de equilíbrio antes de imposto (pela igualdade da oferta e da procura); ii) a nova quantidade de equilíbrio pós-imposto e os preços para os consumidores e produtores (por exemplo, pela igualdade da nova oferta que incorpora o efeito do imposto, com a procura); iii) a receita fiscal e a sua incidência económica em consumidores e produtores; iv) a ineficiência gerada pelo imposto através da medição da carga excedentária.

a)
O *preço de equilíbrio inicial* (P_e) é dado pela igualdade da oferta e da procura:

$$Q_d = Q_s \Leftrightarrow 20 - 0{,}1P = -40 + 0{,}5P \Leftrightarrow P_e = 100$$

A *quantidade de equilíbrio* obtém-se substituindo na função procura (ou oferta) o preço inicial:

$$Q_e = 20 - 0{,}1P_e \Leftrightarrow Q_e = 20 - 0{,}1(100) \Leftrightarrow Q_e = 10$$

Uma forma de modelizar a introdução do imposto unitário é através de uma deslocação paralela para cima da função oferta (inversa) no montante do imposto.
As funções procura (inversa) e oferta (inversa) determinam-se resolvendo em ordem a P as funções oferta e procura, respectivamente:
Procura (inversa):

$$Q_d = 20 - 0{,}1P \Leftrightarrow 0{,}1P = 20 - Q \Leftrightarrow P = 200 - 10Q$$

Oferta (inversa):

$$Q_s = -40 + 0{,}5P \Leftrightarrow 0{,}5P = Q + 40 \Leftrightarrow P = 2Q + 80$$

Assim, adicionando $t_u = 12$ à ordenada na origem da função oferta (inversa), obtém-se a nova função oferta pós-imposto:
Oferta (inversa) após imposto

$$P = 80 + 2Q + t_u \Leftrightarrow P = 80 + 2Q + 12 \Leftrightarrow P = 92 + 2Q$$

Igualando a procura (inversa) à oferta (inversa) após imposto obtém-se a nova *quantidade de equilíbrio após imposto*:

$$200 - 10Q = 92 + 2Q \Leftrightarrow 12Q = 108 \Leftrightarrow Q_t = 9$$

Verificou-se então uma redução na quantidade de equilíbrio de 10 para 9 unidades, sendo o novo *preço no consumidor* obtido na função procura (inversa) para a nova quantidade:

$$P_c = 200 - 10Q \Leftrightarrow P_c = 200 - 10(9) \Leftrightarrow P_c = 110$$

Verifica-se pois que, o *preço no produtor* é o preço no consumidor menos o montante do imposto, ou seja:

$$P_p = P_c - t_u \Leftrightarrow P_p = 110 - 12 \Leftrightarrow P_p = 98$$

Nota: O novo preço no produtor pode também ser obtido na função oferta (inversa) para a nova quantidade: $P_p = 80 + 2Q \Leftrightarrow P_p = 80 + 2(9) \Leftrightarrow P_p = 98$

A *receita fiscal* (RF) será então o montante do imposto unitário vezes a nova quantidade de equilíbrio:

$$RF = t_u.Q_t \Leftrightarrow RF = (P_c - P_p).Q_t \Leftrightarrow RF = (110 - 98).9 \Leftrightarrow RF = 108$$

Visto que o preço inicial era de 100 e o novo preço para o consumidor é de 110 e para o produtor de 98, facilmente se verifica que das 12 u.m. por unidade a incidência económica nos produtores é de 10 u.m. (=110-100) e nos produtores de 2 u.m. (=100-98). Em termos globais a *incidência económica nos consumidores* (I_c) é dada por:

$$I_c = (P_c - P_e).Q_t \Leftrightarrow I_c = 10.(9) = 90$$

A *incidência económica nos produtores* é dada por:

$$I_p = (P_e - P_p).Q_t \Leftrightarrow I_p = 2.(9) = 18$$

Verifica-se então que a incidência é cinco vezes maior nos consumidores do que nos produtores e isso deve-se às elasticidades da procura (ε_c) e da oferta (ε_p). De facto a elasticidade da procura no ponto de equilíbrio inicial é dada por:

$$\varepsilon_c = \frac{\partial Q_d}{\partial P}.\frac{P_e}{Q_e} \Leftrightarrow \varepsilon_c = (-0,1).\frac{100}{10} \Leftrightarrow \varepsilon_c = -1$$

Por seu lado, a elasticidade da oferta é dada por:

$$\varepsilon_p = \frac{\partial Q_s}{\partial P}.\frac{P_e}{Q_e} \Leftrightarrow \varepsilon_p = 0,5.\frac{100}{10} \Leftrightarrow \varepsilon_p = 5$$

Note-se que $\frac{\varepsilon_p}{|\varepsilon_c|} = \frac{5}{1} = 5$, pelo que se verifica que: $\frac{I_c}{I_p} = \frac{\varepsilon_p}{|\varepsilon_c|}$

Ou seja, o rácio da incidência económica nos consumidores e nos produtores é igual ao rácio das elasticidades da oferta e da procura (em módulo). Verifica-se então que o imposto recai efectivamente sobre quem temo comportamento mais rígido.

b)
O imposto gera uma ineficiência que pode ser medida pela *carga excedentária* (CE) do imposto, isto é, a diferença entre, por um lado, o valor da redução dos excedentes do consumidor e produtor e por outro a receita fiscal. (essa diferença, pode ser aproximada pela área do triângulo [*bde*] do painel A da Figura 7.1 do livro *Economia e Finanças Públicas*). O valor da CE é, com funções lineares, dado pelo triângulo de Harberger, cuja base é dada pelo montante do imposto unitário ($t_u = P_c - P_p$) e a altura pela variação da quantidade ($dQ = Q_e - Q_t$).
Dado que a área do triângulo é a sua base vezes a altura sobre dois, tem-se:

$$CE \cong (P_c - P_p)(Q_e - Q_t).\frac{1}{2} \Leftrightarrow CE \cong 12.(10-9).\frac{1}{2} \Leftrightarrow CE \cong 6.$$[9]

c)
Um imposto unitário é um imposto regressivo, isto é, tem um maior peso (proporcional ao rendimento) nas classes de menor rendimento, desde que o bem seja consumido por todos os consumidores.
O impacto em termos de equidade tem sobretudo a ver com o tipo de bem em causa. Aquilo que se sabe é que, neste caso, a incidência económica do imposto é sobretudo nos consumidores e não nos produtores. Tratando-se de um bem de primeira necessidade (água, pão) ou de uso generalizado (chamadas telefónicas), o efeito sobre a equidade é claramente negativo, pois como é regressivo, para além de recair mais sobre os consumidores, afecta mais negativamente os consumidores com menores níveis de rendimento.
Caso seja um bem de luxo (por exemplo caviar, barcos de recreio, aviões particulares), consumido quase apenas por indivíduos de alto rendimento, a incidência continua a ser nos consumidores, mas agora o efeito será positivo em termos de equidade, muito embora o rendimento seja uma variável mais indicada para analisar a capacidade contributiva do que a riqueza (barcos de recreio) ou o consumo (caviar).

<u>E.7.5</u>
O *preço de equilíbrio inicial* (P_o) é dado pela igualdade da oferta e da procura:

$$Q_c = Q_p \Leftrightarrow 130 - 2P = -20 + 4P \Leftrightarrow P_0 = 25 \quad (7.A.1)$$

[9] Trata-se de um valor aproximado da carga excedentária (ineficiência do imposto) pois dever-se-ia ter usado a nova quantidade na função de procura compensada (Q_{1_c}) na procura *"hicksiana"*) e não na função procura *"normal"* (Q_{1_c}) na procura *"marshaliana"*). É, contudo, uma boa aproximação se o efeito/rendimento do imposto for desprezível.

A *quantidade de equilíbrio* obtém-se substituindo na função procura (ou oferta) o preço inicial:

$$Q = 130 - 2P \Leftrightarrow Q = 130 - 2(25) \Leftrightarrow Q = 80 \text{ ....(7.A.2)}$$

Uma forma de modelizar a introdução do imposto unitário é através de uma deslocação paralela para cima da função oferta (inversa) no montante do imposto. Na realidade, a função oferta (inversa) mostra o preço unitário que os produtores deverão receber, em função de vários níveis de output. A função oferta inversa é a soma de parte dos ramos ascendentes das curvas de custo marginal de todas as empresas. Com a introdução do imposto unitário t_u, é necessário adicionar ao custo marginal privado de cada empresa o montante do imposto, pelo que a função oferta individual de cada empresa desloca-se para cima no montante do imposto (o mesmo acontecendo à oferta (inversa) de mercado).

As funções procura (inversa) e oferta (inversa) determinam-se resolvendo em ordem a *P*, as equações 7.A.1 e 7.A.2, respectivamente:

Procura (inversa):

$$Q_c = 130 - 2P \Leftrightarrow 2P = 130 - Q \Leftrightarrow P = 65 - 0{,}5Q \text{ ....(7.A.3)}$$

Oferta (inversa):

$$Q_p = -20 + 4P \Leftrightarrow 4P = Q + 20 \Leftrightarrow P = 0{,}25Q + 5 \text{ ....(7.A.4)}$$

Adicionando $t_u = 9$ à ordenada na origem da função oferta (inversa) obtém-se a nova *função oferta pós-imposto*:

$$P = 0{,}25Q + 5 + t_u \Leftrightarrow P = 0{,}25Q + 5 + 9 \Leftrightarrow P = 0{,}25Q + 14 \text{ ....(7.A.5)}$$

Igualando a procura (7.A.3) à oferta após imposto (7.A.5) obtém-se a nova *quantidade de equilíbrio após imposto*:

$$65 - 0{,}5Q = 0{,}25Q + 14 \Leftrightarrow Q = 68$$

Verificou-se então uma redução na quantidade de equilíbrio de 80 para 68 unidades, sendo o novo *preço no consumidor* obtido na função procura (inversa) para a nova quantidade:

$$P_c = 0{,}25Q + 14 \Leftrightarrow P_c = 0{,}25.(68) + 14 \Leftrightarrow P_c = 31$$

O *preço no produtor*, é o preço no consumidor menos o montante do imposto, ou seja:

$$P_p = P_c - t_u \Leftrightarrow P_p = 31 - 9 \Leftrightarrow P_p = 22$$

(que também poderia ser obtido pela substituição de 68 em 7.A.4).
A *receita fiscal* (RF) será então o montante do imposto unitário vezes a nova quantidade de equilíbrio:

$$RF = t_u.Q_1 \Leftrightarrow RF = (P_c - P_p).Q_1 \Leftrightarrow RF = (31-22).68 \Leftrightarrow RF = 612$$

Visto que o preço inicial era de 25 e o novo preço para o consumidor é de 31 e para o produtor de 22, facilmente se verifica que das 9 u.m. por unidade de bem, os consumidores suportam 6 u.m. (=31-25) e os produtores 3 u.m. (=25-22). Em termos globais a *incidência económica nos consumidores* (I_c) é dada por:

$$I_c = (P_c - P_0).Q_1 \Leftrightarrow I_c = 6.(68) = 408$$

A *incidência económica nos produtores* é dada por:

$$I_p = (P_0 - P_p).Q_1 \Leftrightarrow I_p = 3.(68) = 204$$

Verifica-se então, que a incidência é duas vezes maior nos consumidores do que nos produtores e isso deve-se às elasticidades da procura (ε_c) e da oferta (ε_p). De facto, a elasticidade da procura no ponto de equilíbrio inicial é dada por:

$$\varepsilon_c = \frac{\partial Q_c}{\partial P}.\frac{P_0}{Q_0} \Leftrightarrow \varepsilon_c = (-2).\frac{25}{80} \Leftrightarrow \varepsilon_c = -\frac{5}{8}$$

Por seu lado, a elasticidade da oferta é dada por:

$$\varepsilon_p = \frac{\partial Q_p}{\partial P}.\frac{P_0}{Q_0} \Leftrightarrow \varepsilon_p = 4.\frac{25}{80} \Leftrightarrow \varepsilon_p = \frac{5}{4}$$

Note-se que $\frac{\varepsilon_p}{|\varepsilon_c|} = \frac{5/4}{5/8} = 2$, pelo que se verifica que:

$$\frac{I_c}{I_p} = \frac{\varepsilon_p}{|\varepsilon_c|} \quad \text{.................}(7.A.6)$$

Ou seja, o rácio da incidência económica nos consumidores e nos produtores é igual ao rácio das elasticidades da oferta e da procura (em módulo). Verifica-se então que o imposto recai efectivamente sobre quem tem o comportamento mais rígido.

O imposto gera pois, uma ineficiência, que pode ser medida pela *carga excedentária* (CE) do imposto, isto é, a diferença entre, por um lado, o valor da redução dos excedentes do consumidor e produtor e, por outro, a receita fiscal. Essa diferença pode ser aproximada pela área do triângulo [*bde*] do painel A da Figura 7.1 do livro *Economia e Finanças Públicas*.

Dado que a área do triângulo é a sua base *vezes* a altura *sobre* dois, tem-se:

$$CE = \left(P_c - P_p\right)(Q_0 - Q_1).\frac{1}{2} \Leftrightarrow CE = 9.(80 - 68).\frac{1}{2} \Leftrightarrow CE = 54$$

Nota: Trata-se de um valor aproximado da carga excedentária (ineficiência do imposto), pois dever-se-ia ter usado a nova quantidade na função de procura compensada (Q_{1_c}) na procura "hicksiana") e não na função procura "normal" (Q_1) na procura "marshaliana"). É, contudo, uma boa aproximação se o efeito-rendimento do imposto for desprezível.

8.
Tributação, eficiência e equidade: desenvolvimentos

Resumo

Este capítulo desenvolve a teoria da tributação quer em termos de análise positiva quer normativa. A análise da incidência económica dos impostos no mercado de bens é realizada para dois tipos de mercados (concorrência perfeita e monopólio) e para dois tipos de impostos (unitário e *ad valorem*). Distinguem-se os efeitos substituição e rendimento dos impostos e o efeito agregado em termos do mercado de trabalho e do mercado de capitais. Por fim, abordam-se alguns tópicos na teoria da tributação óptima.

Impostos unitários são impostos de montante fixo sobre cada unidade produzida (ou consumida). Em contrapartida, impostos *ad valorem* representam uma dada proporção do preço final (ou do preço líquido). Desde logo, uma diferença importante entre ambos é que os segundos actualizam-se automaticamente com a inflação, enquanto que os primeiros não. A incidência económica de um imposto unitário pode ser modelizado *ou* como um *"deslocamento"* para baixo da curva da procura inversa *ou* como um deslocamento para cima da curva da oferta inversa, enquanto que um imposto *ad valorem* representa uma *"rotação"* da curva procura inversa *ou* da curva da oferta inversa (ver exercícios resolvidos). Em mercado concorrencial há sempre possibilidade de determinar um imposto unitário que gera a mesma receita fiscal que um imposto *ad valorem*, e que tem a mesma incidência económica relativa em consumidores e produtores. Já o mesmo não acontece em mercado monopolista. Antes do mais, importa realçar que a situação pré-imposto neste mercado é já uma situação ineficiente, com preços de mercado do monopolista muito superiores aos preços eficientes. Facilmente se verifica que, se um *imposto unitário* e um *ad valorem* tiverem o mesmo impacto na redução das quantidades de equilíbrio (e na concomitante subida do preço para o consumidor), o segundo gera uma receita fiscal para o Estado muito superior, ou seja, uma maior redução dos lucros do monopolista.

Os impostos têm todos um *efeito rendimento*, pois diminuem o rendimento real dos agentes, e em geral têm um *efeito substituição*, que é o efeito resultante da alteração nos preços relativos, que leva os agentes a alterarem o seu comportamento para diminuir o ónus da tributação. Um imposto *lump sum* só tem efeito rendimento, mas os restantes impostos têm também sempre efeitos substituição em algum mercado (bens, trabalho ou capital). Um imposto *ad valorem* à mesma taxa sobre todos os bens (e assumindo idêntica repercussão) não gera alteração de preços relativos, pelo que não tem efeito substituição no mercado de bens. Contudo, ao tributar o consumo e não a poupança, distorce o comportamento favoravelmente à poupança. Um imposto (unitário ou *ad valorem*) específico sobre um determinado bem tem efeito rendimento e efeito substituição no mercado de bens, pois altera os preços relativos dos bens. Se o consumo ou produção desse bem estiver associado a externalidades negativas, então a tributação gera uma melhoria na eficiência, pois tem natureza de imposto pigouviano. Caso não haja nenhuma externalidade negativa gerará, pelo contrário, uma ineficiência associada ao efeito substituição do imposto.

Existe alguma controvérsia acerca da forma exacta da curva da oferta de trabalho por parte dos trabalhadores, que se pode explicar pelos efeitos de sentido contrário associados ao *imposto sobre o rendimento*. Por um lado, os trabalhadores têm tendência a compensar a diminuição do rendimento real, resultante de um aumento de imposto, trabalhando mais para repor o seu nível salarial líquido (efeito rendimento). Por outro lado, o benefício marginal de uma hora de trabalho adicional é menor (efeito substituição). Em resumo, o efeito rendimento tende a induzir mais trabalho, enquanto que o efeito substituição levará a mais lazer, sendo o efeito conjugado incerto. Caso os efeitos se anulem, a oferta de trabalho não se altera na sequência do imposto, apesar de existir uma ineficiência associada ao efeito substituição. Neste caso de oferta rígida, a incidência económica do imposto é toda nos trabalhadores.

No caso do mercado de capitais numa pequena economia aberta, pode-se considerar que a oferta de capital internacional é infinitamente elástica ao nível da rentabilidade média dos capitais no mercado internacional.

Ou seja, a remuneração líquida do capital no país terá de ser semelhante à remuneração líquida no mercado internacional e, se assim for, a oferta de capital será virtualmente infinita (dada a pequenez do país). Deste modo, a repercussão do aumento de um imposto sobre os rendimentos de capitais tem apenas como consequência que a remuneração bruta daqueles que procuram capital, os investidores, tem que aumentar e isso só é possível com uma diminuição do investimento doméstico. Por outras palavras, a incidência económica da tributação dos rendimentos de capitais em pequenas economias abertas tende a ser exclusivamente sobre os agentes que procuram capital, os investidores, e não nos que oferecem capital.

O problema da tributação óptima é demasiado complexo para ser tratado neste capítulo, mas desenvolvem-se alguns tópicos. Em primeiro lugar, a tributação óptima é o sistema de tributação desenhado de forma a conciliar, da melhor forma, eficiência com equidade. Deste modo, a tributação óptima depende do conceito de equidade considerado (qual a função de bem-estar social), da informação que o governo tenha sobre as preferências dos agentes económicos para determinar a eficiência, nomeadamente em bens públicos, e das possibilidades "técnicas" associadas aos diferentes tipos de impostos disponíveis.

A análise da tributação *"óptima"* (com aspas) foi considerada inicialmente para os bens de consumo e tendo em conta *apenas* o critério de eficiência proposto por Frank Ramsey que derivou as condições *"óptimas"* de tributação diferenciada desses bens. Visto que a ineficiência da tributação é tanto maior, *ceteris paribus*, quanto maior as elasticidades da procura e oferta, a fórmula de Ramsey é uma função inversa dessas elasticidades. Deste modo, devem-se tributar mais os bens de procura mais rígida, para minorar a carga excedentária agregada dos vários impostos. Contudo, os impostos de Ramsey são em geral negativos para a equidade, pois os bens de primeira necessidade têm, em geral, procura rígida e os bens de luxo procura mais elástica.

A tributação óptima (sem aspas) sobre o rendimento deve, por seu turno, ponderar o impacto de alterações marginais nas taxas de imposto na equidade e na eficiência. Assim, um aumento da mais elevada taxa marginal de imposto sobre o rendimento pode ser requerido de acordo com a equidade, mas aumenta a carga excedentária de imposto e a importância do efeito substituição e isto implica que a receita fiscal aumenta menos do que proporcionalmente do que a taxa de imposto. A sua variação pode até tornar-se negativa para níveis muito elevados de tributação, quer pelo efeito substituição quer pela evasão fiscal. Esta relação não linear entre receita e taxa de tributação ficou conhecida na literatura como "curva de Laffer". Tributação óptima deve pois considerar o conflito que geralmente existe entre os objectivos de equidade e eficiência e a hierarquia entre esses objectivos.

Apenas para ilustrar como a tributação óptima depende quer da hierarquia de critérios normativos, quer da função de bem-estar social (que corporiza uma visão sobre justiça social) podem comparar-se dois tipos de impostos: o *imposto linear progressivo sobre o rendimento* (o ILPR é dado pela soma de um subsídio *lump sum* com uma componente proporcional de taxa única) e o imposto com taxas marginais crescentes por escalões de rendimento. Economistas utilitaristas que dêem primazia à eficiência tendem a defender o ILPR, pois tem uma taxa marginal única, minimizando assim as distorções nos agentes económicos, mas gerando uma progressividade menor. Já o imposto progressivo com escalões e isenções para os menores rendimentos (caso do IRS, como se verá no capítulo 9) gera maiores distorções, mas é claramente melhor do ponto de vista da equidade pelo que é apoiado pelos que dão maior importância a este critério de avaliação das políticas públicas e adpotam uma postura mais rawlsiana.

Tópicos de reflexão: Capítulo 8

1. Quando se ponderam as consequências da introdução ou do aumento de um imposto, a estrutura de mercado é muito importante. Distinga as implicações da aplicação de um imposto unitário em mercado concorrencial *versus* monopolista.

2. Do ponto de vista da ilusão fiscal, qual dos impostos, unitário ou *ad valorem*, lhe parece ser menos transparente? Justifique.

3. Explique por que é que um imposto *lump-sum* (montante fixo) tem excelentes propriedades no que toca à eficiência, mas do ponto de vista da equidade é muito criticável.

4. Margaret Thatcher, primeira-ministra britânica de um governo conservador durante quase uma década, introduziu no final da sua governação um imposto *per capita* (*poll tax*) a ser pago por quase todos os residentes, nacionais e estrangeiros, em cada município. Explique qual a racionalidade da medida e que razões poderão ter estado por detrás da grande contestação a que foi sujeita e que, eventualmente, levou à queda quer de líder do Partido Conservador, quer de primeira-ministra.

5. Certos economistas, inspirados em experiências internacionais recentes (caso da Estónia e Eslováquia) e dando primazia a um certo critério normativo, têm vindo a defender a introdução de um imposto linear progressivo sobre o rendimento (com uma taxa única ou *flat rate*). Outros economistas, que dão mais importância a outro critério normativo, criticam essa opção e defendem a manutenção dos escalões actuais (no IRS). Explique quais os critérios normativos subjacentes a ambos os grupos de economistas, bem como os fundamentos teóricos de cada uma destas posições.

6. Considerando as escolhas entre os bens de consumo X e Y, explique qual dos seguintes impostos distorce mais *essa* escolha: imposto sobre o rendimento, imposto geral sobre o consumo ou imposto especial sobre o consumo do bem X.

7. Na sequência da descida das taxas de um imposto sobre os rendimentos do trabalho, a oferta de trabalho não diminuiu. Que pode concluir acerca do mercado de trabalho? Poder-se-á dizer que não há ineficiência associada a este imposto?

8. Os *"impostos de Ramsey"* são óptimos do ponto de vista da eficiência, mas já não o são do ponto de vista da equidade. Justifique dando um exemplo concreto que possa ilustrar essa afirmação.

9. O efeito da variação de uma taxa de imposto sobre o rendimento na oferta de trabalho é incerto. Explique porquê.

10. Uma diminuição da taxa de imposto leva, em geral, a uma diminuição da receita fiscal. Contudo, há certas condições em que o efeito pode ser o inverso. Justifique.

Questões de escolha múltipla

8.1. Se as mulheres casadas tiverem uma elasticidade da oferta de trabalho superior às mulheres vivendo sozinhas, o objectivo de eficiência sugere que um hipotético imposto sobre o rendimento tribute:
a. As mulheres casadas a taxas marginais superiores.
b. As mulheres "sozinhas" a taxas marginais superiores.
c. Todas as mulheres às mesmas taxas marginais, embora as taxas médias devam ser superiores para as casadas.
d. As mulheres casadas a taxas médias superiores.

8.2. Quando a curva da oferta de trabalho tem elasticidade negativa:
a. O efeito rendimento é dominante em relação ao efeito substituição.
b. O efeito substituição é dominante em relação ao efeito rendimento.
c. Nada se pode concluir, pois temos que conhecer a curva da oferta compensada.
d. Um imposto sobre o rendimento faz diminuir a quantidade de trabalho de equilíbrio.

8.3. Um imposto linear progressivo sobre o rendimento dado pela soma de um subsídio anual de 2500 euros com um imposto sobre o rendimento à taxa marginal única de 25%, só fornece subsídios aos indivíduos com rendimentos inferiores a:

a. 3.125 Euros.
b. 6.000 Euros.
c. 10.000 Euros.
d. 15.000 Euros.

8.4. Em período de crescimento nulo e salários nominais indexados à inflação, os impostos sobre o rendimento do trabalho assalariado:

a. Aumentam a preços correntes, mas mantêm-se a preços constantes se a estrutura do imposto se mantiver inalterada.
b. Aumentam a preços constantes, se não houver indexação dos escalões do imposto.
c. Aumentam ou diminuem consoante aumente ou diminua a produtividade do trabalho.
d. Mantêm-se iguais a preços constantes.

8.5. Para obter um alto nível de oferta de trabalho, um imposto sobre o rendimento deverá impor:

a. Taxas médias de imposto elevadas e taxas marginais baixas.
b. Taxas médias de imposto baixas e taxas marginais baixas.
c. Taxas marginais elevadas para trabalhadores com elevadas elasticidades e taxas marginais baixas para trabalhadores com baixas elasticidades.
d. Taxas médias de imposto baixas e taxas marginais elevadas.

8.6. Se um aumento de um imposto sobre o rendimento das pessoas singulares nas classes de mais alto rendimento fizer aumentar a oferta de trabalho e nas de mais baixo rendimento fizer diminuir a oferta de trabalho, então poderemos estar na presença de:

a. Oferta de trabalho em forma de S.
b. Oferta de trabalho rígida.
c. Oferta de trabalho em forma de S invertido.
d. Elasticidade da oferta de trabalho positiva para altos salários e negativa para baixos salários.

8.7. Os *"impostos de Ramsey"* são *"óptimos"*, porque:

a. Conciliam de forma óptima a eficiência com a equidade.
b. Minimizam a carga excedentária do imposto por unidade de receita fiscal.

c. Maximizam a equidade por unidade de receita fiscal.
d. Levam à distribuição óptima do rendimento.

8.8. Numa pequena economia aberta, a incidência económica de um imposto sobre os rendimentos de capitais é sobretudo sobre:
a. Os que detêm capital.
b. Os que procuram capital.
c. Os investidores estrangeiros.
d. A banca internacional.

8.9. Diga qual a proposição *falsa*: A curva de *Laffer* ilustra...
a. Que para cada nível de receita fiscal há apenas uma taxa de imposto correspondente.
b. Que o eventual aumento da receita fiscal é menor que o aumento da taxa de tributação.
c. Que há um limite máximo de receita fiscal para um nível de tributação que não é o máximo.
d. Uma relação não linear entre receita fiscal e taxas de tributação.

8.10. Diga qual a proposição *falsa*: Quando a procura de trabalho é rígida, um aumento de um imposto sobre o rendimento do trabalho...
a. Não faz alterar a oferta de trabalho.
b. Gera um efeito substituição simétrico (igual em módulo, mas de sinal contrário) ao efeito rendimento.
c. Não gera carga excedentária.
d. Faz aumentar a receita fiscal.

8.11. Tendo presente a Curva de *Laffer* é possível afirmar que:
a. A receita de um imposto é sempre uma função crescente da respectiva taxa.
b. A receita de um imposto é sempre uma função decrescente da respectiva taxa.
c. Existe uma taxa para a qual a receita de um dado imposto é minimizada.
d. Existe uma taxa para a qual a receita de um dado imposto é maximizada.

8.12. Identifique a afirmação *verdadeira* relativa à Curva de *Laffer*:
a. A receita de um imposto é uma função linear da respectiva taxa.
b. A maximização da receita de um imposto obtém-se com a taxa máxima.
c. A maximização da receita de um imposto obtém-se com uma taxa inferior à máxima.
d. Uma dada taxa pode gerar diferentes receitas do imposto.

Exercícios

1. Considere um mercado concorrencial em que as funções procura e oferta (inversa) do bem X são dadas respectivamente por:

$$Q_d = 100 \quad \text{e} \quad P_p = 10 + 0{,}3Q$$

Considere que é introduzido um imposto *ad valorem* à taxa de 20%, cujos sujeitos passivos (os sujeitos à incidência legal) são os produtores do bem.

a. Represente graficamente este mercado, bem como a introdução do imposto. Sem efectuar cálculos, que pode concluir sobre a incidência económica do imposto?
b. Determine os preços de equilíbrio, antes e depois do imposto, a receita fiscal para o Estado e um valor aproximado para a ineficiência gerada pelo imposto.

2. Considere que num dado segmento do mercado de trabalho a oferta de trabalho, por parte dos trabalhadores, é dada por:

$$L_s = 800 + \frac{2}{3}w$$

E a procura, por parte das empresas, é dada por:

$$L_d = 1400 - 6w$$

Em que w é a taxa de salário por semana e L a quantidade de trabalhadores.

a. Analise o equilíbrio deste mercado e a incidência económica de uma contribuição para a segurança social realizada apenas pelos trabalhadores à taxa de 10%.
b. Será que a incidência económica seria diferente se a incidência legal fosse de 8% sobre a entidade patronal e 2% nos trabalhadores? Calcule e justifique.

3. Considere um mercado monopolista em que uma empresa que produz o bem *X* opera segundo a estrutura de custos totais:

$$CT = 8{,}97Q + 0{,}006Q^2$$

Sendo a procura (inversa) do bem *X* dada por:

$$P = 12{,}65 - 0{,}022Q$$

a. Determine a quantidade de produção de equilíbrio do monopolista, bem como o respectivo lucro e o preço de mercado.
b. Considere a introdução de um imposto por unidade produzida de 1 u.m. e calcule o novo equilíbrio (quantidade, preços para consumidor e monopolista e lucro).
c. Em alternativa, considere a introdução de um imposto *ad valorem* no valor de 10% e calcule o novo equilíbrio com este imposto.
d. Finalmente, considere que o Estado optou antes por uma taxa de concessão de 95 u.m.
e. Diga que forma de intervenção é preferível na óptica dos consumidores, do monopolista e do Estado e qual a política pública que o governo deveria adoptar, justificando.

4. Considere o seguinte mercado concorrencial em que as funções procura e oferta são dadas respectivamente por:

$$Q = 10.000 - 10P \quad \text{e} \quad Q = -800 + 140P$$

a. Determine o equilíbrio de mercado e as elasticidades da oferta e da procura nessa situação. Que pode concluir, sem fazer cálculos adicionais, sobre a incidência económica relativa em consumidores e produtores de um imposto *ad valorem* nesta situação?
b. Considere uma taxa de imposto *ad valorem* de 12%. Calcule o novo equilíbrio, a receita fiscal e a incidência económica do imposto.

5. Considere uma empresa monopolista cuja função custo total é dada pela expressão:

$$CT = \frac{Q^3}{3} - 7\frac{Q^2}{2} + 15Q + 5$$

e defronta uma procura (inversa) relativamente ao seu produto dada pela expressão:

$$P = 31 - \frac{7}{2}Q$$

Determine o equilíbrio do monopolista: i) inicial (sem imposto); ii) com imposto unitário de 7 u.m.; iii) com imposto *ad valorem* de 51,85%; iv) com uma licença de exploração de 10 u.m.

Exercícios Resolvidos

Nota introdutória sobre incidência fiscal em mercado monopolista: Num mercado monopolista em que opera apenas uma empresa, o equilíbrio é dado pela condição de maximização de lucro para a empresa. Seja *RT* a receita total, *CT* o custo total, *RMg* a receita marginal e *CMg* o custo marginal. *Note-se que a função procura inversa P=P(Q) expressa a receita média da empresa (RMe).* Tem-se pois, que a receita total é dada por:

$$RT = RMe.Q \Leftrightarrow RT = P(Q).Q$$

Note-se que a função procura inversa P=P(Q) expressa a receita média da empresa (RMe).
E a receita marginal por: $RMg = \frac{\partial RT}{\partial Q}$

Do mesmo modo o custo marginal é dado por: $CMg = \frac{\partial CT}{\partial Q}$ e o custo médio por: $CMe = \frac{CT}{Q}$.

A maximização o lucro é dada pela quantidade que satisfaz:

$$\frac{\partial(lucro)}{\partial Q} = \frac{\partial(RT - CT)}{\partial Q} = \frac{\partial RT}{\partial Q} - \frac{\partial CT}{\partial Q} = 0 \Leftrightarrow \frac{\partial RT}{\partial Q} = \frac{\partial CT}{\partial Q} \Leftrightarrow RMg = CMg$$

O efeito de um *imposto unitário* t_u é o de afectar a receita média e marginal do monopolista no montante do imposto. Assim, ter-se-á uma receita marginal líquida de imposto *RMg'*:

$$RM_g' = \frac{\partial RT}{\partial Q} - t_u = RM_g - t_u$$

E a condição de equilíbrio pós imposto unitário:

$$\frac{\partial(lucro\ pós\,\text{imposto})}{\partial Q} = \frac{\partial(RT' - CT)}{\partial Q} = \frac{\partial RT}{\partial Q} - t_u - \frac{\partial CT}{\partial Q} = 0 \Leftrightarrow \frac{\partial RT}{\partial Q} - t_u = \frac{\partial CT}{\partial Q} \Leftrightarrow RM_g' = CMg$$

No caso de um *imposto ad valorem* em mercado monopolista (ou concorrencial), o preço para o consumidor é o preço para o produtor majorado do imposto, sendo este dado pelo produto da taxa *ad valorem* pelo preço no produtor. Assim:

$$P_p(1 + t_{av}) = P_c \Leftrightarrow P_p = \frac{P_c}{1 + t_{av}}$$

Neste caso, a receita total líquida de imposto será dada por:

$$RT' = RM'_e.Q \Leftrightarrow RT' = P_p(Q).Q \Leftrightarrow RT' = \frac{P}{1+t_{av}}.Q$$

O equilíbrio do monopolista com imposto *"ad valorem"* é dado por:

$$\frac{\partial(lucro\ pós\ \text{imposto})}{\partial Q} = \frac{\partial(RT' - CT)}{\partial Q} = \frac{\partial RT'}{\partial Q} - \frac{\partial CT}{\partial Q} = 0 \Leftrightarrow \frac{\partial RT'}{\partial Q} = \frac{\partial CT}{\partial Q} \Leftrightarrow \frac{\partial\left(\frac{P(Q)}{1+t_{av}}.Q\right)}{\partial Q} = CMg$$

E.8.3

a)

O equilíbrio do monopolista inicial é dado pela igualdade de custo e receita marginal. O custo marginal é:

$$CMg = \frac{\partial CT}{\partial Q} = -0{,}012Q + 8{,}97$$

A receita total é $RT = P.Q = 12{,}65Q - 0{,}022Q^2$, pelo que a receita marginal é dada por:

$$RMg = \frac{\partial RT}{\partial Q} = 12{,}65 - 0{,}044Q$$

A quantidade de equilíbrio obtém-se então da seguinte forma:

$$RMg = CMg \Leftrightarrow 12{,}65 - 0{,}044Q = -0{,}012Q + 8{,}97 \Leftrightarrow Q = 115$$

Por sua vez, o preço de mercado será dado por:

$$P = 12{,}65 - 0{,}022Q \Leftrightarrow P = 12{,}65 - 0{,}022 * 115 \Leftrightarrow P = 10{,}12$$

O lucro do monopolista são as receitas totais menos o custo total, ou seja:

$$\pi = P.Q - CT(Q) = 10{,}12 * 115 - (-8{,}97(115) + 0{,}006(115)^2) = 211{,}6$$

b)

Com um imposto unitário de 1 u.m., a receita marginal decrescerá nesse montante:

$$RM'_g = \frac{\partial RT}{\partial Q} - t_u = 12{,}65 - 0{,}044Q - 1 = 11{,}65 - 0{,}044Q,$$

pelo que o equilíbrio será agora dado por:

$$RM'g = CMg \Leftrightarrow 11{,}65 - 0{,}044Q = -0{,}012Q + 8{,}97 \Leftrightarrow Q_{tu} = 83{,}75$$

Preço para o consumidor:

$$P^c = 12{,}65 - 0{,}022Q \Leftrightarrow P^c = 12{,}65 - 0{,}022 * 83{,}75 \Leftrightarrow P^c = 10{,}81$$

O preço para o monopolista, líquido de imposto, será então:

$$P^m = 10{,}81 - t_u = 10{,}81 - 1 = 9{,}81$$

O lucro do monopolista são as receitas totais (líquidas de imposto) menos o custo total, ou seja:

$$\pi_{tu} = P^m.Q_{tu} - CT(Q_{tu}) = 9{,}81 * 83{,}75 - (-8{,}97(83{,}75) + 0{,}006(83{,}75)^2 = 112{,}43$$

A receita fiscal do Estado será dada pela quantidade de equilíbrio pós-imposto vezes o montante do imposto, ou seja:

$$RF_{tu} = t_u.Q_{tu} = 1 * 83{,}75 = 83{,}75$$

c)
Com um imposto *ad valorem* de 10%, o preço líquido para o monopolista é:

$$P_p(1 + t_{av}) = P_c \Leftrightarrow P_p = \frac{P_c}{1 + t_{av}} \Leftrightarrow P_p = \frac{12{,}65 - 0{,}022Q}{1 + 0{,}1} \Leftrightarrow P_p = 11{,}5 - 0{,}02Q$$

a partir daqui pode-se determinar a receita total e marginal, igualar esta última ao custo marginal e ter a nova quantidade de equilíbrio.
A receita total, liquida de imposto *ad valorem*, é dada por:

$$RT_{av} = P_p * Q = (11{,}5 - 0{,}02Q)Q = 11{,}5Q - 0{,}02Q^2$$

Logo a receita marginal é dada por:

$$RM_g'' = \frac{\partial RT_{av}}{\partial Q} = 11{,}5 - 0{,}04Q$$

E o equilíbrio do monopolista na presença do imposto será dado por:

$$RM_g'' = CMg \Leftrightarrow 11{,}5 - 0{,}04Q = -0{,}012Q + 8{,}97 \Leftrightarrow Q_{av} = 90{,}36$$

Donde resulta, o preço para o consumidor:

$$P^c = 12{,}65 - 0{,}022Q \Leftrightarrow P^c = 12{,}65 - 0{,}022 * 90{,}36 \Leftrightarrow P^c = 10{,}66$$

E o preço (ou receita média) para o monopolista, liquida de imposto:

$$P_{av}^m = \frac{P_c}{1+t_{av}} \Leftrightarrow P_{av}^m = \frac{10{,}66}{1+0{,}1} \Leftrightarrow P_{av}^m = 9{,}69$$

O lucro será agora dado por:

$$\pi_{av} = P^m.Q_{av} - CT(Q_{av}) = 9{,}69 * 90{,}36 - 8{,}97(90{,}36) + 0{,}006(90{,}36)^2 = 114{,}04$$

A receita fiscal para o Estado será,

$$RF_{av} = t_{av}.(Q_{av} * P_{av}^m) = 0{,}1(90{,}36 * 9{,}69) = 87{,}56$$

d)
Uma taxa de concessão é equivalente a um imposto *lump-sum* (*ls*), não alterando pois as condições marginais de funcionamento do monopolista, pelo que o equilíbrio será o mesmo da alínea a. A única diferença é que os lucros do monopolista são agora deduzidos de 95 u.m.

$$\bar{\pi}_{ls} = 211{,}6 - \bar{9}5 = 116{,}6$$

Comparando as várias possibilidades com o resumo das três situações:

	Pc	Pm	Lucro	Rec. Fiscal
Imposto unitário	10,81	9,81	112,43	83,75
ad valorem	10,66	9,69	114,04	87,56
Licença	10,12	10,12	116,6	95

É fácil verificar que as três possibilidades (unitário, *ad valorem* e *lump sum*) geram situações diferentes. A taxa de concessão (*lump sum*) é a mais benéfica para os consumidores (pois não há subida de preço para o consumidor), para o monopolista (não há descida do preço líquido para o monopolista), e para o Estado (a receita fiscal é máxima). A razão de ser deste resultado é que, ao contrário dos impostos unitário e *ad valorem*, que têm efeito rendimento e substituição, tal não acontece com a taxa de concessão, que tem apenas efeito rendimento. Conclui-se que, dentro das alternativas expostas, o governo deveria optar pela taxa de concessão. A seguir à licença, o imposto *ad valorem* é a melhor solução, sendo o imposto unitário a pior. Com a agravante que em período inflacionista o imposto *ad valorem* actualiza-se automaticamente e o unitário não. (*note-se que há outro tipo de formas de intervenção pública que envolvem regulamentação administrativa dos preços, mas que não são consideradas neste exercício*).

E.8.5

a)

O equilíbrio inicial do monopolista é dado pela igualdade entre a função custo marginal e a receita marginal.

$$CMg = \frac{\partial CT}{\partial Q} = Q^2 - 7Q + 15$$

A receita total é $RT = P.Q = 31Q - \frac{7}{2}Q^2$, pelo que a receita marginal é dada por:

$$RMg = \frac{\partial RT}{\partial Q} = 31 - 7Q$$

$$RMg = CMg \Leftrightarrow 31 - 7Q = Q^2 - 7Q + 15 \Leftrightarrow Q^2 = 16 \Leftrightarrow Q = 4 \text{ ou } Q = -4$$

Economicamente, a solução só poderá ser Q=4, substituindo em (8.A.1) obtém--se:

$$P = 31 - \frac{7}{2}Q \Leftrightarrow P = 31 - \frac{7}{2}.4 \Leftrightarrow P = 17$$

b)

Com um imposto unitário de 7 u.m., a receita marginal decrescerá nesse montante:

$RM_g^{'} = \frac{\partial RT}{\partial Q} - t_u = 31 - 7Q - 7 = 24 - 7Q$, pelo que o equilíbrio será agora dado por: $RM_g^{'} = CMg \Leftrightarrow 24 - 7Q = Q^2 - 7Q + 15 \Leftrightarrow Q^2 = 9 \Leftrightarrow Q = 3 \text{ ou } Q = -3$

A solução com sentido económico é pois Q=3, o que substituindo em (8.A.1) determina o preço para o consumidor:

$$P = 31 - \frac{7}{2}Q \Leftrightarrow P = 31 - \frac{7}{2}.3 \Leftrightarrow P = 20{,}5$$

O preço para o monopolista, líquido de imposto, será então:

$$P = 20{,}5 - t_u = 20{,}5 - 7 = 13{,}5$$

c)

Com um imposto *ad valorem* de 51,85%, uma forma de resolver este exercício seria calcular o preço líquido para o monopolista:

$$P_p(1+t_{av}) = P_c \Leftrightarrow P_p = \frac{P_c}{1+t_{av}} \Leftrightarrow P_p = \frac{31-\frac{7}{2}Q}{1+0{,}5185} \Leftrightarrow P_p = 20{,}41488 - 2{,}304906Q$$

e, a partir daqui, determinar a receita total e marginal e igualar esta ao custo marginal e obter a nova quantidade.

Note-se, contudo, que a taxa escolhida t=0,5185 é aproximadamente igual ao rácio entre o preço para o consumidor (P=20,5) e o preço líquido para o monopolista com imposto unitário da alínea anterior (P=13,5). Isto significa que a quantidade de equilíbrio e os preços para o consumidor e o monopolista serão os mesmos da alínea anterior.

d)

Uma licença de exploração funciona como um imposto *lump-sum*, não alterando pois as condições marginais de funcionamento do monopolista, pelo que o equilíbrio será o mesmo da alínea a).

9.
O sistema fiscal português

Resumo

Este capítulo apresenta as principais características do sistema fiscal português. Começa com uma descrição das reformas fiscais em Portugal a partir dos anos 80, apresenta os principais impostos e benefícios fiscais do sistema fiscal actual, analisa do ponto de vista comparativo indicadores de estrutura e nível de fiscalidade, terminando com uma apreciação crítica da globalidade do sistema fiscal.

O sistema fiscal português na actualidade compõe-se, no essencial, de *impostos sobre o rendimento* (em particular, o imposto sobre o rendimento das pessoas singulares – IRS – e das pessoas colectivas (IRC)), de *contribuições para a segurança social* (CSS), *impostos sobre o património* (exemplo, imposto municipal sobre imóveis (IMI)), *imposto geral sobre o consumo* (imposto sobre o valor acrescentado (IVA)), *impostos especiais sobre o consumo,* (imposto sobre os produtos petrolíferos (ISP), imposto sobre veículos (ISV)[10], imposto sobre o consumo do tabaco (IT), imposto sobre o álcool e bebidas alcoólicas (IABA)), *outros impostos indirectos* (imposto de selo, do jogo, etc.) e *impostos sobre transacções internacionais* (direitos de importação e sobretaxas aduaneiras). A configuração actual do sistema é relativamente recente. O IVA foi criado em 1984 e o IRS e IRC, que incorporaram um conjunto de impostos parcelares, entraram em vigor em 1989. Em 1992/3 harmonizaram-se os impostos especiais sobre o consumo, em 2003 o IMI substituiu a contribuição autárquica, e o IMT a

[10] A reforma da tributação automóvel, operada pela Lei 22-A/2007 de 29 de Junho, veio criar o Imposto Sobre Veículos (substituindo o Imposto Automóvel (IA)) e o Imposto Único de Circulação (IUC), que substitui quer o Imposto Municipal sobre Veículos (IMV), quer o Imposto de Circulação e Camionagem.

sisa. Conjuntamente IVA, IRS, IRC e CSS representam mais de três quartos da receita fiscal total.

O IRS é um imposto personalizado, tendo em conta as características do agregado familiar em que se insere o contribuinte, e é unitário, englobando uma variedade de categorias de rendimento: trabalho dependente, rendimentos de profissões liberais e empresariais, rendimentos de capitais, prediais, de mais-valias, jogo e mesmo pensões. É um imposto progressivo e tributa os rendimentos obtidos pelas pessoas singulares residentes em território português e os rendimentos de não residentes em Portugal sujeitos a tributação.

O carácter unitário e personalizado do IRS faz dele um dos poucos instrumentos de políticas públicas para implementar as noções de equidade horizontal e vertical. O processo de determinação da colecta segue, no geral, os seguintes passos para um agregado com rendimentos de trabalho dependente: i) determinação do rendimento bruto dos elementos do agregado familiar, ii) dedução específica, nomeadamente, das contribuições para a segurança social (para evitar dupla tributação), para determinar o rendimento líquido, iii) cálculo da colecta através da aplicação de quociente conjugal[11] e de taxas marginais crescentes. Finalmente, da diferença entre o valor da colecta e das deduções à colecta (função do número e tipo de membros do agregado, do seu rendimento das despesas em educação, saúde, etc.) resulta o valor do IRS a liquidar. A progressividade do imposto é assegurada pelas *taxas marginais de imposto* crescentes, que se aplicam ao rendimento auferido em cada escalão. Deste modo, obtém-se uma *taxa média de imposto*, que é uma função monótona crescente do rendimento.

O IRC é um imposto de taxa única que incide sobre os rendimentos obtidos por pessoas colectivas (sociedades por quotas ou anónimas, cooperativas, empresas públicas ou privadas) com sede ou direcção efectiva em território português, bem como sobre os rendimentos de pessoas colectivas não residentes, mas com rendimentos tributáveis gerados no território português. A determinação do rendimento tributável varia consoante a natureza e a dimensão da actividade empresarial exercida. Quando o rendimento tributável se baseia no lucro obtido, são dedutíveis as despesas comprovadamente necessárias para o exercício da actividade, algumas das quais devidamente

[11] O *quociente conjugal* foi reintroduzido pelo XXI Governo Constitucional com o Orçamento de Estado de 2016 (após reforma do IRS pelo XIX Governo Constitucional, em 2014, ter introduzido um quociente *familiar*). Entretanto, no OE2016, o quociente familiar foi revogado, voltando a ser praticado o coeficiente conjugal no apuramento da matéria colectável por sujeito passivo e passando a existir, em compensação, uma dedução fixa à colecta por cada dependente não deficiente no valor de 600 euros por dependente, nos agregados fiscais com dependentes, isto é, nas famílias com filhos.

regulamentadas (caso de taxas máximas de amortizações por tipo de equipamento, provisões, despesas de representação, donativos, etc.). Aquando da criação do imposto (1989), a taxa de IRC era de 36,5%, sendo que em 2019 ela é de 21% para sujeitos passivos no Continente e que exercem a título principal actividades industriais, comerciais ou agrícolas. Existem ainda taxas mais reduzidas (até aos 15.000 euros de matéria colectável) para pequenas e médias empresas (PME), para empresas sediadas nas Regiões Autónomas (taxa normal de 20% e 16,8% respetivamente, na Madeira e Açores em 2019). Existem ainda isenções, por exemplo, para entidades sem fins lucrativos. Por outro lado, há um adicional ao IRC denominado *"derrama estadual"* no montante de 3%, 5% e 9% sobre a parte do lucro tributável superior, respetivamente, nos escalões de 1,5M-7,5M.; de 7,5-35M e de mais de 35 milhões de euros. Pode ainda existir uma *derrama municipal* até um máximo de 1,5% do lucro tributável por deliberação da assembleia municipal.

O IVA é um imposto geral sobre as transmissões de bens, as prestações de serviços, as importações e as aquisições intracomunitárias de bens e de meios de transporte novos, sendo aplicável, *grosso modo*, a todas as fases do circuito ocorrido no território português. São sujeitos passivos do imposto as pessoas singulares ou colectivas que exerçam actividades de produção, comércio ou prestação de serviços ou sejam adquirentes de determinados bens e serviços. Existem três taxas de IVA: uma taxa reduzida de 6% aplicada aos bens alimentares essenciais, à água, electricidade, transportes de passageiros, livros e jornais, espectáculos e divertimentos públicos, determinadas empreitadas de construção e habitação, alojamento em estabelecimentos hoteleiros, bem como a certos bens de produção agrícola; uma taxa intermédia de 13% aplicada a alguns produtos para alimentação humana, às flores e plantas ornamentais, ao petróleo e gasóleo, etc.; e uma taxa normal de 23% aplicada a todas as transmissões de bens e prestações de serviços não abrangidas anteriormente ou que não beneficiem de isenção.

As contribuições para a segurança social (CSS) efectuam-se nomeadamente no regime contributivo por descontos, em 2019, à taxa de 11% sobre os salários auferidos pelos trabalhadores por conta de outrem e à taxa de 23,75% pelas respectivas entidades patronais. Estas contribuições financiam as prestações sociais (doença, maternidade, desemprego, reforma, etc.).

Os benefícios fiscais do sistema fiscal português são também um instrumento de políticas públicas importante. Os benefícios traduzem-se em isenções fiscais, reduções de taxas, deduções ao rendimento ou à colecta. Justificam-se, sobretudo, por razões de equidade (pessoas com deficiência em IRS, interioridade em IRC) ou de eficiência (direitos de autor em IRS, investimento em R&D em IRC).

Quanto à repartição da receita fiscal por níveis territoriais de administração, o IRS, o IRC e o IVA são essencialmente receita do Estado caso os rendimentos sejam gerados no território do continente e são receita das regiões autónomas dos Açores e da Madeira caso tenham origem nessas regiões.

Como referido, os municípios podem aplicar um imposto sobre o lucro tributável das empresas cujos rendimentos sejam gerados no município ("*derrama*"), que pode ir até 1,5% do lucro tributável. Também ao abrigo da Lei das Finanças Locais, têm direito a um máximo de 5% da colecta de *IRS* dos respetivos residentes. Caso optem por taxa inferior à máxima, a diferença constitui uma dedução à colecta dos munícipes (por exemplo, a escolha da taxa 2% pelo município representa uma dedução à colecta de 3% para o respectivo munícipe). Parte da receita do IUC – Imposto Único de Circulação (criado pela Lei 22-A/2007 de 29 de Junho) é pertença dos municípios e outra parte do Estado e das Regiões Autónomas.

Uma análise da evolução do nível de fiscalidade em Portugal (relação entre receitas fiscais mais contribuições sociais, incluindo contribuições imputadas à segurança social, no PIBpm) mostra uma subida de 2009 a 2018 (de 33,2% para 37%), mas que fica ainda abaixo da média da União Europeia a 28 membros (UE28) em 2018, que é de 40,1%. Na UE28, Portugal encontra-se na 22ª posição muito abaixo da França (que ocupa o lugar cimeiro com 48,2%) e muito acima da Irlanda (com 22,8%).

No que toca à estrutura fiscal (percentagem de cada tipo de impostos na receita fiscal), o peso dos impostos indirectos (IVA e impostos especiais sobre consumo) encontra-se significativamente acima da média comunitária e dos países da OCDE.

Tópicos de reflexão: Capítulo 9

1. Tendo presente as características do Imposto sobre o Rendimento das Pessoas Singulares (IRS), responda às seguintes questões:

a. Qual dos princípios de tributação é primordialmente tido em conta na sua concepção? Justifique.
b. Dê exemplos da(s) forma(s) como este imposto contribui para a realização da equidade horizontal e vertical.

2. Os benefícios fiscais são apresentados no Relatório do Orçamento de Estado sob a designação de *"despesa fiscal"* (Quadro 9.1).

a. Diga o que entende por despesa fiscal e qual(quais) a(s) racionalidade(s) económica(s) para a existência de benefícios/incentivos fiscais?

b. Tendo presente que um dos benefícios fiscais em sede de IRS é para pessoas com deficiência e que em sede de ISV é associado às vendas de veículos automóveis "amigos do ambiente" (condutores híbridos etc), justifique a lógica económica desta despesa fiscal à luz dos critérios de eficiência e equidade.

Quadro 9.1. Evolução da despesa fiscal do Estado (2016-2018)

Imposto	**Despesa fiscal em valor absoluto (milhões de euros)**			
	2016	**2017**	**2018 (e)**	**2019 (p)**
Imposto sobre o rendimento	1 631,8	1976,1	2 113,2	2 160,9
Imposto sobre o Rendimento das Pessoas Singulares (IRS)	797,8	971,8	1 098,0	1 157,2
Imposto sobre o Rendimento das Pessoas Coletivas (IRC)	834,0	1 004,3	1 015,2	1 003,7
Impostos sobre a produção e importações	7 905,2	9 439,8	9 329,0	9 596,4
Imposto sobre o Valor Acrescentado (IVA)	6 093,4	7 541,4	7 455,0	7 699,5
Imposto sobre os Produtos Petrolíferos e Energéticos (ISP)	337,9	486,2	437,9	436
Imposto sobre Veículos (ISV)	275,6	352,9	361,3	369,6
Imposto sobre o Tabaco (IT)	0,6	1,0	1,0	1,0
Imposto sobre o Álcool e as Bebidas Alcoólicas (IABA)	135,1	129,4	131,9	134,3
Imposto do Selo (IS)	1 050,3	915,5	928,4	942,3
Imposto Único de Circulação (IUC)	12,4	13,3	13,5	13,7
Despesa fiscal	9 537,0	11 415,9	11 442,2	11 757,3

Fonte: Ministério das Finanças.
Notas:
(e) – Estimativa
(p) – Previsão

c. Tendo em conta o conceito de elasticidade, esclareça se os valores da *"despesa fiscal"* apresentados no ROE estarão correctos, subavaliados ou sobreavaliados. Justifique.

3. Distinga os conceitos de equidade horizontal e vertical e identifique qual o imposto do sistema fiscal português mais apropriado para os alcançar.

4.
a. Seleccione e comente três características desejáveis de um sistema fiscal.
b. Os XV e XVII governos constitucionais em Portugal, confrontados com dificuldades orçamentais, resolveram aumentar a taxa normal do IVA de 17% para 19% e de 19% para 20%, respectivamente. Analise a medida com base nas características seleccionadas em a).

5. Considere o quadro seguinte.

Quadro 9.2. Estrutura Fiscal, Portugal (PT), ranking na UE, UE28 e Área euro EA-19 (2017)

	PT (% PIB)	**PT (% Tot.)**	**Ranking UE28**	**UE28 (%Tot.)**	**EA-19 (%Tot.)**
Impostos Indiretos	**15,1**	**43,4**	**9**	**34,7**	**32,7**
IVA	8,6	24,7	9		
Imposto e Direitos de Importação (excl. IVA)	0,5	1,4	8		
Impostos sobre a produção (excl. IVA e direitos imp.)	4,4	12,6	12		
Outros Imp. Produção	1,5	4,3	14		
Impostos Diretos	**10,1**	**29,0**	**16**	**34,3**	**32,6**
Imposto pessoal sobre o rendimento (IRS)	6,5	18,7	16		
Imposto sobre pessoas coletivas (IRC,...)	3,2	9,2	8		
Outros impostos diretos	0,4	1,1	22		
Contribuições Sociais (s/cont. Inputadas à Seg. Soc.)	**9,2**	**26,4**	**19**	**31,2**	**34,9**
Empregadores	5,3	15,2	17		
Famílias	3,9	11,2	17		
Total impostos e contribuições	34,4	100,0	16	100,0	100,0

Fonte: European Commission (2019) Taxation Trends in the European Union, e cálculos próprios

a. Compare a estrutura fiscal portuguesa (impostos diretos, indiretos e contribuições sociais) com a da média da UE em 2017, e analise o ranking, de cada grupo de impostos/contribuições, de Portugal na União Europeia com base nos dados do Quadro 9.2. Que conclui?
b. Tendo em conta que parte dos impostos diretos sobre o rendimento (IRS) são mais progressivos que os restantes e que os impostos indiretos são mais regressivos, que pode concluir, de forma preliminar, em relação ao impacto na equidade do sistema fiscal português, quando comparado com a média europeia?
c. Qual das estruturas fiscais lhe parece mais favorecer o fenómeno da ilusão fiscal? Fundamente de forma clara a sua opinião.

6. Tendo em conta as características de eficiência, equidade e transparência de um sistema fiscal, compare o IRS com o IVA.

7. Considerando o disposto no n.º 1 do artigo 104.º (Impostos) da Constituição da República Portuguesa: *"O imposto sobre o rendimento pessoal visa a diminuição das desigualdades e será único e progressivo, tendo em conta as necessidades e os rendimentos do agregado familiar"* e utilizando os conceitos de equidade horizontal e vertical, analise quais as características do IRS que permitem dar concretização prática a este preceito constitucional.

8. Alguns governos constitucionais vêm financiando parte do défice da Segurança Social através da consignação do aumento de 1 ponto percentual no IVA ao subsector da Segurança Social.
a. Visto que estas medidas violam o princípio da não consignação das receitas públicas[12], esclareça qual poderá ser a justificação para esta medida.
b. Compare os efeitos desta medida na equidade, face a alternativas possíveis ao dispor dos governos, nomeadamente a subida das contribuições para a segurança social ou o aumento da taxa marginal de IRS em escalões superiores.

9. No contexto da fiscalidade sobre o rendimento das pessoas singulares e tendo em conta os princípios desejáveis para um bom sistema fiscal ao nível da eficiência, equidade e flexibilidade, compare o actual IRS com um imposto de taxa uniforme de 10% aplicada aos rendimentos brutos e sem deduções de qualquer tipo, que gerasse, por hipótese, a mesma receita fiscal.

[12] O princípio da não consignação estabelece que toda e qualquer receita pública deve servir para financiar toda e qualquer despesa pública (ver capítulo 12 de Pereira, P.T et al. (2016)).

10. Explique por que razão se aplicam benefícios fiscais e quais as principais consequências da sua existência para o Estado e para os agentes económicos. Dê dois exemplos ilustrativos.

11. Explique porque é que o IVA é um imposto sobre o *valor acrescentado* e descreva o mecanismo da sua aplicação designado por *"método subtractivo"*. Clarifique a possível incidência económica de uma descida na taxa normal de IVA.

12. Discuta quais seriam as possíveis repercussões económicas de uma descida significativa da taxa de IRC (por exemplo, cinco pontos percentuais).

13. Discuta as duas medidas alternativas seguintes de aumento da receita fiscal, do ponto de vista da eficiência e da equidade: i) Eliminação da taxa reduzida de IVA; ii) Aumento das taxas do IRS para os escalões mais elevados de rendimento.

14. Comente do ponto de vista das funções do Estado as seguintes medidas: i) Redução da taxa de IRC sobre as pequenas e médias empresas (PME) de 17% para 12,5%; ii) Criação de uma taxa especial de 60% em IRS sobre ganhos de capital e outros acréscimos patrimoniais não justificados superiores a 100.000€.

15. Justifique como é que o IRS implementa um conceito de equidade ou justiça distributiva.

16. As taxas normais, reduzidas e *"super-reduzidas"* de IVA em Portugal e Espanha em 2019, são respectivamente de 23%, 13% e 6% e 21%, 10% e 4%. Discuta possíveis implicações deste diferencial, nomeadamente no comércio transfronteiriço.

17. Com a reforma do IRS aprovada em 2014, XIX Governo Constitucional (PSD/CDS) foi criado o quociente familiar (em substituição do quociente conjugal). Porém, o XXI Governo Constitucional (PS) eliminou-o e repôs o quociente conjugal.
Caracterize esta medida e analise-a do ponto de vista da equidade horizontal e vertical.

18. Analise, comparativamente, sob o ponto de vista da equidade e da eficiência, as duas medidas seguintes: i) aumento da taxa marginal do IRS para os contribuintes de rendimentos mais elevados; ii) aumento da taxa reduzida do Imposto sobre o Valor Acrescentado.

Questões de escolha múltipla

9.1. Em Portugal a mais importante fonte de receita fiscal é:
a. Os impostos sobre bens e serviços.
b. Os impostos sobre o rendimento.
c. Os impostos sobre o património.
d. Os empréstimos.

9.2. Se as taxas marginais de um imposto sobre o rendimento são de 10% até 5.000 euros, 15% entre 5.000 e 10.000 euros e 25% para rendimentos superiores, então aplicando a um rendimento colectável de 20.000 euros corresponderá uma colecta de:
a. 5.000 euros.
b. 3.750 euros.
c. 3.000 euros.
d. Outro montante.

9.3. Comparado com os Estados Unidos e o Japão, a tributação nos países Europeus (da OCDE):
a. Baseia-se mais em impostos indirectos.
b. Baseia-se mais em impostos directos.
c. Representa uma menor proporção do *output* nacional.
d. É mais transparente.

9.4. Uma empresa que compre ao fornecedor A, matérias primas no valor de 6.000 à taxa de 6% e ao fornecedor B, matérias primas no valor de 10.000 à taxa de 13% e venda mercadoria no valor de 50.000 à taxa de 13%, a colecta de IVA que deverá entregar ao Estado será no montante de:
a. 4.840 euros.
b. 6.000 euros.
c. 4.800 euros.
d. Outro montante.

9.5. Caso o IVA tivesse uma única taxa para todos os bens seria claramente um imposto:
a. Regressivo.
b. Proporcional.
c. Progressivo.
d. Até certo ponto progressivo e depois regressivo.

9.6. Tudo o resto constante, se o governo, em sede de Orçamento de Estado, aumenta uma taxa marginal de IRS de um escalão intermédio:
a. Aumenta só a taxa média de imposto dos contribuintes desse escalão.
b. Aumenta a colecta de imposto dos contribuintes desse escalão e superiores.
c. Aumenta a taxa marginal desse escalão e dos superiores.
d. Aumenta a colecta de imposto dos contribuintes desse escalão e inferiores.

9.7. Diga qual das seguintes afirmações é *falsa*: Tudo o resto constante, quando diminui a taxa marginal de IRS de um escalão intermédio, diminui...
a. A taxa média para os titulares de rendimentos desse escalão.
b. A taxa média para os titulares de rendimentos de escalões superiores.
c. A receita fiscal nos escalões inferiores.
d. A receita fiscal liquidada nos escalões superiores.

9.8. Dos seguintes benefícios fiscais, diga qual o que se justifica sobretudo por razões de equidade:
a. Planos poupança-reforma.
b. Contas poupança-habitação.
c. Despesas com energias renováveis.
d. Deficiência.

9.9. O nível de fiscalidade de um país aumenta necessariamente quando:
a. O PIBpm entra em recessão técnica.
b. As receitas fiscais aumentam.
c. A percentagem das receitas fiscais no PIBpm aumenta.
d. A percentagem das receitas fiscais na despesa pública aumenta.

9.10. As deduções à colecta em sede de IRS destinam-se a contribuir para implementar:
a. Eficiência.
b. Apenas a equidade horizontal.
c. Apenas a equidade vertical.
d. Quer a equidade horizontal, quer a vertical.

9.11. A principal fonte de receita fiscal em Portugal é constituída por:
a. IVA.
b. Impostos sobre o património.
c. Imposto sobre veículos.
d. IRS.

9.12. Diga qual das seguintes receitas é não coerciva:
a. Multa de trânsito.
b. *"Passe social"* em transporte público.
c. Contribuições para a Segurança social.
d. Imposto municipal sobre imóveis.

9.13. Calcule qual a alteração no montante de IVA a entregar ao Estado por um comerciante cujas transacções estão sujeitas à taxa normal de 20% se, num determinado mês, adquirir mercadorias no valor de 10.000 € e vender produtos no montante de 25.000 € e a taxa correspondente do IVA se reduzir em 5 pontos percentuais:
a. Menos 1.250 euros.
b. Menos 750 euros.
c. Menos 600 euros.
d. Menos 500 euros.

9.14. Admita que um governo aumenta a taxa marginal do IRS apenas num escalão de elevados rendimentos, mas não o último escalão. Qual o efeito esperado sobre a eficiência?
a. Esta medida não interfere com a eficiência.
b. Terá um impacto negativo sobre a eficiência nos contribuintes desse escalão.
c. Terá um impacto negativo sobre a eficiência nos contribuintes do sétimo e oitavo escalões.
d. Terá um efeito positivo na eficiência.

9.15. Diga qual dos seguintes impostos é pior do ponto de vista da equidade:
a. Imposto sobre o rendimento das pessoas singulares (IRS).
b. Imposto sobre o valor acrescentado (IVA).
c. Imposto sobre o tabaco.
d. Imposto per capita.

9.16. Um aumento da taxa máxima de IVA de 23 para 24% pode justificar-se:
a. Por razões de equidade.
b. Por razões de eficiência, para corrigir externalidades negativas no consumo.
c. Por razões de necessidade de encaixe financeiro do Estado.
d. Por razões de eficiência e numa lógica de utilizador-pagador.

9.17. Identifique a afirmação *verdadeira*: As deduções à colecta em sede de IRS visam contribuir para...
a. Implementar os critérios de equidade vertical e horizontal.
b. Minimizar a perda de eficiência.
c. Melhorar a equidade e aumentar a receita fiscal.
d. Melhorar a equidade e tornar o imposto mais transparente.

9.18. Diga qual das afirmações é *falsa*: Os benefícios fiscais podem ser considerados,
a. Uma despesa fiscal.
b. Um incentivo ao investimento.
c. Um meio de promover a igualdade de oportunidades.
d. Uma receita fiscal.

9.19. O Imposto sobre o Rendimento das Pessoas Singulares (IRS) corresponde a um imposto personalizado, unitário e progressivo dado que:
a. Tem em conta as características pessoais de cada contribuinte, incide sobre o rendimento de todas as fontes e o montante de imposto a pagar aumenta com o nível de rendimento.
b. Tem em conta as características de cada agregado familiar, incide sobre o rendimento do trabalho e a taxa média aumenta com o nível de rendimento.
c. Tem em conta as características de cada agregado familiar, incide sobre o rendimento de todas as fontes e a taxa média aumenta com o nível de rendimento.
d. Tem em conta as características pessoais de cada contribuinte, incide sobre o rendimento de todas as fontes e a taxa média aumenta com o nível de rendimento.

9.20. Identifique um dos impostos do sistema fiscal português que constitui receita dos Municípios:
a. Imposto sobre o valor acrescentado (IVA).
b. Imposto municipal sobre imóveis (IMI).
c. Imposto sobre os produtos petrolíferos (ISP).
d. Imposto sobre álcool e bebidas alcoólicas (IABA).

9.21. Num determinado ano, prevê-se a eliminação das deduções à colecta das despesas com saúde e educação para os contribuintes do último escalão de rendimento do IRS. Tudo o resto constante, tal implica para estes contribuintes:

a. Redução da taxa marginal e da taxa médio do imposto.
b. Aumento da taxa marginal e da taxa média do imposto.
c. Aumento da taxa média do imposto.
d. Aumento da taxa marginal do imposto.

9.22. Qual dos seguintes impostos do sistema fiscal português constitui receita do Estado e da Administração Regional?
a. Imposto sobre o rendimento das pessoas colectivas (IRC).
b. Imposto Único de Circulação (IUC).
c. Imposto Municipal sobre Imóveis (IMI).
d. Imposto sobre o tabaco.

Exercícios

1. No âmbito do IRS, em Portugal, considere a seguinte informação a respeito dos rendimentos de 2018 de um agregado familiar composto por um casal (ambos trabalhadores dependentes, isto é, com rendimentos do trabalho por conta de outrem), com 2 filhos menores de idade:

- Rendimento bruto anual: 40.000€ (sujeito passivo A) e 12.000€ (sujeito passivo B)
- Despesas realizadas em 2018:
  - Saúde: 500€
  - Educação: 600€
  - Familiares: 5.000€

Admitindo que este casal opta pela tributação conjunta, determine o valor do imposto relativo a 2018, segundo a Tabela de taxas em vigor na altura, abaixo descrita. Não se considera existência de retenções na fonte.

Quadro 9.3. Taxas e Escalões de IRS (2018)

Rendimento Colectável (em €)	Taxa Marginal (%)	Taxa Média (*) (%)
Até 7 091	**14,5**	14,500
+ de 7 091 até 10.700	**23,0**	17,367
+ de 10.700 até 20.261	**28,5**	22,621
+ 20.261 até 25.000	**35,0**	24,967
+ 25.000 até 38.856	**37,0**	28,838
+ de 38.856 até 80.640	**45,0**	37,613
+ de 80 640	**48,0**	-

(*) No topo do escalão. Nota. Ignora-se aqui as sobretaxas de IRS nos rendimentos elevados.

2. Considere que uma dada empresa produtora de artigos de vestuário apresenta:
Compra de matérias-primas: 150.000 € + IVA
Vendas de vestuário: 500.000 € + IVA
Taxas de IVA aplicável na compra e venda: 20%

a. Calcule o IVA a entregar ao Estado:
b. Discuta qual seria o impacto de uma descida do IVA de 20% para 17%.

3. Com base na tabela de taxas de IRS abaixo, referente a um determinado ano, calcule:

a. A taxa média no segundo escalão.
b. As colectas de imposto (sem considerar nenhuma dedução) e as taxas médias de imposto do Sr. Aníbal (solteiro), com rendimento colectável anual de 15.000€, e da Sra. Beatriz (solteira) com rendimento de 55.000 €.
c. A taxa média de imposto considerando que Aníbal e Beatriz são um casal. Pagarão em conjunto mais (ou menos) IRS do que pagavam anteriormente? Que conclui daqui?

Escalões de Rendimento Colectável (em Euros)	Taxa marginal (%)	Taxa Média (%)
Até 4.898	11,5	11,500
> 4.898 a 7.410	14,0	12,348
> 7.410 a 18.375	24,5	19,599
> 18.375 a 42.259	35,5	28,586
> 42.259 a 61.244	38,0	31,504
> 61.244 a 66.045	41,5	32,231
> 66.045 a 153.300	43,5	38,645
> 153.300	46,5	-

4. Com base na tabela de taxas de IRS a seguir, para um determinado ano, calcule:

a. A taxa média de imposto de um contribuinte A com rendimento colectável anual de 12.000 €.
b. A taxa média de imposto de um contribuinte B com rendimento colectável anual de 70.000 €.
c. A taxa média de imposto no limite superior de cada escalão, à excepção do último.
d. As taxas médias de imposto dos contribuintes A e B caso uma alteração do IRS fizesse baixar a taxa marginal do primeiro escalão para 8% e aumentar a do sétimo escalão para 45%.

Nota: Considere que se trata de contribuinte solteiro e que o cálculo é efectuado antes de quaisquer deduções à colecta (taxa média bruta).

Quadro 9.4. Taxas e escalões de IRS

Escalões de Rendimento Colectável (em Euros)	Taxa marginal (%)
Até 4.639	10,5
4.639 - 7.017	13
7.017 - 17.401	23,5
17.401 - 40.020	34
40.020 - 58.000	36,5
58.000 - 62.546	40
Superior a 62.546	42

5. Considere duas famílias: a do Senhor José, cujo rendimento disponível é de 600 €, e que o gasta integralmente em bens de consumo tributados à taxa normal de IVA de 20% ; e a da Senhora Maria com rendimento disponível de 6000 € e que apenas consome um terço do seu rendimento também em bens tributados à taxa de 20%. Assuma que os produtores desses bens repercutem totalmente nos consumidores o IVA, bem como variações positivas ou negativas da taxa de IVA.

a. Calcule a incidência económica do imposto sobre os consumidores bem como as taxas médias implícitas de IVA para estes dois consumidores. Comente os resultados à luz da regressividade do imposto.
b. Se a Assembleia da República, na Lei do Orçamento do Estado, decidir diminuir a taxa de IVA para 19%, refaça os cálculos da alínea anterior. Quem mais beneficiou da descida do IVA? Comente.

6. Uma parte da reforma da tributação Automóvel (Lei 22-A 2007 de 29 de Junho), foi substituir o Imposto Automóvel pelo Imposto Sobre Veículos, cujo sujeito passivo são os operadores ou particulares que façam a *"introdução no consumo dos veículos tributáveis"*. Trata-se, pois, de um imposto que é pago uma única vez pela entidade que introduz o veículo em circulação no território nacional, desde que não tenha isenção. O imposto depende de uma componente ambiental, assim como de uma componente cilindrada do veículo de acordo com a tabela apresentada para automóveis de passageiros (valores para 2012):

Quadro 9.5. Imposto Sobre Veículos (Tabela A) para 2012

Componente Cilindrada		
Escalão Cilindrada (cm^3)	Taxas por cm^3	Parcela a Abater
Até 1250	0,97€	718,98€
Mais de 1250	4,56€	5.212,59€

Componente Ambiental		
Escalão CO2 (g/km)	Taxas (por g/km)	Parcela a Abater
Veículos a Gasolina		
Até 115g/km	4,03€	378,98€
De 116 a 145g/km	36,81€	4.156,95€
De 146 a 175g/km	42,72€	5.010,87€
De 176 a 195g/km	108,59€	16.550,52€
Mais de 195g/km	143,39€	23.321,94€
Veículos a Gasóleo		
Até 95g/km	19,39€	1.540,30€
De 96 a 120g/km	55,49€	5.023,11€
De 121 a 140g/km	123,06€	13.245,34€
De 141 a 160g/km	136,85€	15.227.57€
Mais de 160g/km	187,97€	23.434,67€

Fonte: Lei 22-A 2007 de 29 de Junho

a. Qual a racionalidade económica para a existência das componentes ambiental e cilindrada?
b. Será que do ponto de vista da eficiência tem sentido discriminar, da forma como é feito, os veículos a gasolina e a gasóleo? Justifique.
c. As taxas mencionadas na Tabela A são taxas marginais ou médias? Qual a razão de ser da *"parcela a abater"*?
d. Determine o imposto a pagar por: i) um Fiat Panda 1.1 novo com cilindrada de 1108 cc e emissões de 140 g/km de CO2; ii) um Volvo S40 2.0D com cilindrada de 1998 cc e emissões de CO2 de 148 g/Km. Que pode concluir sobre a importância relativa das componentes cilindrada e ambiental do imposto nestes dois veículos?
e. Discuta qual a incidência económica do imposto sobre veículos.

7. Uma outra parte da reforma da tributação automóvel (Lei 22-A 2007 de 29 de Junho) consistiu em criar o Imposto Único de Circulação (IUC), que substituiu o imposto sobre veículos (*"selo do carro"*) a ser pago anualmente pelos proprietários dos veículos automóveis. A tabela seguinte refere-se aos valores em vigor em 2008:

Quadro 9.6. Imposto Único Circulação (IUC), automóveis ligeiros*, 2008

Componente Cilindrada	
Escalão Cilindrada (cm^3)	Taxas
Até 1.250	25 €
Mais de 1.250 até 1.750	50 €
Mais de 1.750 até 2.500	100 €
Mais de 2.500	300 €

Componente Ambiental	
Escalão g/km	Taxas
Até 120	50 €
Mais 120 até 180	75 €
Mais de 180 até 250	150 €
Mais de 250	250 €

* Automóveis Ligeiros de Passageiros matriculados depois de 1 de Julho de 2007

a. Calcule o valor médio do imposto por centímetro cúbico para veículos de 1250cc, 1500cc e 1750cc.
b. Calcule o valor médio do imposto por grama/km de emissão CO2 para veículos com emissões de 120g/km, 160 g/km e 180g/km.
c. Que pode concluir sobre a evolução dos valores médios calculados nas alíneas anteriores? Discuta a racionalidade (ou não) dessas funções.
d. Apresente uma forma alternativa de considerar as taxas de cilindrada e ambiental mais consistentes com a teoria económica, nomeadamente com as racionalidades de eficiência e equidade.

8. A Assembleia da República, na sequência de Proposta de Lei apresentada pelo XVII Governo Constitucional, aprovou o Orçamento de Estado para 2008 (Lei 67-A/2007 de 31 de Dezembro) onde no artº 53º alterou a lista de bens sujeitos à taxa reduzida de IVA de 5% alargando-a à *"prática de actividades físicas e desportivas"*, que inclui os serviços prestados em ginásios de manutenção sujeitos anteriormente à taxa de 20%. Considere que as seguintes funções espelham a situação nesse mercado, assumidamente concorrencial. A função oferta de curto prazo é completamente rígida e dada por[13]:

$$Q = 22000$$

A função procura é dada por $Q = 22014 - 0{,}2P$ (com P o preço real do serviço).

a. Discuta a eventual racionalidade da baixa da taxa de IVA neste tipo de serviço.
b. Sem efectuar cálculos, mas com a ajuda de um gráfico apropriado, discuta a incidência económica de curto prazo desta medida.
c. Admitindo a inexistência de evasão fiscal neste sector, calcule: i) o preço de mercado e a receita fiscal do Estado desta actividade desportiva com o IVA a 20%; ii) o preço de mercado e a receita fiscal no curto prazo com o IVA a 5% e a incidência económica de curto prazo da redução do imposto.
d. Discuta as possíveis consequências de médio e longo prazo desta medida.
e. Como se alterariam as suas conclusões na presença de evasão fiscal?

Tópicos de Reflexão Resolvidos

TR.9.1

a)

O IRS – Imposto Sobre o Rendimento das pessoas Singulares – é um imposto geral sobre o rendimento, com uma natureza económica progressiva (a taxa média do imposto cresce com o nível de rendimento), personalizado (focado sobre cada pessoa, no contexto do respectivo agregado familiar) e unitário (isto é, englobando e integrando diferentes fontes formais de rendimento). Este imposto está, claramente associado ao princípio de equidade tributária baseado na "capacidade de pagar" – os impostos devem ser distribuídos equitativamente em função da respectiva capacidade económica líquida dos indivíduos. O indicador de capacidade de pagar é, no quadro do IRS, o rendimento do agregado e o que dá origem à receita fiscal é a incidência do imposto sobre o rendimento colectável legal e politicamente definido.

[13] Depois de resolver este exercício leia a "Nota sobre o IVA: confusões e controvérsias" que se encontrano final do capítulo.

A taxa média fiscal efectiva é politicamente influenciada, na prática, por um conjunto de decisões sobre a despesa fiscal (deduções/abatimentos à colecta) que determina o montante final, efectivo, a pagar pelo contribuinte (o IRS liquidado). Frequentemente, estes critérios associados à despesa fiscal são determinados por preocupações de equidade horizontal (por exemplo: compensação dos casais com filhos por encargos com os dependentes em despesas de educação, saúde, etc.).

b)

A equidade horizontal e vertical são dois critérios que estão na base da análise normativa sobre a equidade e justiça social associada a determinada situação económica, neste caso ao financiamento do Estado, via impostos ou outras receitas fiscais ou parafiscais.

Neste caso, estamos a falar de equidade horizontal e vertical associada às receitas fiscais; à forma como o Estado se financia através dos impostos em geral, para cobrir as necessidades de financiamento da despesa pública.

O conceito de equidade horizontal especifica que os indivíduos/grupos em circunstâncias semelhantes, devem ter um tratamento fiscal semelhante.

O conceito de equidade vertical refere que indivíduos/grupos em diferentes situações económicas devem ser alvo de um tratamento fiscal diferenciado, nomeadamente em relação ao atributo económico "rendimento", como indicador de *capacidade económica líquida*.

A progressividade, que caracteriza o funcionamento do IRS, está claramente associada ao critério de equidade vertical e, portanto, às preocupações redistributivas entre os que dispõem de um maior nível de rendimento relativamente aos que têm menores rendimentos.

A existência de escalões de rendimento com taxas marginais crescentes é um exemplo de como o IRS incorpora, na sua orgânica, um explícito critério de equidade vertical.

Taxas marginais crescentes acarretam taxas médias crescentes, isto é, progressivas.

Encontramos também exemplos de como o IRS, na sua concepção e funcionamento, contribui para a promoção da equidade *horizontal*. Trata-se, por exemplo, das várias rúbricas de deduções à colecta por encargos familiares relacionados com habitação, com despesas de educação dos dependentes e ascendentes ou com as despesas de saúde. Em cada uma destas categorias considera-se que todos os indivíduos, em determinadas situações específicas, devem ter um tratamento fiscal semelhante, tendo por base o apuramento da capacidade económica líquida comparável entre agregados fiscais com diferentes características sociodemográficas (diferente dimensão e composição).

Assim, o quadro de deduções e abatimentos por despesas familiares visa corrigir o rendimento nominal dos agregados por forma a tornar comparáveis as respectivas capacidades económicas, independentemente da dimensão e composição do agregado familiar. Agregados familiares com igual capacidade económica líquida (igual "rendimento equivalente") devem ser sujeitos a idêntico esforço fiscal.

TR.9.17

Um dos principais objectivos gerais da reforma do IRS em 2014 foi a de promover uma maior expressão da equidade horizontal na concepção do imposto. Já existiam traços evidentes dessa preocupação nas deduções por certas despesas familiares no anterior IRS, mas a reforma visava reforçar essa preocupação – agregados fiscais com a mesma capacidade económica líquida, independentemente da sua dimensão e composição social demográfica, devem suportar um esforço de imposto semelhante. A ideia é que o rendimento colectável (sobre o qual é aplicado, personalizadamente, a taxa de imposto) se aproxime de um conceito de "rendimento equivalente", um valor comparável entre diferentes agregados, abstraídas as diferenças de dimensão e composição.
Ora, inicialmente (opção que se encontra actualmente em vigor, novamente), a determinação do rendimento colectável por um sujeito passivo (que é que assegura o carácter personalizado do imposto) é feito com base no "*splitting*" conjugal, isto é, o rendimento colectável global do agregado era dividido por 2, para determinar o montante sobre o qual recaem as taxas marginais de imposto da tabela oficial, determinada no OE de cada ano.
Aquando as alterações emanadas da reforma de 2014, o rendimento colectável global passava a ser dividido pelo quociente familiar, que, para além do casal, levava em consideração o número de filhos presentes como dependentes no agregado fiscal.
Com isto, pretendia-se alcançar uma melhor tradução fiscal de composição familiar, melhorando, ou dando mais visibilidade, à questão da equidade horizontal e de uma melhor determinação da capacidade económica líquida dos contribuintes.
Nesse contexto, para a obtenção do rendimento colectável por sujeito passivo, dividia-se o rendimento colectável global pelo quociente familiar, que atribuía o ponderador 1 a cada um dos sujeitos passivos (1 + 1, no caso de um casal) e 0,3 a cada dependente ou ascendente (0,3+0,3+0,3 = 0,9, no caso de haver, por exemplo, 3 filhos).
Para a obtenção de colecta, e após a determinação do rendimento colectável por sujeito passivo, multiplica-se este último valor pelas taxas marginais de imposto para se obter a coleta por sujeito passivo (note-se que agora a

divisão seria por 2,9, no exemplo acima). Finalmente, para se obter a coleta global do agregado multiplica-se o valor da colecta por sujeito passivo pelo quociente familiar calculado especificamente para cada agregado, dado a sua composição.
O coeficiente familiar, ou quociente familiar, ajuda a promover melhor o critério de equidade horizontal no funcionamento do IRS, reforçando o efeito das deduções à colecta.
O efeito imediato esperado sobre a colecta apurada é a redução do seu montante, melhorando porventura a intensidade com que se promove a equidade horizontal no imposto.
No entanto, dado o escalonamento progressivo do imposto, veio-se a revelar que a redução da colecta tinha, em face desta disposição, uma natureza regressiva dado que, para *iguais dimensões* do agregado, a redução tende a ser tanto maior quanto mais elevado for o rendimento colectável do agregado familiar. Filhos de famílias (de igual dimensão/ composição em número de dependentes) com maior rendimento acabam por beneficiar mais até certo limite legal. Em grande medida, devido a este óbice, o quociente familiar foi abandonado no OE2016, sendo novamente substituído pelo quociente conjugal (dividir por dois).

TR.9.**18**

Equidade

- IRS: reforça equidade por tornar o imposto mais progressivo.
- IVA: imposto com padrão regressivo face ao rendimento (a taxa média implícita diminui com o nível de rendimento); esta medida reforça a regressividade, penalizando famílias de mais baixo rendimento, que têm maior propensão média a consumir.

Eficiência

- IRS: pode gerar perda de eficiência caso prevaleça, para contribuintes de rendimento mais elevado, um efeito de substituição sobre o efeito rendimento: os detentores de rendimentos mais elevados, em presença de uma maior taxa marginal nos últimos escalões de tributação, podem alterar comportamentos para evitar o imposto, substituindo trabalho por lazer a partir de determinado nível da oferta de trabalho;
- IVA: tratando-se de produtos essenciais, sem substitutos e com procura rígida, e subindo a taxa para todos eles, não haverá perda de eficiência. Porém, se estas hipóteses não se verificarem haverá perda de eficiência.

Conclusão: medida de IRS é positiva para a equidade e potencialmente prejudicial à eficiência; medida de IVA positiva para eficiência, sob certas condições, mas má para a equidade.

Exercícios Resolvidos

E.9.1

O objectivo do exercício é determinar a liquidação de imposto em sede de IRS para este agregado fiscal, desenvolvendo o processo de cálculo e exposição clara da informação que fundamenta as fases desse cálculo, de acordo com as regras fiscais em vigor. Considerando os dados fornecidos sobre o agregado familiar e dada a tabela com escalões de tributação em sede de IRS para 2018, podemos organizar de forma sequencial as várias etapas para o cálculo do imposto:

1. Rendimento bruto do agregado = 52.000 €

2. Dedução específica (4104 € por sujeito passivo) = 8208 €
Nota: a dedução específica procura valorizar os custos de obtenção do rendimento, nomeadamente, pela obrigatoriedade de, no trabalho por conta de outrem, o trabalhador ter de efectuar descontos obrigatórios para o sistema de segurança social.

3. Rendimento colectável do agregado [(1)- (2)] = 43.792 €

4. Rendimento colectável por sujeito passivo [(3)/2] = 21.896 €
Nota: O rendimento colectável por sujeito passivo é o que é relevante para a aplicação das taxas de imposto da tabela de escalões fornecida. Para a sua obtenção, divide-se o rendimento colectável do agregado pelo quociente conjugal (igual a 2).

5. Colecta por sujeito passivo

A determinação da colecta por sujeito passivo resulta da aplicação das taxas da tabela do IRS ao rendimento por sujeito passivo determinado em (4). Da forma seguinte, neste caso:
Colecta por sujeito passivo = 20.261 * 0,22621 (taxa média do 3º escalão) + (21.896 – 20.261)*0,35 (taxa marginal do 4º escalão) = 4583,24 + 572,25 = 5155,4€.
Uma forma *alternativa*, economicamente equivalente, seria aplicar as taxas marginais de cada escalão de rendimento a este valor concreto de rendimento,

decompondo a incidência das taxas marginais por cada escalão que desagrega aquele valor de rendimento colectável, da seguinte maneira:
4898*0,115 + (7410-4898)*014 + (18.375-7410)*0245 + (21.896 – 20.261)*0,35 = 5155,4 € (com pequenas diferenças no resultado calculado devido a arredondamentos, relativamente ao primeiro método, mais sintético).

6. Colecta do agregado fiscal [(5)*2] = 10.310,8 €
Nota: multiplicamos a colecta por sujeito passivo obtida pela aplicação das taxas pelo quociente conjugal para obtermos a colecta do agregado fiscal, que, como referido, optou pela tributação conjunta.

Para a determinação do imposto a pagar é preciso agora subtrair as deduções à colecta, com as regras de determinação e limitações vigentes. Essas deduções são sistematizadas e comentadas no ponto seguinte.

7. Deduções à colecta = 1955 €, com o seguinte detalhe e desagregação:

– *Deduções pessoais* = 1200 €
As deduções pessoais permitem deduzir 600 € por cada dependente. O casal tem dois filhos, o que significa que existem dois dependentes no agregado fiscal.
– *Dedução por despesas de saúde* = 75€
As regras do IRS permitem deduzir 15% das despesas efectuadas pelo agregado em saúde, com um limite de 1000€ por agregado. Ora, neste caso, a família teve 500€ de despesas de saúde, o que lhe permite uma dedução de 500*0,15 = 75€.
– *Dedução por despesas de educação* = 180€.
As regras do IRS permitem deduzir 30% das despesas de educação efectuadas pelo agregado, com um limite de 800€ por agregado. Ora, neste caso, a família teve 600€ de despesas de educação, o que lhe permite uma dedução de 600*0,30 = 180€.
– *Dedução por despesas gerais familiares* = 500€
As regras do IRS permitem deduzir 35% das despesas gerais familiares declaradas e registadas no *E-factura*, com um limite de 250€ por sujeito passivo. Ora, neste caso, a família teve 5000€ de despesas gerais, o que lhe permitiria deduzir, para o conjunto dos dois sujeitos passivos, 5000*0,35 = 1750€. Mas como existe uma limitação de dedução de 250€ por cada sujeito passivo, no conjunto, só será possível admitir a dedução de 500€ por despesas gerais, dado o limite legal para a dedução.

8. IRS liquidado (valor do imposto a pagar) [(6) – (7)] = 8.355 €

E.9.2

a)

O produtor de vestuário efectuou as seguintes operações no mês 1:

- Compras de matéria-prima: 150.000 € + 30.000 € (IVA) = 180.000 €
- Vendas de sapatos: 500.000 € + 100.000 € (IVA) = 600.000 €

Determinação do imposto sobre o *"valor acrescentado"* em cada fase da vida económica de um bem ou serviço através do *método indirecto subtractivo*:

IVA a entregar ao Estado = IVA liquidado nas vendas a clientes
Menos
IVA suportado nas compras a fornecedores

Como o imposto a entregar ao Estado se obtém pela diferença entre o imposto liquidado e o imposto suportado, temos:
IVA liquidado/cobrado: 100.000 €
IVA suportado/pago: 30.000 €
IVA a entregar: 70.000 €

Este resultado é idêntico ao valor que se obteria se se calculasse o IVA sobre o *"valor acrescentado"* pelo produtor de calçado através do *método directo subtractivo*:
VAB = Outputs – Inputs
VAB = 500.000 € - 150.000 € = 350.000 €
Imposto = 20%×350.000 € = 70.000 €

b)

O impacto da descida do IVA de 20% para 17% dependerá das condições de mercado do vestuário, bem como das elasticidades da oferta e da procura na situação de equilíbrio.
Assumiremos, para simplificar, que estamos na presença de um mercado concorrencial e que a procura de artigos de vestuário é completamente rígida. Neste caso, a incidência económica da diminuição da taxa de IVA será exclusivamente nos consumidores.
Neste contexto podemos analisar o impacto da descida do IVA ao nível de receitas fiscais para o Estado, incidência económica nos produtores e nos consumidores.
Usando uma análise de equilbrio parcial e dadas as hipóteses acima referidas, a quantidade de equilíbrio não se alterará. Deste modo, a receita fiscal do Estado (colecta de IVA desta empresa) diminuirá para 59.500€ (Q=0,17×(500.000-150.000)); haverá uma redução no volume de vendas aos consumidores de

600.000€ para 585.000€, que beneficiarão desta descida da taxa de IVA; finalmente, um efeito neutro para a empresa que contínua com o mesmo volume e valor de vendas (líquido de IVA), apesar de entregar menos IVA ao Estado.

E.9.7

a)

Um veículo ligeiro de 1250 cc estava em 2008 no 1º escalão da componente cilindrada pagando 25 euros, ou seja, uma média de 2 cêntimos por centímetro cúbico. Já os veículos de 1500 e 1750 estavam no segundo escalão pagando os seus proprietários nessa componente o mesmo (50 euros), ou seja, respectivamente uma média de 3,33 cêntimos e 2,85 cêntimos por cc.

b)

Um veículo ligeiro que emite 120 grama/km de CO2 estava em 2008 no 1º escalão da componente ambiental pagando o seu proprietário 50 euros, ou seja, uma média de 41,6 cêntimos por grama/km de CO2 emitido. Já os veículos de 160 e 180 estavam no segundo escalão pagando os seus proprietários nessa componente o mesmo (75 euros), ou seja, respectivamente uma média de 46,8 cêntimos e 41,6 cêntimos por g/km.

c)

Dado que quer a componente cilindrada, quer a ambiental são realizadas com taxas fixas em cada escalão, isto gera dois efeitos indesejáveis. Primeiro, existe um salto dos valores médios na mudança de escalão; segundo, *dentro de cada escalão*, os valores médios são *decrescentes. (Nota: ver figura seguinte para a componente cilindrada.)*

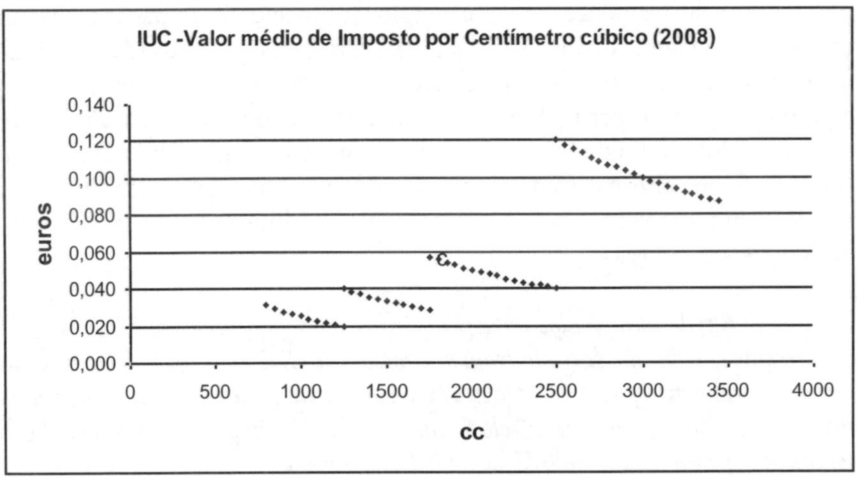

Isto faz com que seja possível que dois veículos que poluem 120 g/km e 180 g/km paguem por unidade de poluente (g/km) exactamente o mesmo (41,6 cêntimos. Permite ainda que um veículo *menos* poluente pague *mais* por unidade de poluente, que um veículo mais poluente. (*Nota: compare por exemplo um veículo com emissões de 121g/km com o de 180 g/km.*) Este último efeito é claramente perverso do ponto de vista dos incentivos para a promoção da eficiência.

d)

Do ponto de vista da *eficiência*, um imposto que tributa as emissões de CO2 é um imposto do tipo *pigouviano* que se justifica por estar associado à correcção de uma externalidade negativa. A sua determinação (ver capítulo 3) depende do que se considera ser os custos marginais externos da poluição. Se se assumir que eles são constantes, então o imposto deveria ser um montante fixo por unidade de poluente (ex: 0,5 euros por g/km). (*Nota: Se se assumir que ele é crescente deverá ser uma função crescente por unidade de poluente, o que se consegue utilizando taxas marginais crescentes.*)

Do ponto de vista da *equidade*, quer a componente ambiental, quer a cilindrada se podem justificar. Antes do mais convém recordar que a equidade pode remeter quer para o *princípio do benefício* (menos utilizado), quer para o *princípio da capacidade de pagar* (mais utilizado) e que cada um remete para políticas públicas ligeiramente diferentes. De acordo com o *princípio do benefício*, a componente ambiental justifica-se pois é justo que quem mais polui mais pague (está a usar um recurso vasto, mas escasso, que é a atmosfera). De acordo com este princípio, a cilindrada não deveria ser tributada! A utilização e desgaste das estradas depende mais da tara (peso) dos veículos do que da sua cilindrada, pelo que a tributação da componente cilindrada tem pois a ver exclusivamente com o princípio da capacidade de pagar e a assunção de que existem correlações positivas entre esta e a cilindrada do veículo e entre cilindrada e preço. Mas se este é o pressuposto da análise, também aqui o IUC poderia ser melhorado. Na realidade, como se verifica na figura acima, o valor médio do imposto *diminui* com a cilindrada *dentro de cada escalão.* Uma forma alternativa de desenhar a componente cilindrada era o valor médio do imposto ser uma função crescente da cilindrada, utilizando taxas marginais crescentes.

Nota final: A tributação ambiental é já um progresso significativo em relação ao passado recente em que não se tributavam as emissões de CO2 e Portugal deu importantes passos numa via correcta. O que este exercício ilustra é que é possível ir mais longe, sobretudo quando se suprimiu o "selo do carro", pelo que o imposto a pagar pode agora ser calculado para cada veículo de forma individualizada.

Nota sobre o IVA: confusões e controvérsias

Tem havido uma série de confusões e controvérsias em torno do IVA e dos efeitos reais e potenciais associados às suas alterações. Para clarificar, convém distinguir a matéria de facto, as divergências relativas à análise positiva e por fim, as divergências relativas à análise normativa.

Relativamente à matéria de facto, em 2019 a taxa normal de IVA em Portugal continental era de 23%, a taxa intermédia de 13% e a reduzida de 6%. Por sua vez, na vizinha Espanha eram respectivamente de 21%, 10% e 4%[14]. Na Europa a 27, os únicos países com taxa normal superior à nossa são os escandinavos (Dinamarca, Finlândia e Suécia), a Croácia, a Hungria e a Grécia.

Na UE12 em 2017, Portugal tinha um peso dos impostos sobre a produção e importações nas receitas fiscais (incluindo contribuições para a segurança social) de 43,4%, enquanto o peso na UE era de 34,7%. Para as famílias o IVA é um imposto bastante menos transparente que o IRS, pois os agregados familiares recebem da administração fiscal o cálculo da sua colecta de IRS, sabendo exactamente o que pagam em cada ano fiscal. Tal não acontece com o IVA.

Passemos à análise positiva do IVA. Em alguns manuais de Direito apresenta-se o IVA como um imposto *proporcional* pois, ignorando agora as taxas reduzidas, tem uma taxa única sobre o valor acrescentado, independentemente deste valor. Isto, do ponto de vista económico, é incorrecto e fonte de confusões. A proporcionalidade, regressividade ou proporcionalidade de um imposto não se mede pelo facto de ter ou não uma taxa única, mas antes pela relação entre taxa média de imposto e rendimento. Se a taxa média cresce com o rendimento ele é progressivo, se decresce é regressivo. A intuição económica de que o IVA é um imposto regressivo, percebe-se através de um exemplo simples em que a propensão média a consumir de um indivíduo de baixo rendimento é 100% e num outro de alto rendimento é de apenas um terço (ver Exercício E.9.5). Se se relacionar a incidência económica do IVA em ambos, com os respectivos rendimentos, facilmente se conclui que a taxa média de imposto implícita no IVA é muito superior no de baixo rendimento. É precisamente para atenuar essa regressividade que existem as taxas reduzidas. Só uma análise empírica poderá esclarecer em que medida essa regressividade é atenuada.

Uma outra confusão a respeito do IVA tem a ver com os efeitos nos preços de mercado de alterações às taxas de IVA. No já longínquo Orçamento de Estado para 2008, a Assembleia da República aprovou, sob proposta do governo, que as actividades praticadas em ginásios seriam sujeitas à taxa reduzida de 5% em

[14] Formalmente, a Comissão Europeia considera três categorias de taxas: normal, reduzida(s) e super-reduzidas. Para os efeitos da análise o que interessa são as taxas e os bens sobre que incidem.

vez de 20%. O facto de os ginásios não terem baixado os preços na sequência dessa medida foi motivo de surpresa para alguns governantes. Conforme analisado nos capítulos 7 e 8 do manual *Economia e Finanças Públicas* (Escolar Editora) e nos mesmos capítulos deste livro, a incidência económica de um imposto, que passa pela variação nos preços de mercado e nas quantidades de equilíbrio na sequência do imposto, deriva essencialmente das características do mercado (competitivo, oligopolista ou monopolista), do tipo de imposto (*ad valorem* ou unitário) e das *elasticidades* da oferta e da procura. É fácil mostrar que se a oferta de ginásios for rígida e a procura normal (elasticidade negativa), pelo menos no curto prazo, a incidência económica de uma baixa na taxa de IVA será nos produtores, ou seja, apenas eles beneficiarão dessa diminuição do imposto.

Ainda no âmbito da análise positiva, é claro que para se analisar a incidência económica do IVA no longo prazo é necessário um modelo de *equilíbrio geral* que analise o impacto de longo prazo em diferentes mercados de alterações às taxas de IVA. Esta análise ultrapassa as limitações das abordagens em termos de *equilíbrio parcial* em que se considera que tudo o resto é constante. A literatura económica conclui, no geral, que o IVA é um imposto bom do ponto de vista da eficiência, mas não do ponto de vista da equidade. Esta conclusão não vai sem que alguns autores defendam uma perspectiva contrária e vale a pena determo-nos sobre um estudo particular, publicado pelo Banco de Portugal, para ver como um modelo baseado em hipóteses irrealistas chega a conclusões, formalmente correctas, mas que não são úteis para apoiar as decisões políticas, porque o irrealismo dessas hipóteses torna as conclusões erradas e enganadoras. Aliás, teve esse efeito em algum jornalismo económico.

Aquilo que é considerado nesse estudo é um modelo de equilíbrio geral simplificado, em que se considera a possibilidade de substituir um imposto sobre o rendimento *de taxa única* pelo imposto sobre o valor acrescentado também de taxa única, e analisa os efeitos na eficiência e na equidade. Conclui-se no estudo que *"a mudança de um sistema actual para um sistema baseado numa taxa única sobre o valor acrescentado e uma transferência igual para todas as famílias, tem simultaneamente um efeito positivo sobre a eficiência e a equidade"*. Como é possível chegar a conclusões dramaticamente diferentes das encontradas na literatura e advogar políticas contrárias ao defendido pelo *mainstream*? Por duas razões: em primeiro lugar, como é reconhecido pela autora, por assumir hipóteses diferentes em relação à heterogeneidade dos agentes; em segundo lugar, por assumir que *"o sistema actual"* caracteriza-se por um imposto proporcional sobre o rendimento (taxa única e transferências nulas) ou por um imposto linear progressivo sobre o rendimento (taxa única e transferências *lump-sum* positivas). Ora, o irrealismo desta hipótese é suficiente para invalidar as conclusões do estudo. O nosso IRS, o imposto por excelência para implementar a equidade horizontal e vertical, é muitíssimo diferente de um imposto linear progressivo sobre o rendimento (ILPR).

E ainda bem que assim é, diríamos nós, para introduzir uma discussão normativa. As divergências entre economistas, como referido na introdução e capítulo 1, derivam da prioridade dada aos critérios normativos e do maior ou menor peso dado ao *trade-off* entre eles. É sabido que economistas que dão primazia ao critério de eficiência tendem a desvalorizar a importância do conflito eficiência/equidade e a advogar taxas únicas quer no IVA, quer no IRS (ILPR ou *flat tax*). Economistas que dão mais importância à equidade, sem descurar a existência de frequentes conflitos entre equidade e eficiência, dão mais relevância aos impostos directos sobre o rendimento (e às prestações sociais) e advogam sistemas fiscais mais complexos (nomeadamente, o IRS com as características que apresenta hoje). Situando-nos nós neste segundo grupo, defenderíamos a descida do IVA, caso houvesse folga orçamental para descidas de impostos. Não havendo folga, antes pelo contrário, como os últimos tempos o atestam, o primeiro passo a dar para aumentar a receita e a justiça fiscal é alargar a base tributária, nomeadamente quer pelo combate à evasão fiscal, quer pela revisão dos códigos tributários para evitar, sobretudo em sede de IRC, a inclusão como custos de despesas não associadas com a actividade empresarial. O alargamento da base tributária permitirá aumento de receita sem necessidade de aumentar mais as taxas de imposto.

10.
Federalismo orçamental e descentralização

Resumo
Este capítulo trata teoricamente o papel das finanças públicas considerando a estrutura do governo, sendo o capítulo seguinte específico sobre o caso português. A teoria do federalismo orçamental analisa, sobretudo do ponto de vista normativo, mas também positivo, as atribuições e competências de diferentes níveis de governo (ou administração), assim como as relações financeiras intergovernamentais em Estados unitários ou federados.

Uma primeira abordagem da estrutura do governo tem a ver com os vários níveis territoriais de decisão política tomada por quem tem uma legitimidade democrática resultante de eleições. Normalmente, as assembleias legislativas eleitas apoiam e podem fazer cair os executivos (caso do governo da República e dos governos regionais em Portugal). Em geral, qualquer país tem vários níveis de governo (nacional, regional e local) e um maior ou menor grau de descentralização de atribuições e competências. É possível medir este grau de *descentralização política* pelo peso da despesa pública sub-nacional na despesa pública total das administrações públicas.

Uma segunda abordagem da estrutura do governo é analisar, para *cada* nível de governo (por exemplo, o governo da República), as formas de *desconcentração administrativa* – em entidades sem personalidade jurídica, mas com autonomia administrativa, que exercem funções em parcelas do território (exº. Direcções regionais de agricultura,...) – e os tipos de *descentralização administrativa* – em entidades com personalidade jurídica e autonomia administrativa e financeira (exº. Instituto de Conservação da Natureza e das Florestas). Quer no caso da desconcentração, quer na descentralização administrativa, a direcção política continua a ser do nível de governo respectivo (neste caso, governo da República).

Esta diversidade possível de desenho institucional leva à necessidade de clarificar quais as funções (afectação, redistribuição e estabilização) que devem ser desempenhadas por cada nível de governo, bem como o tipo de recursos que dispõe. No que respeita à *função afectação*, os fracassos de mercado correspondem a fracassos na provisão de bens públicos nacionais (analisados no capítulo 3), mas também bens públicos regionais e locais consoante a dimensão territorial dos beneficiários. É sobretudo a existência de bens públicos com escala territorial diferente que justifica a descentralização política para níveis regionais e locais, pois assim permite adaptar o fornecimento destes bens às preferências locais. Em relação à *função redistribuição*, os conceitos de equidade (vertical e horizontal) são sobretudo personalizados e os padrões de equidade são nacionais. Por outro lado, os instrumentos de política, quer do lado da receita (tributação pessoal de rendimento e contribuições para segurança social), quer da despesa (prestações pecuniárias ou provisão de bens de mérito) são sobretudo nacionais. Daqui resulta, que no essencial, a função redistribuição deva ser centralizada politicamente ainda que desconcentrada. Políticas descentralizadas de redistribuição têm sempre um alcance limitado e tanto menor quanto menor for a dimensão da jurisdição, dada a maior mobilidade geográfica dos agentes. Finalmente, a *função estabilização* deve também ser sobretudo centralizada, quer porque certos instrumentos de política estão apenas disponíveis a nível nacional ou supranacional (caso da taxa de juro nos países da UEM), quer porque eventuais efeitos de políticas regionais ou locais de estabilização serão capturados por outras regiões dada a mobilidade dos factores.

A eficiência ao nível da provisão de bens públicos locais requer que se satisfaça o *princípio da responsabilidade política*. Segundo este princípio, as alterações marginais nas despesas públicas locais devem ser financiadas por alterações marginais no mesmo sentido nas receitas locais (impostos, tarifas, preços ou taxas). Por outro lado, deve-se satisfazer também o *princípio da equivalência orçamental* em que a dimensão territorial óptima da jurisdição sub-nacional deverá ser aquela que permite aproveitar as economias de escala para um conjunto significativo de bens públicos locais (ou regionais). A eficiência requer ainda que se use preços e tarifas que cubram os custos (em condições de eficiência técnica) no caso da prestação de serviços locais de apropriação privada (exemplo: água) ou de consumo colectivo associado a elevado congestionamento (exemplo: estacionamento urbano). Já o financiamento de bens do domínio público local ou de bens de consumo colectivo deverá ser através de impostos. Deverá privilegiar-se a tributação local diferenciada de bases tributárias *imóveis* (exemplo: património) e uma tributação mais uniforme de bases tributárias *móveis* (rendimentos do capital e do trabalho). A menos que alguma diferenciação na tributação local de factores móveis espacialmente se justifique por razões de incentivos pigouvianos.

Do ponto de vista normativo, os instrumentos mais eficazes para redistribuição do rendimento são de redistribuição *pessoal*, sendo menos eficaz a redistribuição *territorial* para regiões em média mais pobres. Esta é imperfeita por nelas coexistirem indivíduos em desiguais circunstâncias. Contudo, uma abordagem positiva sugere que a descentralização política, implica a existência de entidades (regiões, municípios) com legitimidade democrática que se movimentam no sentido de se apropriarem de mais recursos públicos comuns. É pois útil ter indicadores da *posição orçamental* de uma dada região ou município. Essa posição orçamental é dada pela relação entre a *capacidade fiscal* (receitas fiscais cobradas a taxas de tributação padrão) e as suas *necessidades* orçamentais (para cada serviço, aproximadamente o produto da população alvo pela despesa padrão ponderado pelas economias e deseconomias de escala). O *desequilíbrio financeiro horizontal* diz precisamente respeito à diferença na posição orçamental de entidades do *mesmo* nível hierárquico na estrutura do governo (por exemplo, municípios). Por seu turno, o *desequilíbrio financeiro vertical* relaciona-se com o facto de, tipicamente, os governos nacionais (ou federais) terem maiores níveis de receita do que o respectivo nível de atribuições e competências de despesa – situação inversa se passa ao nível dos governos sub-nacionais.

As transferências intergovernamentais têm sobretudo quatro objectivos: i) corrigir desequilíbrios financeiros verticais; ii) corrigir desequilíbrios horizontais; iii) internalizar externalidades inter-regionais (*spillovers*) ou garantir certos níveis de despesa; iv) incentivar o aumento de despesa em certas categorias de despesa que o governo central, ou a UE, considera socialmente relevantes. Para os primeiros dois objectivos as transferências devem ser gerais, isto é, não consignadas, enquanto que para o terceiro dever-se-ão utilizar transferências específicas não comparticipadas. Apesar de poderem ter um efeito semelhante às gerais, poderão ter um efeito relevante de revelação de informação contabilística. Para o último objectivo deverão ser transferências específicas (consignadas) e comparticipadas (exemplo: por cada euro de participação pública nacional, a UE comparticipa com três euros, até um certo limite, nos investimentos em certos sectores e certas regiões).

Tópicos de reflexão: capítulo 10

1. *"A descentralização explica, em grande medida, a estrutura de governo a vários níveis, e terá características totalmente distintas conforme se trate de descentralização administrativa ou política".*

a. Caracterize as duas formas de descentralização acima referidas.
b. Do ponto de vista da afectação de bens públicos locais, qual dessas formas é preferível? Ilustre graficamente e explique.
c. Tendo em conta as funções que Musgrave atribui ao sector público, indique qual (ou quais) delas justifica mais a descentralização política. Justifique.

2. *"A função distribuição deve ser essencialmente centralizada e isso prende-se com a mobilidade da população e a competição inter-municipal."*
a. Explique em que consiste a função distribuição e quais as suas dimensões.
b. Discuta a afirmação e refira que papel pode, ou não, caber aos municípios no âmbito desta função.

3.
a. Distinga os conceitos de desconcentração administrativa e descentralização administrativa dando exemplos de organismos que ilustram os dois casos.
b. O que significa que nuns casos se opte por descentralização e noutros por desconcentração?

4. Certos municípios em Portugal continental atribuíram subsídios por cada criança nascida no concelho, com o intuito de aumentar a natalidade e a população concelhia. Discuta qual poderá ser o efeito de médio e longo prazo desta medida de política redistributiva local.

5. A Lei de Finanças Regionais (Lei Orgânica 2/2013 de 2 de Setembro) estabelece *transferências gerais* do Orçamento do Estado para as regiões, em cumprimento do princípio de solidariedade consagrado na Constituição da República Portuguesa e nos Estatutos Político-Administrativos. Em adição a essas transferências, os orçamentos regionais poderão ainda beneficiar do *Fundo de Coesão*, que é uma percentagem daquelas transferências de acordo com a seguinte regra:

- 55% quando $PIBpcR_{t-4}/PIBpcN_{t-4} < 0{,}9$
- 40% quando $0{,}90\mathit{PIBpcN}_{t-4} < PIBpcR_{t-4} < 0{,}95\ PIBpcN_{t-4}$
- 25% quando $0{,}95\mathit{PIBpcN}_{t-4} < PIBpcR_{t-4} < PIBpcN_{t-4} <$
- 0% quando $PIBpcR_{t-4} > PIBpcN_{t-4}$

sendo:
$PIBpcR_{t-4}$ = produto interno bruto a preços de mercado correntes *per capita* na Região Autónoma no ano $t-4$;

$PIBpcN_{t-4}$ = produto interno bruto a preços de mercado correntes *per capita* em Portugal no ano $t-4$.
Da aplicação dessa regra resultam maiores transferências financeiras para a Região Autónoma dos Açores (RAA) do que para a Região Autónoma da Madeira (RAM), baseado no critério de que o PIB *per capita* da RAM é claramente superior ao da RAA. Justifique esta opção com base no critério de equilíbrio financeiro horizontal.

6. Na Lei de Finanças Locais, os municípios que tenham uma capitação de impostos superior a 1,25 da capitação média nacional em três anos consecutivos são contribuintes líquidos para o Fundo de Coesão Municipal. Justifique esta medida.

7. No art. 26º da Lei 73/2013 de 3 de Setembro *"1...os municípios têm direito, em cada ano, a uma participação variável até 5% no IRS dos sujeitos passivos com domicílio fiscal na respectiva circunscrição territorial... 4. Caso a percentagem deliberada pelo município seja inferior à taxa máxima definida no nº 1, o produto da diferença de taxas e a colecta líquida é considerado como dedução à colecta do IRS, a favor do sujeito passivo,..."*.

a. Clarifique em que medida esta norma aumenta a responsabilidade política dos eleitos locais.
b. Analise por que é que em relação ao financiamento de bens públicos locais esta flexibilidade na determinação da percentagem de colecta de IRS se justifica.
c. Discuta eventuais efeitos indesejáveis desta norma que devam ser minimizados.

8. A distribuição do Fundo Geral Municipal (transferências gerais do Orçamento do Estado para os municípios) é em 65% realizada em função da *"população de cada município ponderada de acordo com os seguintes ponderadores marginais*:
a. Os primeiros 5000 habitantes – 3;
b. De 5001 a 10 000 habitantes – 1;
c. De 10 001 a 20 000 habitantes – 0,25;
d. De 20 001 a 40 000 habitantes –0,5;
e. De 40 001 a 80 000 habitantes – 0,75;
f. Mais de 80 000 habitantes – 1."

a. Determine os ponderadores médios para municípios de 5.000, 10.000, 50.000, 80.000 e 150.000 habitantes.

b. O que explica que a curva dos ponderadores médios apresente a forma identificada na alínea anterior?

9. Considere que um organismo que é actualmente um serviço integrado do subsector Estado vai ser i) desconcentrado administrativamente ou ii) descentralizado administrativamente. Que implicações distintas têm estas duas formas de descentralização?

10.
a. Identifique as principais razões pelas quais existem subvenções intergovernamentais.
b. No âmbito da noção de equilíbrio financeiro horizontal ou perequação horizontal de recursos analise as transferências para os municípios portugueses
c. Explique se concorda com a medida de diferenciação das taxas de IRC, maior para as empresas sediadas nos municípios urbanos e do litoral e menor para as com actividade nos municípios do interior.

Questões de escolha múltipla

10.1. Num bem de clube:
a. Um utilizador adicional impõe, por vezes, custos não financeiros aos já utilizadores.
b. A exclusão pelo preço é geralmente indesejável.
c. O número de utilizadores óptimo é o limiar a partir do qual se começa a verificar congestionamento.
d. Haver mais ou menos indivíduos a consumir o bem/serviço não altera o custo monetário suportado por cada utilizador.

10.2. Quando uma Direcção-Geral de um Ministério deixa de existir e as suas funções passam a ser desempenhadas por um novo Instituto Público com autonomia administrativa e financeira, estamos na presença de:
a. Descentralização política.
b. Descentralização administrativa.
c. Desconcentração administrativa.
d. Desconcentração política.

10.3. Quando competências que estão na administração central passam para a administração regional ou local, está-se na presença de:
a. Descentralização política.
b. Descentralização administrativa

c. Desconcentração administrativa.
d. Desconcentração política.

10.4. A posição orçamental de um município é dada pelo(a):
a. Relação entre as receitas fiscais cobradas e as necessidades de despesa padrão.
b. Saldo orçamental.
c. Relação entre as receitas que seriam cobradas a uma taxa padrão e a despesa padrão municipal.
d. Dívida publica municipal.

10.5. O facto de os governos centrais (ou federais) terem em geral maiores receitas do que necessidades de despesa reflecte a existência de:
a. Desequilíbrio financeiro vertical.
b. Desequilíbrio financeiro horizontal.
c. Saldo orçamental positivo da administração central.
d. Saldo orçamental negativo da administração central.

10.6. Diga qual das seguintes razões não é uma racionalidade para a existência de transferências gerais para os municípios:
a. Aumentar a despesa local em certas categorias de despesa.
b. Corrigir desequilíbrios financeiros verticais.
c. Corrigir desequilíbrios financeiros horizontais.
d. Internalizar externalidades (*spillovers*) gerados por outros municípios.

10.7. Diga qual a proposição *falsa*: Um forte programa redistributivo de prestações sociais por parte de um município poderá ter as seguintes implicações...
a. Atracção de pessoas carenciadas para o município.
b. Melhoria da eficiência na afectação de recursos local.
c. Diminuição da base tributária *per capita*.
d. Aumento do "*esforço fiscal*" por parte dos contribuintes.

10.8. O argumento fundamental para a descentralização política num país com diferentes níveis de governo é:
a. Realizar redistribuição pessoal de rendimento.
b. Adaptar a provisão de bens e serviços às preferências dos cidadãos.
c. Desconcentrar funções cuja competência é da administração central.
d. Melhorar o exercício da função estabilização.

10.9. Na presença de *"exportação fiscal"*:
a. A produção de bens públicos locais será superior à óptima.
b. O custo marginal para o munícipes será superior ao custo marginal.
c. As exportações serão mais caras.
d. Os benefícios marginais dos bens públicos locais serão menores.

10.10. A tributação local eficiente:
a. Deverá tributar de forma mais diferenciada as bases tributárias imóveis.
b. Deverá considerar a capacidade contributiva dos munícipes.
c. Deverá tributar de forma mais uniforme as bases tributárias imóveis.
d. Deverá considerar a equidade horizontal e vertical.

11.
O sector público em Portugal: âmbito, estrutura e contas

Resumo
Este capítulo analisa o âmbito e estrutura do sector público em Portugal, bem como as contas dos vários subsectores das administrações públicas, incluindo as transferências que se operam entre eles. Uma das dificuldades na análise das finanças públicas em Portugal reside numa certa confusão conceptual pelo facto de o mesmo termo ter significados distintos consoante o contexto em que é utilizado (por exemplo: Estado). Uma segunda dificuldade são as diferentes formas de contabilidade e sistemas de contas utilizados. O conceito de Administrações Públicas baseia-se numa óptica económica concretizada no Sistema Europeu de Contas (SEC2010) que fundamenta uma contabilização das AP em termos de contabilidade nacional. No essencial, utilizam-se aqui conceitos económicos em detrimento de conceitos jurídicos, embora se clarifique a distinção entre ambos. Por último, alterações orgânicas frequentes na estrutura dos governos, bem como mudanças no próprio universo das instituições das administrações públicas dificultam, por vezes, análises comparativas.

Por *Sector Público* pode-se considerar o conjunto das entidades controladas, directa ou indirectamente, pelo poder político, seja ele o governo da República, os governos regionais (Açores e Madeira) ou locais (as autarquias). Inclui-se pois as *Administrações Públicas* nestes três níveis de governo (Administração Central e Segurança Social, Administração Regional e Local), bem como o *Sector Público Empresarial*, quer se trate de entidades públicas empresariais (EPE), sociedades anónimas de capitais total ou maioritariamente públicos, empresas regionais, intermunicipais ou municipais.

Aquilo que caracteriza as entidades das administrações públicas é serem quer produtores *não mercantis* de bens e serviços de consumo individual ou colectivo, quer entidades que operam redistribuição (pecuniária ou não) e em ambos os casos serem financiadas principalmente por contribuições obrigatórias. No SEC95 referia-se explicitamente que estas contribuições devem representar pelo menos 50% dos custos de produção. No caso dos *produtores mercantis*, as receitas de preços, tarifas, taxas ou outras, em contrapartida da prestação de serviços, devem cobrir os custos de produção, não devendo nunca ser inferior a 50%. Já no SEC2010 afirma-se que a distinção entre *produtores mercantis* e *não-mercantis* depende se os preços praticados para as vendas de bens e serviços são economicamente significativos (ver SEC 2010 20.19 e os parágrafos seguintes). Um preço diz-se economicamente significativo quando "tem uma influência substancial sobre a quantidade de produtos que os produtores estão dispostos a fornecer e sobre as quantidades de produtos que os compradores desejam adquirir." A lógica mantém-se: mercantil é quando funciona uma lógica efectiva de mercado através do uso do sistema de preços significativos.

Para efeitos estatísticos do *EUROSTAT*, os países que adoptaram o sistema europeu de contas SEC2010[15] apresentam uma estrutura de contas distinguindo a Administração Central (S1311), estadual (S1312), local (S1313) e os fundos da Segurança Social (S1314). O nível estadual é sobretudo utilizado em países federados, pelo que Portugal só apresenta as contas agregadas da *Administração Central* (que consolida[16] as contas dos organismos de administração directa do Estado com os organismos de administração indirecta do Estado, ex-Fundos e Serviços Autónomos da Administração Central (FSA)), da *Administração Local* (que consolida contas da Administração Regional e Local (ARL)) e a *Segurança Social* (SS). As administrações públicas em Portugal são pois constituídas por *três*[17] *sub-sectores*, a saber: Administração Cen-

[15] O sistema europeu de contas SEC2010 substituiu o SEC95, introduzindo um conjunto de alterações e actualizações no normativo estatístico.

[16] A Lei de Enquadramento Orçamental (LEO) de 2015 suprimiu formalmente a separação das contas dos subsectores *Estado* (serviços de *administração directa* do Estado) e *Fundos Serviços Autónomos* (serviços de *administração indirecta* do Estado), formalizando-as num só subsector agregado – a *Administração Central* – mas, na realidade, as entidades e organismos integrantes de cada um daqueles subsectores continuam a ter tratamentos e níveis de autonomia distintos. Para maior detalhe, consultar Caps. 11 e 12 do manual de Economia e Finanças Públicas, 5ª ed (2016) e segs., de P.T Pereira *et al.*

[17] Como já referido, a Administração Central agrega as contas dos mencionados subsectores do Estado e FSA. A informação estatística sobre contas públicas publicada anteriormente à entrada em vigor da LEO 2015 reflecte ainda, naturalmente, nos quadros, a antiga estrutura subsectorial da Administração Central (Estado e FSA). Em alguns exercícios que se seguem

tral, ARL e SS. Visto que dois deles (Administração Central e SS) estão sob a direcção política do governo central, o grau de descentralização política pode ser medido pelo rácio da despesa da ARL na despesa consolidada das administrações públicas.

O uso mais *lato* do termo *"Estado"* surge incorporado na Constituição da República, no sentido que se refere, juridicamente, ao conjunto das Administrações Públicas. Já o uso do termo *Estado*, em sentido *estrito*, surge no âmbito do Orçamento do Estado e da Conta Geral do Estado, referindo-se aos subsectores da Administração Central e Segurança Social, estritamente dependentes do governo central. Por seu turno, os serviços de administração indirecta (ex-FSA) da Administração Central, são constituídos por organismos com autonomia administrativa, financeira e patrimonial, isto é, com personalidade jurídica com gestão corrente e de capital, património próprio, possibilidade de ter receitas próprias e recurso ao crédito (com autorização). Fazem ainda parte dos organismos de administração indirecta as empresas públicas não mercantis (*nm*). O subsector da Segurança Social engloba as unidades institucionais que têm como principal função o pagamento de prestações sociais (subsídios de desemprego, doença, pensões de reforma, etc.) e são, na sua maioria, financiados por contribuições obrigatórias, para as prestações do subsistema previdencial, e por transferências do Orçamento do Estado, designadamente para as prestações do subsistema de solidariedade e protecção familiar.

Ao considerar as contas das administrações públicas interessa distinguir se se trata de contabilidade nacional ou pública. A *contabilidade nacional (CN)* é a utilizada para efeitos da União Europeia (*EUROSTAT*, Procedimento dos Défices Excessivos, etc.). Tem um fundamento económico assente numa definição do universo das entidades que pertencem às *Administrações Públicas* como unidades não mercantis e adopta uma lógica de *compromisso* (as receitas e despesas são contabilizadas quando o compromisso é assumido), permitindo comparações internacionais consistentes. A *contabilidade pública (CP)* é a usada inicialmente na contabilidade das entidades das Administrações Públicas (AP), na lógica de preparação dos seus orçamentos. Tem um fundamento jurídico-económico, sendo a definição das entidades pertencente às AP mais imprecisa e em que se adopta uma lógica de *caixa* (receitas e despesas são contabilizadas quando entram ou saem efectivamente de caixa).

neste capítulo, que utilizam fontes cronologicamente datadas, essa distinção ainda surge, pois, explicitada. Nas questões de escolha múltipla, na sua maior parte com uma abordagem genérica, intemporal, adoptamos sempre que possível a actual opção formal emanada da LEO 2015 – Administração Central composta por organismos de administração directa e indirecta do Estado, respectivamente, os ex-subsectores Estado e FSA.

Para apuramento de alguns saldos orçamentais utiliza-se a classificação económica das receitas e despesas efectivas (isto é, não financeiras). As *receitas efectivas* são as receitas totais menos as receitas de passivos financeiros (exemplo: empréstimos) e de activos financeiros (exemplo: receitas de venda de acções ou outros activos financeiros). As *despesas efectivas* são as despesas totais menos as despesas com passivos financeiros (exemplo: amortização de empréstimos) e com activos financeiros (exemplo: aquisição da totalidade ou de parte do capital social em empresas). O saldo corrente (em *CP*), ou poupança bruta (em *CN*), é a diferença entre receitas e despesas correntes efectivas. Pode ser calculado para cada um dos subsectores (Administração Central, SS e ARL) isoladamente, ou para as administrações públicas no seu todo. Neste caso é necessário *consolidar as receitas correntes* subtraindo à totalidade das receitas correntes as receitas que provêm de outros subsectores. O saldo de capital é também a diferença entre receitas de capital e despesas de capital e pode ser calculado *não consolidado* ou *consolidado* para cada subsector, mas tem que ser consolidado para o conjunto das administrações públicas.

A soma dos saldos correntes e de capital (em *CN*) para o conjunto dos três subsectores dá o *saldo global das administrações públicas*, que não é mais que a diferença entre receitas e despesas efectivas. Se for negativo, constitui o *défice* público e gera *necessidades líquidas de financiamento*, ou seja, necessidade de recurso ao crédito. Se for positivo, constitui um excedente orçamental, ou *superavit*, e gera *capacidade líquida de financiamento*, que pode ser usada para amortizar a dívida pública.

Outro saldo importante é o *saldo primário*, que é a diferença entre as receitas efectivas e as despesas primárias (despesas efectivas menos juros da dívida), pois dá o valor do que seria o saldo global caso não houvesse dívida pública.

A interpretação dos saldos de cada subsector deve ser cautelosa, dadas as transferências entre subsectores. Os saldos (não consolidados) traduzem uma relação simples entre receitas e despesas. Um subsector pode apresentar um saldo *positivo* apenas porque recebe transferências de outro subsector. Nesse caso, o saldo (consolidado) do subsector será *negativo*. Se as transferências resultarem de uma lei (lei de bases da Segurança Social, das finanças regionais ou locais, etc.) é uma obrigação legal do Estado. Se não resultar de lei, mas da necessidade de cobrir um eventual défice (por exemplo: na segurança social), já a situação é diferente – corresponderá a uma decisão política.

Também as transferências entre entidades das Administrações Públicas (AP) e o Sector Público Empresarial mercantil (SPE*m*), isto é o que não pertence às APs,[18] deverão ser analisadas com cuidado, pois poderão envolver fenómenos de *desorçamentação* e de redução *"artificial"* do défice orçamental. Um fluxo financeiro entre ambos pode ser uma despesa corrente (caso das indemnizações compensatórias por *"preços sociais"*), pode ser uma despesa de capital (transferência de capital) ou um aumento do capital social. Esta última, ao contrário das primeiras, é claramente uma despesa não efectiva (financeira), pois aumenta os activos financeiros do Estado e em princípio não deveria contar para o défice. Contudo, caso a empresa em causa seja considerada *não* mercantil, poderá contar para o défice.

Tópicos de reflexão: capítulo 11

1. Nas Administrações Públicas (AP), quer a Administração Regional e Local (ARL) quer os serviços de administração indirecta do Estado (ex-FSA) resultam de processos de descentralização.

a. Idetifique as formas de descentralização que conhece e clarifique que tipo de entidades compõem os serviços de administração indirecta do Estado (ex-FSA) e a ARL.
b. Esclareça quais os subsectores das AP cujas receitas e despesas estão contempladas no Orçamento do Estado e quais os que elaboram orçamentos independentes. Será que existe relação entre orçamentos independentes de vários subsectores das AP? Esclareça.

2. A estrutura interna do sector das Administrações Públicas (AP) português pode, em certa medida, ser explicada através do fenómeno da descentralização.

a. Caracterize as possíveis formas/configurações da descentralização, relacionando-as com a teoria do federalismo orçamental.
b. Explique sucintamente as características dos subsectores das AP. Será que a autonomização da Segurança Social pode ser explicada por alguma das formas de descentralização? Justifique.

3. Explique em que consiste e para que serve a consolidação das receitas correntes dos três subsectores das administrações públicas e do total das administrações públicas.

[18] Note-se que a 5ª edição do manual de *Economia e Finanças Públicas* (2016), introduz uma notação nova para distinguir o sector público empresarial *não mercantil* (SPE*nm*), que pertence à administração indirecta do Estado (ex-FSA), logo à Administração Central, do sector público empresarial *mercantil* (SPE*m*), que não pertence às AP.

4. Tendo em conta os três subsectores das administrações públicas e a classificação económica das receitas e despesas, onde contabilizaria as seguintes operações: i) investimento de uma Universidade Pública em edifícios; ii) apoio financeiro do Governo da República ao Governo Regional dos Açores na sequência de um terramoto; iii) atribuição de subsídio para mulheres grávidas a partir do terceiro mês; iv) receita do Imposto Municipal sobre Imóveis?

5. Caso o Governo pretenda, na Proposta de Lei do Orçamento do Estado de um determinado ano, introduzir uma medida para reduzir o défice das Administrações Públicas, diga quais as medidas que, a seu ver, são possíveis e que conduzem a esse objectivo: i) reduzir as transferências dos serviços de administração directa do Estado para os serviços de administração indirecta do Estado (ex-FSA); ii) aumentar as taxas de IRC; iii) reduzir as despesas de investimento da Administração Regional e Local; iv) reduzir os investimentos da Administração Central.[19]

6. Distinga, em termos gerais, as formas de contabilidade pública e contabilidade nacional e clarifique porque é que esta última é mais apropriada para avaliar da situação das finanças públicas num dado país.

7. Considere o seguinte quadro com a estrutura das receitas e despesas das administrações públicas referentes a 2007, em Portugal[20].
Calcule o *grau de centralização* das administrações públicas em 2007.

[19] Há medidas que não são possíveis, e outras que, sendo possíveis, não contribuem para a redução do défice.

[20] Note-se que, à altura, a Administração Central era formal e explicitamente desagregada nos subsectores Estado (agora, após LEO 2015, serviços de administração directa do Estado) e Fundos e Serviços Autónomos – FSA (agora, após LEO 2015, serviços de administração indirecta do Estado).

Quadro 11.1. Estrutura de Receitas e Despesas das Admin. Públicas (2007)

	Estado	FSA's	ARL	Segurança Social	TOTAL AP's
Receitas Correntes	54,7%	16,4%	7,7%	21,2%	100,0%
Receitas de Capital	19,5%	44,8%	34,1%	1,6%	100,0%
Receita Total	53,6%	17,3%	8,5%	20,6%	100,0%
Despesa Corrente	33,8%	30,5%	8,9%	26,8%	100,0%
Despesa de Capital	21,2%	24,4%	52,1%	2,2%	100,0%
Despesa Total	32,8%	30,0%	12,5%	24,7%	100,0%

Fonte: Cálculos a partir de dados em Contabilidade Pública, valores orçamentados para 2007-Rel.OE, 2007.

8. Considerando a estrutura quer do Sector Público quer das Administrações Públicas, diga onde classificaria as seguintes entidades:
a. Direcção geral do Consumidor;
b. Instituto do Ambiente;
c. Câmara Municipal de Faro;
d. Entidade Reguladora de serviços Energéticos;
e. Caixa Geral de Depósitos.

9. Certas empresas públicas fazem parte das administrações públicas e os seus resultados e empréstimos contraídos, contam respectivamente para efeitos de cálculo do défice e da dívida pública e outras não. Justifique porquê, e dê um exemplo de uma empresa dentro e fora do perímetro do Estado.

10. Há injecções de capital da Administração Central em empresas que são consideradas despesas efectivas (e.g. transferências de capital) e vão ao défice e à dívida e há outras que não. À luz desta distinção discuta a injecção de capital do BANIF no final de 2015 e a recapitalização da Caixa Geral de Depósitos.

Questões de escolha múltipla

11.1. Qual das seguintes medidas não reduz o défice das administrações públicas?:
a. Aumento de impostos.
b. Diminuição das prestações da segurança social.

c. Diminuição das transferências do Estado para os municípios.
d. Diminuição dos salários dos funcionários públicos.

11.2. Se o orçamento de Estado prevê um défice do saldo global, então:
a. Esse défice é financiado por receitas fiscais.
b. As receitas do Estado são menores que as despesas do Estado.
c. As receitas não efectivas são superiores às despesas não efectivas.
d. Esse défice pode ser financiado através da redução dos salários dos funcionários públicos.

11.3. Diga qual a afirmação *falsa*: Dentro das possíveis razões para que organismos públicos possam ser serviços de administração indirecta da administração central está...
a. Gerir fundos comunitários.
b. Ter dois terços de receitas próprias.
c. Terem melhor gestão.
d. Serem entidades reguladoras.

11.4. Para se analisar a importância de cada subsector das administrações públicas nas receitas efectivas totais das administrações públicas, deve-se:
a. Calcular a percentagem das receitas correntes e de capital consolidadas de cada subsector no total das receitas efectivas.
b. Calcular a percentagem das receitas correntes e de capital não consolidadas de cada subsector no total das receitas efectivas.
c. Calcular a percentagem das receitas correntes consolidadas de cada subsector no total das receitas efectivas.
d. Calcular a percentagem das receitas correntes não consolidadas de cada subsector no total das receitas efectivas.

11.5. Se se verificar a *"regra de ouro"* das finanças públicas e o saldo global estiver equilibrado então:
a. O saldo corrente é deficitário.
b. O saldo de capital é deficitário.
c. As receitas efectivas são maiores que as despesas efectivas.
d. O stock da dívida aumenta.

11.6. Tudo o resto constante, o saldo do subsector da Segurança Social melhora com:
a. Aumento de impostos (IRS e IRC).
b. Aumento das prestações da Segurança Social.

c. Aumento das transferências da Administração Central para a Segurança Social.
d. Aumento do subsídio de desemprego.

11.7. O saldo global das administrações públicas (AP) é:
a. As receitas totais menos as despesas totais.
b. A soma dos saldos globais menos as transferências correntes entre subsectores.
c. A soma dos saldos globais dos três subsectores das AP.
d. A soma dos saldos globais da Administração Central e Segurança Social.

11.8. O saldo primário é:
a. As receitas efectivas menos as despesas efectivas.
b. As receitas primárias menos as despesas primárias.
c. As receitas efectivas menos as despesas primárias.
d. Aritmeticamente igual ao saldo global subtraído dos juros da dívida.

11.9. A *"regra de ouro"* das finanças públicas verifica-se necessariamente se:
a. As despesas de capital são maiores que as receitas de capital.
b. O saldo global é superavitário.
c. O saldo global é nulo e o saldo de capital é deficitário.
d. O saldo global e o saldo de capital são superavitários.

11.10. O grau de centralização das Administrações Públicas de um país é dado pelo:
a. Rácio da despesa consolidada dos subsectores Administração Central e SS no PIB.
b. Rácio da despesa consolidada dos subsectores Administração Central e SS na despesa total consolidada das administrações públicas.
c. Rácio da despesa consolidada da Adminsitração Central na despesa total consolidada das administrações públicas.
d. Rácio da despesa dos serviços de administração directa do Estado na despesa total das administrações públicas.

11.11. Quando existe um processo de transferência de competências de uma Direcção-Geral de um Ministério para uma autarquia local, estamos na presença de:
a. Descentralização política.
b. Descentralização administrativa.
c. Desconcentração administrativa.
d. Desconcentração política.

11.12. O grau de centralização política das administrações públicas de um dado país pode ser dado pelo:

a. O rácio da despesa da Administração Central no PIBpm.
b. O rácio da despesa consolidada da Administração Central na despesa das administrações públicas.
c. O rácio da despesa consolidada da Administração Central e Segurança Social na despesa das administrações públicas.
d. O rácio da despesa dos serviços de administração directa do Estado na despesa da Administração Central.

11.13. Diga qual a afirmação *falsa*: Os serviços de administração directa do Estado que apenas têm autonomia administrativa...

a. Têm personalidade jurídica.
b. Os seus dirigentes têm poderes de gestão corrente.
c. Não têm consignação de receitas.
d. Não têm acesso ao crédito.

11.14. Diga qual a afirmação *falsa*: Os serviços de administração indirecta do Estado, com autonomia administrativa e financeira, em geral...

a. Têm personalidade jurídica.
b. Os seus dirigentes só têm poderes de gestão corrente.
c. Têm receitas próprias.
d. Têm acesso ao crédito em certas condições.

11.15. Qual das seguintes medidas não reduz o défice das Administrações Públicas?

a. Aumento de impostos e taxas municipais.
b. Diminuição das prestações pagas pela Segurança Social.
c. Diminuição das transferências da Administração Central para o Governo Regional da Madeira.
d. Diminuição dos salários dos funcionários públicos.

11.16. O grau de descentralização política das administrações públicas de um dado país pode ser dado pelo:

a. O rácio da despesa consolidada da Administração Central no PIBpm.
b. O rácio da despesa consolidada da Administração Central na despesa das administrações públicas.
c. O rácio da despesa consolidada da Administração Central e Segurança Social na despesa das administrações públicas.
d. O rácio da despesa consolidada da Administração Regional e Local na despesa das administrações públicas.

11.17. Diga qual a afirmação *verdadeira*: Para se obter a receita efectiva das administrações públicas...
a. Somam-se as receitas efectivas dos três subsectores.
b. Somam-se as receitas correntes e de capital dos três subsectores.
c. Somam-se as receitas efectivas dos três subsectores e subtraem-se as transferências de outros subsectores.
d. Somam-se as receitas efectivas dos três subsectores e subtraem-se as transferências de e para outros subsectores.

11.18. Diga qual a afirmação *falsa*: Os serviços de administração directa do Estado...
a. Têm personalidade jurídica.
b. Dispõem de autonomia administrativa
c. Não têm consignação de receitas.
d. Não têm acesso ao crédito.

11.19. Quando competências que estão na Administração Central passam para a Administração Regional ou Local, está-se na presença de:
a. Descentralização política.
b. Descentralização administrativa.
c. Desconcentração administrativa.
d. Desconcentração política.

11.20. Tudo o resto constante, o saldo do subsector da Segurança Social piora com:
a. Aumento de impostos sobre património.
b. Aumento das contribuições para a Segurança Social.
c. Aumento das transferências da Administração Centralo Estado para a Segurança Social.
d. Aumento do subsídio de desemprego.

11.21. O saldo estrutural primário é o melhor indicador para avaliar a natureza da politica orçamental, dado que corresponde:
a. Ao saldo orçamental que se verificaria se a economia estivesse no nível do pleno emprego.
b. Ao saldo orçamental corrigido dos encargos com a dívida pública.
c. Ao saldo orçamental corrigido da sua componente cíclica, bem como da despesa com os juros da divida pública.
d. Ao saldo orçamental expurgado dos efeitos do ciclo económico sobre o orçamento.

11.22. Se se verificar a *"regra de ouro"* das finanças públicas e o saldo global for deficitário então:
a. O saldo corrente é deficitário.
b. O saldo de capital é superavitário.
c. As receitas efectivas são maiores que as despesas efectivas.
d. As receitas de activos e passivos financeiros são maiores que as despesas com activos e passivos financeiros.

11.23. Se as receitas efectivas de capital são menores que as despesas efectivas de capital, é necessariamente verdade que:
a. O saldo global é deficitário.
b. O saldo corrente apresenta um excedente.
c. Aumenta o endividamento.
d. A regra de ouro verifica-se se o saldo global for nulo.

11.24. Qual a proposição que é *necessariamente verdadeira*? Quando aumenta o peso da despesa pública no produto:
a. Aumenta a despesa pública.
b. Aumenta o Estado de Bem Estar.
c. Diminui o peso do sector privado (incluindo o terceiro sector).
d. Aumenta a ineficiência dos gastos públicos.

11.25. Considere que a despesa efectiva consolidada dos serviços de administração directa do Estado, na Administração central, representa 38% da despesa efectiva total e a despesa dos serviços de administração indirecta do Estado (ex-FSA), também da Administração Central, 33%, e a despesa da administração regional e local 8%. Nesse caso, o grau de centralização das administrações públicas é de:
a. 62%.
b. 38%.
c. 92%.
d. Não se dispõe de informação suficiente.

11.26. Um Hospital, que estava classificado como um serviço de administração indirecta do Estado (ex-FSA), tinha uma despesa de 52M euros, se sair do do perímetro das administrações públicas (em contabilidade nacional), passará em grande parte a ser financiado por transferências da Administração Central. Neste caso, haverá:
a. Uma diminuição da despesa no montante de 52M euros.
b. Uma diminuição da despesa menor do que 52M euros.

c. Um aumento da despesa.
d. Uma despesa igual.

11.27. Identifique a afirmação que é *sempre verdadeira*. Uma instituição (administrativa ou empresarial) não pertence às administrações públicas, de acordo com a contabilidade nacional:
a. Se, no caso de ser uma empresa, praticar preços para se financiar.
b. Se a sua principal fonte de financiamento é a receita associada a um preço, tarifa ou taxa.
c. Se opera redistribuição de rendimento e riqueza e é financiada por contribuições obrigatórias.
d. Se não é produtora de serviços mercantis.

11.28. Identifique a informação *falsa* relativa à metodologia da contabilidade pública na medição da actividade das administrações públicas:
a. É a metodologia adoptada na elaboração do Orçamento do Estado.
b. É a menos apropriada para avaliar a situação das finanças públicas em termos internacionais.
c. As despesas são registadas no ano em que são assumidos os compromissos.
d. As despesas são registadas no ano do respectivo pagamento.

11.29. Qual dos seguintes grupos de entidades pertence ao universo da Administração Central?
a. Direcção Geral do Orçamento, Universidade de Lisboa e Instituto Politécnico de Setúbal.
b. Direcção Geral do Orçamento, Universidade de Lisboa e Câmara Municipal de Lisboa.
c. Governo Regional dos Açores e Entidade Reguladora de Serviços Energéticos.
d. ISEG, Faculdade de Economia do Porto e Câmara Municipal do Porto.

11.30. A autonomia da *Segurança Social* como subsector das AP justifica-se por:
a. Um processo de descentralização administrativa.
b. Um processo de descentralização política.
c. Uma necessidade de desconcentração administrativa.
d. Uma exigência de transparência da atividade financeira do sistema.

11.31. Considere os seguintes dados (em unidades monetárias): a soma das receitas correntes e de capital dos três subsectores (não consolidado) = 50.000; receitas de transferências intersectoriais = 15.000; despesa efectiva consolidada das AP = 36.000; despesa em juros = 750. Qual o saldo primário?

a. + 250.
b. – 250.
c. + 1.750.
d. – 1.750.

Exercícios

1. Tendo em conta as contas do sector público para Portugal:

a. Clarifique o conceito de saldo global das administrações públicas (APs), tendo em conta a estrutura das APs e a natureza, financeira ou não, das receitas e despesas consideradas. Justifique a importância deste saldo.

b. Considere os seguintes dados do Orçamento de Estado para Portugal referentes a 2015:

Quadro 11.2. Dados do Orçamento de Estado para Portugal

(Em milhões de euros em contabilidade pública)

	Administração Central	Adm. Reg. e Local	Segurança Social
Receita corrente			
Impostos	40 313,70	4 190,80	170,4
Contribuições de Segurança Social	4 731,30	10,1	14 345,80
Outras receitas correntes	9 522,60	4 214,30	10 721,70
(das quais: transf. de outros subsectores da AP)	*1 855,60*	*2 713,30*	*9 143,50*
Despesa corrente			
Despesas com pessoal	14 856,60	3 445,70	269,5
Aquisição de bens e serviços	8 418,80	2 371,60	103
Subsídios e outras desp. Correntes	2326,7	352,8	353,7
Juros e outros encargos	8 201,70	404,9	7,9
Transferências correntes	24 898,30	537,5	23 623,60
(das quais: transf. para outros subsectores da AP)	*11 796,60*	*54,2*	*1 861,60*
Saldo capital	-2 442,70	-631,6	-38,2

Fonte: (*) Adaptado do OE2015, em milhões de euros, em contabilidade pública.

Calcule, para o total das administrações públicas, a receita corrente, os juros da dívida, a despesa corrente e os saldos de capital, global e primário. Justifique os cálculos.

2. Considere que, num dado ano *t*, prevê-se um saldo global das Administrações Públicas de menos cinco mil milhões de euros (-5000M), um saldo nulo da Segurança Social e um saldo global do subsector da administração regional e local de mais quinhentos milhões (+500M).

a. Que efeitos teria nestes saldos em *t+1* o seguinte conjunto de medidas:
- a quebra da receita do Imposto sobre o Valor Acrescentado (IVA), cobrado no continente, em 500 milhões;
- o aumento da receita no Imposto Municipal sobre Imóveis (IMI) de 250 M€;
- o aumento nas despesas de pessoal na administração central de 600 M€;
- a redução em 250 M€ no pagamento de dividendos pelas empresas públicas estatais;
- o aumento das transferências correntes do Estado para os Municípios em 100 M€.

b. Qual seria o saldo global do Estado (em sentido lato) em *t* e *t+1* e como variaria a despesa corrente da administração central de *t* a *t+1*?

3. Com base dos saldos no Quadro 11.3 seguinte obtenha:

i) os valores consolidados das transferências correntes, despesas correntes e os saldos corrente e global das Administrações Públicas (AP);

ii) o saldo corrente e primário da Segurança Social e os saldos globais da Administração Regional e Local e da Segurança Social. Comente brevemente os resultados dos saldos.

iii) calcule o grau de descentralização da despesa das AP;

iv) admita que o governo solicitou a simulação das seguintes alterações:
- quebra da receita do Estado de 1000 milhões de euros no IVA;
- aumento na receita do Imposto Municipal sobre Imóveis de 500 milhões de euros;
- redução de 200 milhões de euros na aquisição de bens e serviços pelo Estado;
- redução em 250 milhões de euros no pagamento de dividendos das empresas públicas;
- aumento das transferências do Estado para as Universidades públicas (despesa de funcionamento) em 100 milhões de euros e
- aumento em 5 milhões de euros da despesa com o pessoal das Administrações Regionais.

Calcule o novo saldo corrente do subsector *Estado* (serviços de administração directa) , apresentando os valores de todos valores de todas as componentes das receitas e despesas correntes desse subsector, após as alterações.

Quadro 11.3. Estimativa das Receitas e Despesas das Administrações Públicas (Óptica da Contabilidade Pública)

Milhões de Euros

	Administração Central		Administ. Regional e Local	Segurança Social	TOTAL
	Estado	FSA			
1. RECEITAS CORRENTES	37 871,6	23 161,5	7 707,0	24 023,0	67 542,0
1.1. Impostos directos	14 193,2	20,8	3 084,1	0,0	17 298,1
1.2. Impostos indirectos	19 832,8	401,2	887,0	731,8	21 852,8
1.3. Contribuições de Segurança Social	585,1	4 179,7	11,3	14 111,8	18 887,9
1.4. Outras receitas correntes	3 260,5	18 559,8	3 724,7	9 179,4	9 503,4
(das quais: transf. de outros subsectores)	1 067,7	15 253,8	2 012,2	6 887,3	
2. DESPESAS CORRENTES	45 156,6	22 376,3	7 407,4	23 426,9	?
2.1. Consumo Público	12 439,6	11 215,5	6 301,4	478,8	30 435,2
2.2. Subsídios	682,8	656,7	230,9	872,2	2 442,6
2.3. Juros e Outros Encargos	6 300,5	15,2	217,1	7,4	6 540,2
2.4. Transferências Correntes	25 733,7	10 488,9	658,0	22 068,6	?
(das quais: transf. p/ outros subsectores)	22 844,1	888,2	67,6	1 421,1	
3. SALDO CORRENTE	-7 285,0	785,2	299,6	?	?
4. RECEITAS DE CAPITAL	1 009,6	1 578,1	2 303,8	42,4	2 981,1
(das quais: transf. de outros subsectores)	12,4	434,4	1 499,2	6,6	
5. DESPESAS DE CAPITAL	4 239,7	1 439,3	2 678,9	103,3	6 508,5
5.1. Investimentos	653,3	539,9	2 296,8	36,1	3 526,0
5.2. Transferências de Capital	3 520,1	891,4	292,3	67,2	2 818,4
(das quais: transf. p/ outros subsectores)	1 814,6	129,3	8,8	0,0	
5.3. Outras despesas de capital	66,3	8,0	89,8	0,0	164,1
6. SALDO GLOBAL	-10 515,1	924,0	?	?	?
(em percentagem do PIB)	-6,0	0,5	0,0	0,3	-5,2
7. SALDO PRIMARIO				?	-2 591,3
(em percentagem do PIB)					-1,5

Fonte: Baseado no Relatório do Orçamento de Estado de 2011, adaptado; p.296.

4. Com base no Quadro 11.4:

a. Determine: i) os valores consolidados das receitas e despesas correntes, das transferências correntes e os saldos corrente, de capital e global das administrações públicas. Interprete; ii) os saldos primário e global dos subsectores Estado e Fundos e Serviços Autónomos da Administração Central[21].

b. Com a informação obtida explique a que se deve o défice orçamental em Portugal.

c. Calcule a estrutura das receitas correntes de cada subsector (não consolidadas) e a proporção das receitas correntes (consolidadas) de cada subsector no total das receitas correntes das administrações públicas. Faça o mesmo para as despesas correntes. Que conclui sobre as diferenças?

d. Quantifique e analise comparativamente o padrão (estrutura) da despesa total do Estado e dos Fundos e Serviços Autónomos da Administração Central, procurando justificar a importância relativa de cada rúbrica (consumo público, subsídios, encargos correntes da dívida, etc.) face às atribuições que lhes estão cometidas.

e. Considere que uma nova previsão leva às seguintes alterações: i) Uma subida da dívida pública e da taxa de juro fará aumentar em 5% os encargos com os juros da dívida em todos os subsectores; ii) Os investimentos efectuados nos hospitais públicos (SNS) excederão em 150 milhões de euros o inicialmente previsto; iii) A receita do IVA aumentará em 150 milhões de euros relativamente ao previsto; iv) A receita do Imposto Municipal sobre Transacções Onerosas de Imóveis IMT (ex-sisa) aumentará 50 milhões relativamente ao previsto; v) Os gastos em pensões de reforma crescerão 350 milhões de euros relativamente ao previsto.

Recalcule o Quadro 11.4 (até à linha do saldo global) para este cenário, avaliando nomeadamente o efeito das alterações sobre o saldos dos diferentes subsectores e para o total das AP.

Que tipo de alternativas pensa que estará à disposição do governo para repor o saldo global inicial?

[21] Esta fonte, sendo anterior às novas convenções da LEO 2015, apresenta uma conta das AP que reflecte uma estrutura em que a Administração Central se encontra desagregada no subsector *Estado* e *FSA*, actualmente, serviços de administração directa e administração indirecta do Estado, respectivamente.

Quadro 11.4. Estimativa das Receitas e Despesas das APs 2005 (Óptica da Contabilidade Pública)

Milhões de Euros

	Administração Central		Administ. Regional e Local	Segurança Social	TOTAL
	Estado	FSA			
1. RECEITAS CORRENTES	32563,3	21081,4	6533	17972,2	?
1.1. Impostos directos	11519,2	6,6	2414,2	0	13940
1.2. Impostos indirectos	18916,5	262,4	1021,1	592	20792
1.3 Contrib. Seg. Social	99,4	5873,6	6,6	11037,3	17016,9
1.4. Outras receitas correntes	2028,2	14938,8	3091,1	6342,9	7946,2
(das quais:transf. de outros subsectores)	608,3	11091,1	1783,6	4971,8	
2. DESPESAS CORRENTES	38625,6	20642,9	5713,3	17640,6	?
2.1. Consumo Publico	15141,6	11208,9	5065	492,3	31907,8
2.2. Subsídios	652,4	1622,6	146,4	505,1	2926,5
2.3. Encargos correntes da divida	3968,5	50,7	129,4	6	4154,6
2.4. Transferências Correntes	18863,1	7760,7	372,5	16637,2	?
(das quais:transf. p/ outros sub-sectores)	16574,5	772,6	34,2	1073,6	
3. SALDO CORRENTE	-6062,3	438,5	819,7	?	?
4. RECEITAS DE CAPITAL	368,3	2528,8	2502,9	33,4	3314,8
(das quais:transf. de outros sub-sectores)	33,3	522,5	1546,6	16,2	
5. DESPESAS DE CAPITAL	3450,7	1588,9	3357,2	67,2	6345,4
5.1. Investimentos	652,6	600,5	2957,2	31,8	4242,1
5.2. Transferências de Capital	2775,7	981,3	375,7	35,4	2049,5
(das quais:transf. p/ outros sub-sectores)	1921,9	176,5	11,8	8,4	
5.3. Outras despesas de capital	22,4	7,1	24,3	0	53,8
6. SALDO GLOBAL	?	?	-34,6	297,8	?
(em percentagem do PIB)	-3,3	0,4	0	0,5	-2,4
7. SALDO PRIMARIO	?	?	94,8	303,8	-3348,4
(em percentagem do PIB)	-0,10%	0,40%	0,10%	0,50%	0,90%

Fonte: Baseado nos dados do Relatório do Orçamento de Estado de 2005.

5. A partir do Quadro 11.5, determine a estrutura da despesa de cada um dos subsectores das Administrações Públicas e justifique as principais diferenças entre subsectores detectadas nessa estrutura.

Quadro 11.5. Despesas das Administrações Públicas

	Administração Central		Admin. Reg. e Local	Segurança Social	TOTAL Admin. Públicas (consolidado)
	Estado	FSA			
DESPESAS CORRENTES	44.496,1	22.660,8	7.030,9	22.039,1	71.719,9
DESPESAS DE CAPITAL	3.245,2	2.457,1	3.261,8	113,5	6.801,1
DESPESA EFECTIVA	47741,3	25117,9	10292,7	22152,6	78521

6. Explique porque é que os saldos globais dos vários subsectores são diferentes (não consolidados e consolidados), mas o saldo global das Administrações Públicas é igual. Dê três exemplos de fluxos financeiros que justifiquem parcialmente a diferença de 13.7 pontos percentuais no saldo global do Estado.

Quadro 11.6. Previsões dos saldos das Administrações Públicas 2009 (CP)

	Adm. Central		ARL	SS	Adm. Públicas
	Estado	FSA			
Saldo Global (não consolidado)	-3,6	0,6	-0,3	0,9	-2,4
Saldo Global (consolidado)	10,1	-7,6	-2,3	-2,6	-2,4

Fonte: Baseado no Relatório do Orçamento de Estado 2009 – Estimativa das Administrações Públicas; adaptado, p.124.

Tópicos de Reflexão Resolvidos

TR.11.1

A estrutura das administrações públicas (AP) pode ser compreendida a partir do conceito de descentralização, entendido como transferência de poderes e/ou competências entre pessoas colectivas de direito público distintas, cada uma dotada da respectiva personalidade jurídica.

O conceito de descentralização, por outro lado, está directamente relacionado com a estrutura do poder político democrático na organização do Estado dado que existem diferentes níveis de Governo constitucionalmente fundados: – o poder central, o poder regional e o poder local.

Existe *descentralização política* quando a transferência de poderes/competências se faz a partir da administração central para unidades administrativas territoriais de menor dimensão, com autonomia a nível político (isto é, em que os respectivos órgãos de Governo são eleitos democraticamente por processos eleitorais autónomos distintos dos que sufragam os representantes do poder central).[22]

Daqui resulta uma descentralização administrativa e financeira em movimento vertical entre distintos níveis hierárquicos de governo (exemplo: Governo central –> Autarquias). No processo de descentralização política, para além das capacidades de competências associadas à autonomia administrativa e financeira, também existe independência orçamental por parte das entidades descentralizadas (isto é capacidade de proposta, aprovação e execução de orçamento próprio).

Na *descentralização administrativa*, de carácter horizontal (dentro do mesmo nível de governo), existe autonomia administrativa e financeira, mas não existe capacidade para a elaboração independente de orçamento próprio aprovado em assembleia legitimada democraticamente. O organismo aprova o seu orçamento, mas a última palavra cabe à tutela e eventualmente ao Ministério das Finanças (caso não coincidam).

As entidades alvo de descentralização administrativa correspondem pois a movimentos de transferência de competências de forma horizontal (isto é, transferência de competências dentro do mesmo nível de Governo, por exemplo, entre serviços de administração directa do Estado e entidades de administração indirecta do Estado, ex-FSA).

O orçamento das entidades descentralizadas administrativamente é integrado no Orçamento de Estado (OE).

[22] Vale a pena relembrar o que é referido na nota 12 do capítulo 11 do livro *Economia e Finanças Públicas, 5ª edição* (pg. 370) que o conceito utilizado pelos autores, aí e aqui, de *descentralização política* é um conceito político-económico. Note-se que o EUROSTAT coloca na mesma categoria "*Regional and Local Governments*" a administração regional e a administração local Portuguesa. Porém, do ponto de vista jurídico, a descentralização para os órgãos das regiões autónomas é considerada *político-administrativa* e para as autarquias de *descentralização administrativa*.

Características – capacidades de autonomia
Os organismos com autonomia administrativa e financeira (descentralizados) têm personalidade jurídica, podem adquirir património, ter autonomia de tesouraria (gerir resultados transitados), ter receitas próprias, acesso ao crédito (embora dependente da autorização do Ministério das Finanças) e têm alguma flexibilidade contratual (recursos humanos e bens e serviços).
Quando existe descentralização política, as entidades descentralizadas têm, naturalmente, autonomia administrativa e financeira, a que acresce a independência orçamental e ainda, no caso do poder regional (Regiões Autónomas dos Açores e da Madeira), poder tributário próprio (poder de propor e criar novos impostos de incidência territorial, previsto constitucionalmente).

Serviços de administração indirecta do Estado (ex-FSA)
Trata-se de entidades de direito público sujeitos de descentralização administrativa (transferência horizontal de competências).
Estas entidades são organismos de administração indirecta do Estado que pertencem à Administração Central (isto é, dependentes do órgão do governo central da República) e que dispõem de autonomia administrativa e financeira, cuja lógica se inscreve no âmbito de um processo de descentralização administrativa (movimento horizontal de competências). Possuem personalidade jurídica, com possibilidade de deter/adquirir património, autonomia de tesouraria (gestão de saldos entre exercícios), podem ter receitas próprias, ter acesso ao crédito (limitado por autorização do Ministério das Finanças) e liberdade contratual (recurso humanos e bens e serviços).
Estes organismos podem deter uma das seguintes características:
- Ter receitas próprias que cubram pelo menos dois terços da respetiva despesa; ou
- Gerir fundos comunitários; ou
- Ser uma entidade reguladora; ou
- Ser um organismo do SNS (Serviço Nacional de Saúde) ou do Ensino Superior Público;
- Ser uma empresa com capitais públicos *não mercantil*;

Nota: São também entidades da administração indirecta do Estado as empresas públicas não mercantis (algumas reclassificadas do SPE*m* para o SPE*nm*), que resulta da aplicação de um conjunto de critérios económicos que trazem para o perímetro das AP entidades públicas empresariais que estavam fora da AP (no SPE*m*) mas que, em virtude de nova avaliação das suas contas, ao abrigo das convenções do SEC2010 (sistema de convenções de Contabilidade Nacional em vigor na UE, via Eurostat), as identificam como sendo entidades das AP, isto é, que contam directamente para o défice e para a dívida pública (casos recentes, em Portugal, das reclassificações das empresas Metro de Lisboa, Porto e Refer). Isto sucede quando, de forma sistemática, as receitas resultantes da actividade da entidade não cobrem parte significativa dos custos económicos de exploração, sendo que os eventuais preços praticados não são "economicamente significativos" para tal, levando à reclassificação como entidades administrativas, entrando (ou reentrando) no perímetro das AP, ou quando é o Governo o único adquirente dos bens e/ou serviços produzidos por essas entidades. As necessidades financeiras, nestes casos, são supridas pelo Orçamento do Estado, o que fundamenta a sua inserção, como organismos de administração indirecta do Estado, dentro do perímetro das AP, e não no SPE*m*.

ARL
A ARL congrega as entidades/organismos descentralizados numa lógica de descentralização política como sejam as Câmaras Municipais, ao nível do poder local, ou os órgãos regionais (no caso das Regiões Autónomas).
Os organismos da ARL, para além das autonomias próprias da descentralização administrativa (autonomia administrativa e financeira), possuem independência orçamental.

b)
Apenas as entidades/organismos que são sujeitos de descentralização política têm independência orçamental. No edifício das AP temos os seguintes agrupamentos sectoriais com independência orçamental, associados aos respectivos níveis de governo:

- Administração Central + SS: as suas receitas e despesas são inscritas no Orçamento do Estado (OE).
- ARL (Administração Regional e Local): as suas receitas e despesas são inscritas nos orçamentos regionais/municipais, nas várias instâncias autárquicas locais (Câmaras Municipais/Junta de Freguesia, no caso do Poder Local); ou do Governo Regional (no caso das Regiões Autónomas da Madeira e dos Açores).

Nos orçamentos respectivos, OE (nível de Governo Central) e orçamentos específicos, no caso das instâncias do poder regional e local, são inscritas as despesas e receitas de cada organismo integrado no respectivo orçamento independente.
No entanto, existe relação financeira entre os orçamentos independentes dos vários subsetores da AR:

- As entidades da ARL, para além das suas receitas próprias, recebem anualmente transferências do OE, reguladas pelas Leis das Finanças Locais e a Lei das Finanças Regionais, para fazer face às suas despesas. Ao nível das despesas de capital, as ARL recebem também um financiamento directo proveniente de transferências comunitárias para certos investimentos de natureza regional e local.

Através das transferências do Estado para as ARL temos, pois, alguma comunicabilidade financeira entre entidades que, porém, têm independência orçamental entre si, do ponto de vista processual e democrático, relacionado com a descentralização política prevista na Constituição da República.

Dentro dos subsectores que estão na alçada do OE (AC+SS) também existem transferências intersectoriais, nomeadamente das entidades de administração directa do Estado para outros subsectores.

A independência orçamental de certos subsectores não descarta que exista uma relação financeira entre os mesmos, através das transferências entre subsectores (inscritos em orçamentos distintos, de níveis de governo diferentes).

TR.11.**3**

O sistema mais amplo de informação relacionada com as contas das AP tem a ver com lógica de Contabilidade Pública, em que se evidencia, em cada subsector, a totalidade das receitas efectivas (excluindo operações sobre activos e passivos financeiros, que não são efectivas) e despesas efectivas (idem), incluindo as transferências intersectoriais que têm lugar.

Note-se que, na lógica de cada subsector, as transferências recebidas de outros subsectores e pagas a outros subsectores são, respectivamente, receitas e despesas efectivas para esses subsectores!

A lógica da Contabilidade Pública corresponde à lógica dos valores não consolidados, que permite, por si só, uma análise vertical em cada subsector, em termos de desenho estrutural de receitas e despesas efectivas, em cada subsector.

Consolidação:

Quando se procede à consolidação das receitas (ou das despesas), é necessário subtrair às receitas as transferências provenientes *de* outros subsectores (e no caso das despesas, retirar as transferências *para* outros subsectores).

Note-se que as contas das AP, em Contabilidade Nacional, da forma como são apresentadas não permite passar dos valores não consolidados sectoriais para o valor consolidado das administrações públicas; porém em Contabilidade Pública existe mais informação sobre os fluxos entre subsectores o que permite realizar essa consolidação.

A partir do sistema de informação da Contabilidade Pública é possível calcular os valores consolidados das receitas e despesas totais efectivas.

Com valores consolidados, obtém-se economicamente o valor das receitas correntes (agora em particular, que são estas as focadas pelo tópico de reflexão) *obtidas fora* das AP.

Através dos valores consolidados podemos analisar a estrutura horizontal de cada tipo de receita nas AP, isto é, a distribuição do peso de cada subsector institucional na arrecadação de determinado tipo de receita (corrente ou de capital). Uma interpretação semelhante pode ser feita para a despesa, obtida pelas AP, fora do perímetro das AP, o que é uma análise economicamente muito relevante.

A leitura da estrutura horizontal das receitas sobre valores consolidados dá-nos, pois, a distribuição intersectorial do peso das receitas associadas intrinsecamente às competências de cada sector face ao exterior das AP.

Do lado da despesa, com base nos valores totais de despesa consolidada, é possível dispor de dois *indicadores* importantes: a *dimensão das AP* no PIB (AP/PIB) e do *grau de descentralização* (ARL/AP).

Assim, e em conclusão, os valores consolidados servem para, em termos de análise económica, se proceder a uma análise estrutural horizontal da globalidade das AP, tendo como preocupação poder responder a questões como:

- Qual a percentagem de receitas correntes de cada subsector no total das receitas correntes da AP?
- Qual a percentagem de despesas correntes no total das despesas efectivas?

Este tipo de questões é respondido tendo em conta os valores em receitas e despesas consolidadas.

Nota: ver Quadro 11.6 no livro Economia e Finanças Públicas, para ilustração.

<u>TR.11.8</u>

a) *Direcção geral do Consumidor;*

Uma Direcção Geral – neste caso, no âmbito da estrutura do Ministério da Economia – é o exemplo de um serviço de administração directa do Estado, uma entidade desconcentrada administrativamente, em termos funcionais ou territoriais, em que existe autonomia administrativa por parte dos dirigentes do serviço. Estas entidades não têm personalidade jurídica. O seu grau de autonomia é limitado e o objectivo é melhorar funcional e territorialmente o exercício de competências e responsabilidades dos vários Ministérios que executam as políticas públicas do Governo, fiscalizado pela AR.

Os dirigentes destes organismos podem tomar decisões de gestão corrente (de acordo com as directrizes da respectiva tutela Ministerial), com base no orçamento que lhes está adstrito. Não têm património próprio; não podem recorrer à actividade contratual própria (crédito, recursos humanos, fornecimento bens e serviços, etc.). Não têm autonomia para a celebração de contratos, em geral.

b) *A Agência Portuguesa do Ambiente;*
É um organismo pertencente à administração indirecta do Estado (ex-FSA), no âmbito da AC, descentralizado administrativamente – é um instituto público, em que os seus dirigentes detêm capacidade de autonomia administrativa e financeira (nas características já tratadas em geral em questão anterior). A tutela desta entidade está funcionalmente associada ao Ministério do Ambiente e Ordenamento e Desenvolvimento do Território. Os organismos FSA estão concentrados sobretudo num número reduzido de Ministérios do Governo. Para além deste modelo institucional permitir uma maior eficácia na gestão de certas actividades das administrações, poderão deter um volume considerável de receitas próprias que advenham de taxas ou de gerirem fundos consideráveis co-financiados pela UE para certos projectos de grande expansão estrutural.

c) *Câmara Municipal de Faro;*
Trata-se de uma autarquia local, uma entidade de Administração Regional e Local (ARL), dotada de autonomia administrativa e financeira e independência orçamental, já que pertence a um nível de governo distinto do da Administração Central. Uma câmara municipal é uma entidade que, na estrutura das AP, é sujeita de um processo de descentralização política, conferindo-lhe, dentro de limites constitucionais e legais, autonomia política (que é legitimada por actos eleitorais próprios para a eleição dos respectivos titulares dos executivos e assembleias de deputados). Daqui resulta a independência orçamental que congrega as decisões sobre despesa e receita, geridos dentro das faculdades que a lei permite a estas instituições.

d) *Entidade Reguladora de Serviços Energéticos;*
Sendo um regulador sectorial é, por natureza, um serviço de administração indirecta do Estado, um organismo com descentralização administrativa em que os dirigentes detêm capacidade de autonomia administrativa e financeira. Na realidade é um caso especial dentro da AC, pois é uma *entidade administrativa independente,* que lhe dá ainda maior independência do poder político (nomeadamente na dificuldade de substituição do(a) regulador(a) só em condições excepcionais devidamente fundamentadas).
Este grau mais elevado de independência de acção do organismo prende-se com a necessidade de neutralidade e transparência face à actividade reguladora que

exerce, no funcionamento dos mercados que supervisiona quanto à concorrência (decisões sobre tarifação no consumo, etc.) e o objectivo (no caso das entidades administrativas independentes) de pouca interferência do poder político.

e) *Caixa Geral de Depósitos.*
Trata-se de uma instituição de fora das AP, pertencente, antes de mais, ao sector financeiro e, em concreto, ao sector público financeiro mercantil, uma das componentes do Sector Público Empresarial (dividido entre SPE financeiro e empresas do SPE não financeiras). As empresas incluídas no SPE*m*, neste caso a banca comercial pública, têm uma lógica mercantil e são detidas ou tituladas por capitais totalmente públicos (ou maioritariamente públicos).

TR.11.9
As empresas públicas são entidades constituídas por capitais totalmente públicos (propriedade do Estado), ou maioritariamente públicos. Podem ser mercantis (SPE*m*) ou não mercantis (SPE*nm*).
As empresas públicas não mercantis pertencem às administrações públicas como serviços de administração indirecta do Estado, como parte da Administração Central, e a sua actividade conta para o défice orçamental e para a dívida pública soberana.
As empresas públicas mercantis não pertencem ao perímetro das AP e integram o SPE*m* – Sector Público Empresarial mercantil. Para uma empresa pública integrar o SPE*m*, obedece a duas condições:

- Vendem bens ou prestam serviços a preços economicamente significativos, isto é, dispõem de receitas que, decorrentes da sua actividade e objecto, cobrem significativamente os seus custos de produção (CMe/CMg), isto é, mais de 50% segundo as normas do SEC2010 – Contabilidade Nacional; adotadas pelas autoridades estatísticas – INE e Eurostat.
- Assumem a forma jurídica empresarial (sujeitos de direito privado nas responsabilidades que detém na conclusão do negócio), com capitais predominantemente públicos.

Ao longo do tempo, contudo, estes dois domínios não são estanques, isto é, há empresas públicas inseridas no SPE que podem passar a integrar as AP e vice-versa.
Trata-se da questão da *reclassificação* de empresas públicas para o perímetro das AP. Isso acontece quando existem empresas que são reconhecidas por autoridades estatísticas como empresas não mercantis, isto é, em que, reiteradamente, as receitas que cobrem os seus custos de funcionamento não provêm de "preços economicamente significativos", mas sim de subvenções e transferências estatais. Quando esta situação é observada por um período

consecutivo superior a 3 anos, o Eurostat e o INE reclassificam a empresa pública como uma entidade pertencente às AP e não ao SPE, trazendo-as para o perímetro das administrações públicas.

Nestas condições estão algumas empresas reclassificadas, como sejam os casos da Refer, do Metro de Lisboa e do Metro do Porto. Em Setembro de 2014 passaram para o perímetro das AP novamente os "hospitais–empresa" (Hospitais EPE) donde tinham saído, no início deste século, com o chamado processo de "empresarialização hospitalar" e dos contratos-programa e que agora surgem reclassificados no perímetro das AP pelas autoridades estatísticas. A empresarialização de entidades públicas hospitalares foi um controverso exemplo associado a uma prática de "desorçamentação" (ver capítulo seguinte, OE), como forma de aliviar fontes de criação formal de défice público no domínio das contas públicas (isto é, nas contas das administrações).

No universo das empresas públicas fora das AP (isto é, do SPE), temos vários exemplos, como a RTP, a CP, a Carris, a ANA-aeroportos, entre muitas outras.

TR.11.**10**

Em teoria, a distinção entre "injecções de capital" que são operações financeiras (não contando *directamente* para o défice nem para a dívida) das que são operações não financeiras (contando para ambos) é fácil de fazer se atentarmos ao espírito do manual sobre o défice e a dívida pública do Eurostat. Uma operação é *financeira* se o património do Estado praticamente não se altera em valor, mas altera a sua forma. Por exemplo se o Estado usa parte dos seus depósitos no Tesouro para adquirir parte do capital de uma empresa privada, ou para aumentar o capital de uma empresa pública, o que se está a processar é uma alteração do património do Estado: onde antes havia numerário, agora há acções de valor equivalente. Trata-se de uma operação financeira, em que se alterou a composição dos activos do Estado. Esta *despesa de capital,* é assim classificada como despesa em activos financeiros, não contando diretamente para o défice nem para a dívida pública. Já uma "injecção de capital" numa empresa que só teve resultados negativos no passado e não se perspectiva rentabilidade futura, é (caso se possa efectivar) uma transferência de capital e nesse caso terá impacto directo no défice e em princípio, um impacto mediato na dívida (bruta). Esse impacto existirá assumindo que o Estado vai ter de emitir dívida pública adicional para satisfazer essa necessidade de financiamento. Note-se que nesta discussão, e em ambos os casos, a natureza da empresa (pública ou privada) recebedora dos fundos é irrelevante. Se for uma compra de acções de uma empresa viável economicamente, é uma operação financeira, o Estado estará a adquirir acções (*equity*) da empresa. Se não for, não é uma operação financeira.

Os casos reais são sempre um pouco mais complexos. A título de exemplo, no final de 2015 o governo fez a "*resolução*" do Banif separando aquilo que eram os seus activos tóxicos dos activos saudáveis e depois vendendo. Isso obrigou-o a mobilizar 2255 milhões de euros para resolver o Banco (o que inclui uma injecção de capital no BANIF de 1766 milhões e um empréstimo ao fundo de resolução de 489 milhões), para de imediato o vender ao Banco Santander Totta que ficou com o Banco (os activos saudáveis) por 150 milhões. Simplificando, aquilo que é um pouco mais complexo: o défice e a dívida em 2015 aumentaram em 2105 milhões (=2255-150), ou 1,2% do PIB, que foi o necessário para resolver o problema do Banif.
O caso da Caixa Geral de Depósitos (CGD) é, a vários títulos, muito diferente. Trata-se de um banco totalmente público (o Banif era maioritariamente público) em processo de *recapitalização*, para satisfazer as suas necessidades de rácios de capital. Convém registar que a CGD atravessou, num passado recente, um período de resultados negativos. O accionista Estado fez uma injecção de capital. A forma de tratar, contabilisticamente falando, esta injecção de capital, como operação financeira ou não, depende em muito do plano de negócio e da perspectiva de rentabilidade futura desta aplicação de capital. Se ela existir, então trata-se de um investimento, que terá retorno no futuro e é uma *operação financeira*. Neste caso, não tem impacto directo no défice e na dívida. Claro que se o Estado não quiser usar os seus activos (e.g. depósitos no tesouro) terá de emitir dívida, pelo que existirá um impacto *indirecto* na dívida, que aumentará. Se esta injecção de capital não for acompanhada de um plano de negócio com perspectiva de rentabilidade (aceite pela Comissão Europeia e EUROSTAT), então seria uma transferência de capital afectando défice e dívida, razão que até poderia criar problemas à "recapitalização". Em qualquer dos casos, tudo o resto constante, a injecção de capital, leva indirecta ou directamente ao aumento da dívida. No primeiro caso, o défice não aumenta mas no segundo aumenta. Para finalizar, é sempre possível um caso misto, em que a injecção de capital seja superior às necessidades de recapitalização. Nesse caso, e admitindo que a Comissão Europeia valide esta operação, a parte de recapitalização é considerada um aumento de capital e o remanescente seria uma transferência de capital e contaria (esta parte apenas) para o défice público.

Exercícios Resolvidos

E.11.1

a)

O saldo orçamental das administrações públicas é a diferença entre receitas e despesas efectivas (não financeiras) dos três sub-sectores das administrações públicas: Administração Central (AC), Administração Regional e Local (ARL) e Segurança Social (SS). As receitas efectivas são as receitas não financeiras, excluindo portanto as receitas com activos e passivos financeiros. A importância do saldo global é que, quando negativo (défice), ele indica-nos uma parte substancial das necessidades de financiamento líquidas das administrações públicas, isto é a necessidade de endividamento adicional nesse ano, que levará ao aumento da dívida pública. Quando é positivo existe superavit, possibilitando capacidade de financiamento das APs, ou seja a capacidade de reduzir a dívida pública.

b)

		Administ. Central	**Administ. Regional e Local**	**Segurança Social**	**Administ. Públicas**
Receita corrente					74 508,30
	Impostos	40 313,70	4 190,80	170,40	44 674,90
	Contribuições de Segurança Social	4 731,30	10,1	14 345,80	19 087,20
	Outras receitas correntes	9 522,60	4 214,30	10 721,70	10 746,20
	(das quais: transf. de outros subsectores da AP)	1 855,60	2 713,30	9 143,50	
Despesa corrente					76 459,90
	Despesas com pessoal	14 856,60	3 445,70	269,5	18 571,80
	Aquisição de bens e serviços	8 418,80	2 371,60	103	10 893,40
	Subsídios e outras desp. Correntes	2326,7	352,8	353,7	3 033,20
	Juros e outros encargos	8 201,70	404,9	7,9	**8 614,50**
	Transferências correntes	24 898,30	537,5	23 623,60	35 347,00
	(das quais: transf. p/ outros subsectores da AP)	11 796,60	54,2	1 861,60	
Saldo capital		-2 442,70	-631,60	-38,20	**-3 112,50**
Saldo Global					-5 064,10
Saldo Primário					3 550,40

Notas explicativas para os cálculos:

- receita corrente das APs = soma dos impostos dos 3 subsectores + soma das contribuições sociais + soma das outras receitas correntes (consolidadas) qu se obtém como a soma das outras receitas correntes menos a soma das transf. de outros subsectores.
- despesa corrente das APs = soma das despesas de pessoal dos 3 subsectores+soma das aquisições de bens e serviços + soma dos subsídios e outras despesas correntes + soma dos juros+soma das transferências correntes (consolidadas) que se obtém como a soma das transferências correntes menos a soma das transf. para outros subsectores.
- Juros das APs – soma dos juros da AC, ARL e SS.
- Saldo de capital das APs – soma dos saldos de capital da AC, ARL e SS.
- Saldo global = soma do saldo corrente e de capital=receita corrente menos despesa corrente mais saldo de capital.
- Saldo Primário = soma do saldo global e dos Juros.

<u>E.11.2</u>

a)

Para se perceber o efeito das medidas no *saldo das administrações públicas* convém perceber que a variação da receita é uma redução de 500 M.(-500+250-250=-500) e o aumento da despesa de 600M, pelo que a variação do saldo é negativa em 1100M, pelo que o saldo global das AP passaria a -6100 milhões. (nota: a transferência do Estado para os municípios não altera o saldo das AP). Para se perceber o efeito das medidas no *saldo da administração regional e local* vemos que ambas as medidas (subida de IMI e subida das transferências das AP) fazem aumentar a receita em 350M (250M+100 respetivamente). O saldo global da ARL passaria para 850 milhões de euros.

b)

Como, neste caso, o saldo global das administrações públicas é a soma do saldo global do Estado (administração central e segurança social) e da administração regional e local, conclui-se que o saldo global do Estado no ano *t* será a *diferença* entre ambos ou seja um défice de 5500 milhões (5500=-5000-500). Das medidas referidas há uma que não afecta nem o saldo global do Estado (sentido lato) nem a despesa corrente: a alteração na receita de IMI. Duas delas fazem aumentar a despesa corrente da administraçao central (pessoal 600M e transferências correntes para municípios 100M) que aumentaria 700 M de euros. Em contrapartida, a receita do Estado (sentido lato) reduziria 750 milhões, pelo efeito da redução do IVA (500M) e dos dividendos (200M). Todas estas medidas agravam o défice em 1450M (=700+750) pelo que o novo saldo do Estado em *t+1* seria um défice de 6950M.

E.11.3

i) Valores consolidados das transferências correntes = (25733,7 + 10488,9 + 658 + 22068,6) – (22844,1 + 888,2 + 67,6 + 1421,1) = 58949,2
Despesa corrente = (45156,6 + 22376,3 + 7407,4 + 23426,9) – (22844,1+888,2+67,6+1421,1) = 73 146,2
Saldo corrente = 67542 – 73146,2 = – 5604,2
Saldo global = Saldo corrente + saldo de capital = – 5604,2 + (2981,1 – 6508,5) + (-3527,4) = -9131,6

ii) Saldo correntes da SS = 24023 – 23426,9 = 596,1
Saldo primário da SS = saldo corrente + juros = 596,1 + 7,4 = 603,5
Saldo global da ARL = saldo corrente + saldo de capital = 299,6 + (2303,8 – 2678,9) = -75,5
Saldo global da SS = saldo corrente + saldo de capital = 596,1 + (42,4 – 103,3) = 535,2

iii) Grau de descentralização = despesa (corrente e de capital) consolidada da ARL em % da despesa consolidada (corrente e capital) da AP
Despesa consolidada ARL= (7407,4 – 67,6) + (2678,9 – 8,8) = 7339,8 + 2670,1 = 10009,9
Despesa consolidada da AP (*valores do quadro*) = 73146,2 + 6508,5 = 79654,7
Grau de descentralização = 12,6%.

iv) O novo saldo corrente do subsector Estado (serviços de administração directa) depende da variação das receitas correntes e das despesas correntes do subsector Estado. São irrelevantes para este cálculo as medidas que não têm impacto no saldo deste subsector.

Nas receitas correntes teremos o seguinte efeito (em milhões de euros):
- impostos indirectos: 19832,8 – 1000 (IVA) = 18832,8
- outras receitas correntes: 3260,5 – 250 (dividendos) = 3010,5

Despesas Correntes:
- consumo público: 12439,6 – 200 (aquisição bens e serviços) = 12239,6
- transf. correntes: 25733,7 + 100 (universidades) = 25833,7

Novo saldo corrente do subsector Estado da AC = (14193,2 + 18832,8 + 585,1 + 3010,5) – (12239,6 + 682,8 + 6300,5 + 25833,7) = 36621,6 – 45056,6 = – 8435.

O aumento da receita em IMI e o aumento da despesa em pessoal dos governos regionais *não afectam* o saldo corrente do subsector Estado da AC, mas sim da ARL.

E.11.4.

a)

Nova Estimativa das Administrações Públicas (Óptica da Contabilidade Pública)

Unidade: milhões de euros

	Administração Central		ARL	SS	TOTAL
	Estado	FSA			
1. RECEITAS CORRENTES	32563,3	21081,4	6533,0	17972,2	59695,1
1.1. Impostos directos	11519,2	6,6	2414,2	0	13940,0
1.2. Impostos indirectos	18916,5	262,4	1021,1	592	20792,0
1.3 Contribuições p/ Seg. Social	99,4	5873,6	6,6	11037,3	17016,9
1.4. Outras receitas correntes	2028,2	14938,8	3091,1	6342,9	7946,2
(das quais:transf. de outr. subsectores)	608,3	11091,1	1783,6	4971,8	
2. DESPESAS CORRENTES	38625,6	20642,9	5713,3	17640,6	64167,5
2.1. Consumo Público	15141,6	11208,9	5065	492,3	31907,8
2.2. Subsídios	652,4	1622,6	146,4	505,1	2926,5
2.3. Encargos correntes da dívida	3968,5	50,7	129,4	6	4154,6
2.4. Transferências Correntes	18863,1	7760,7	372,5	16637,2	25178,6
(das quais:transf. p/ outr. subsectores)	16574,5	772,6	34,2	1073,6	
3. SALDO CORRENTE	-6062,3	438,5	819,7	331,6	-4472,5
4. RECEITAS DE CAPITAL	368,3	2528,8	2502,9	33,4	3314,8
(das quais:transf. de outr. subsectores)	33,3	522,5	1546,6	16,2	
5. DESPESAS DE CAPITAL	3450,7	1588,9	3357,2	67,2	6345,4
5.1. Investimentos	652,6	600,5	2957,2	31,8	4242,1
5.2. Transferencias de Capital	2775,7	981,3	375,7	35,4	2049,5
(das quais:transf. p/ outr. subsectores)	1921,9	176,5	11,8	8,4	
5.3. Outras despesas de capital	22,4	7,1	24,3	0	53,8
6.SALDO GLOBAL	-9144,7	1378,4	-34,6	297,8	-7503,0
(em percentagem do PIB)	-3,3	0,4	0	0,5	-2,4
7. SALDO PRIMÁRIO	-5176,2	1429,1	94,8	303,8	-3348,4
(em percentagem do PIB)	-0,10%	0,40%	0,10%	0,50%	-0,90%

Fonte: Baseado no Relatório do OE2005; adaptado.

b) Dado que o saldo do subsector da administração local e regional é praticamente nulo, e os saldos da Segurança Social e dos Fundos e Serviços Autónomos da Administração Central são superavitários, o défice orçamental deve-se exclusivamente ao défice do subsector Estado.

c)

Estrutura das receitas e peso de cada sector nas receitas consolidadas										
	Estado	%	**FSA**	%	**ARL**	%	**SS**	%	**TOTAL**	%
1. RECEITAS CORRENTES	32563,3	98,9	21081,4	89,3	6533,0	72,3	17972,2	99,8	59695,1	94,7
1.1. Impostos directos	11519,2	35,0	6,6	0,0	2414,2	26,7	0	0,0	13940,6	22,1
1.2. Impostos indirectos	18916,5	57,4	262,4	1,1	1021,1	11,3	592	3,3	20792,7	33,0
1.3 Contribuições p/ Seg. Social	99,4	0,3	5873,6	24,9	6,6	0,1	11037,3	61,3	17017,2	27,0
1.4. Outras receitas correntes	2028,2	6,2	14939	63,3	3091,1	34,2	6342,9	35,2	7946,6	12,6
(das quais:transf. de outr.subsectores)	608,3	1,8	11091	47,0	1783,6	19,7	4971,8	27,6		
4. RECEITAS DE CAPITAL	368,3	1,1	2528,8	10,7	2502,9	27,7	33,4	0,2	3314,8	5,3
(das quais:transf. de outr. subsectores)	33,3	0,1	522,5	2,2	1546,6	17,1	16,2	0,1		
RECEITAS TOTAIS (sem activos)	32931,6	100	23610,2	100	9035,9	100	18005,6	100	63009,9	100

	Estado	%	**FSA**	%	**ARL**	%	**SS**	%	**TOTAL**	%
Receitas correntes consolidadas	31955,0	53,5	9990,3	16,7	4749,4	8,0	13000,4	21,8	59695,1	100,0

d)

Estrutura das despesas e peso de cada sector nas despesas consolidadas										
	Estado	**%**	**FSA**	**%**	**ARL**	**%**	**SS**	**%**	**TOTAL**	**%**
2. DESPESAS CORRENTES	38625,6	91,8	20642,9	92,9	5713,3	63,0	17640,6	99,6	64167,5	91,0
2.1. Consumo Publico	15141,6	36,0	11208,9	50,4	5065	55,8	492,3	2,8	31909,2	45,3
2.2. Subsidios	652,4	1,6	1622,6	7,3	146,4	1,6	505,1	2,9	2926,6	4,2
2.3. Encargos correntes da divida	3968,5	9,4	50,7	0,2	129,4	1,4	6	0,0	4154,7	5,9
2.4. Transferencias Correntes	18863,1	44,8	7760,7	34,9	372,5	4,1	16637	94,0	25179,0	35,7
(das quais:transf. p/ outros subsectores)	16574,5	39,4	772,6	3,5	34,2	0,4	1073,6	6,1		
5. DESPESAS DE CAPITAL	3450,7	8,2	1588,9	7,1	3357,2	37,0	67,2	0,4	6345,9	9,0
5.1. Investimentos	652,6	1,6	600,5	2,7	2957	32,6	31,8	0,2	4242,5	6,0
5.2. Transferencias de Capital	2775,7	6,6	981,3	4,4	375,7	4,1	35,4	0,2	2049,6	2,9
(das quais:transf. p/ outros subsectores)	1921,9	4,6	176,5	0,8	11,8	0,1	8,4	0,0		
5.3. Outras despesas de capital	22,4	0,1	7,1	0,0	24,3	0,3	0	0,0	53,8	0,1
DESPESAS TOTAIS	42076,3	100	22231,8	100	9070,5	100	17707,8	100	70513,4	100

	Estado	**%**	**FSA**	**%**	**ARL**	**%**	**SS**	**%**	**TOTAL**	**%**
Despesas correntes consolidadas	22051,1	34,4	19870,3	31,0	5679,1	8,9	16567,0	25,8	64167,5	100,0

Da comparação resulta que o subsector Estado da AC detém uma maior proporção de receitas (correntes consolidadas) do que tem de despesas e isto está associado ao facto de muitos impostos serem receitas da AC. Posteriormente parte dessas receitas é canalizada para outros subsectores através de transferências intersectoriais.

e)

Estimativa das Administrações Públicas (Óptica da Contabilidade Publica)

Unidade: milhões de euros

	Administração Central		Administ. Regional e Local	Segurança Social	TOTAL
	Estado	FSA			
1. RECEITAS CORRENTES	32713,3	21081,4	6583	17972,2	59895,1
1.1. Impostos directos	11519,2	6,6	2464,2	0	13990
1.2. Impostos indirectos	19066,5	262,4	1021,1	592	20942
1.3 Contrib. Seg. Social	99,4	5873,6	6,6	11037,3	17016,9
1.4. Outras receitas correntes	2028,2	14938,8	3091,1	6342,9	7946,2
(das quais:transf. de outros subsectores)	608,3	11091,1	1783,6	4971,8	
2 DESPESAS CORRENTES	38824,025	20645,435	5719,77	17990,9	64725,3
2.1. Consumo Publico	15141,6	11208,9	5065	492,3	31907,8
2.2. Subsidios	652,4	1622,6	146,4	505,1	2926,5
2.3. Encargos correntes da divida	4166,925	53,235	135,87	6,3	4362,4
2.4. Transferencias Correntes	18863,1	7760,7	372,5	16987,2	25528,6
(das quais:transf. p/ outros subsectores)	16574,5	772,6	34,2	1073,6	
3. SALDO CORRENTE	-6110,725	435,965	863,23	-18,7	-4830,2
4.RECEITAS DE CAPITAL	368,3	2528,8	2502,9	33,4	3314,8
(das quais:transf. de outros subsectores)	33,3	522,5	1546,6	16,2	
5. DESPESAS DE CAPITAL	3450,7	1738,9	3357,2	67,2	6495,4
5.1. Investimentos	652,6	750,5	2957,2	31,8	4392,1
5.2. Transferencias de Capital	2775,7	981,3	375,7	35,4	2049,5
(das quais:transf. p/ outros subsectores)	1921,9	176,5	11,8	8,4	
5.3. Outras despesas de capital	22,4	7,1	24,3	0	53,8
6. SALDO GLOBAL	-9193,125	1225,865	8,93	-52,5	-8010,8
7. SALDO PRIMARIO	-5026,2	1279,1	144,8	-46,2	-3648,4

A este acréscimo potencial do défice o governo pode tomar medidas para o reduzir. A que é mais usada, porque em geral tem custos políticos mais baixos, é cativar as despesas de investimento público nesse montante. O governo poderá também tentar que os serviços cortem outras despesas correntes que não as de pessoal.

12.
Orçamento do Estado

Resumo
Este capítulo clarifica a noção e o âmbito do Orçamento do Estado, as regras orçamentais, as várias formas de classificação das receitas e despesas públicas, bem como as principais características do ciclo orçamental desde a sua elaboração até à aprovação da Conta Geral do Estado.

O *Orçamento de Estado* (OE) é uma Lei da Assembleia da República (AR) resultante de Proposta de Lei do governo, que contém uma previsão de todas as receitas e de despesas da Administração Central[23] e Segurança Social (SS) autorizadas pela AR para o período de um ano civil. É um documento que tem uma importante dimensão económica, jurídica e política, pois traduz, do ponto de vista prático, as prioridades políticas do governo para um dado ano civil. A Lei do OE inclui um *articulado* e *mapas orçamentais* e anexos com a discriminação das receitas e despesas daqueles subsectores. A acompanhar a Proposta de Lei, o governo deve também entregar um *relatório* para informar a AR da natureza e das opções de política orçamental seguidas, bem como informação relevante de natureza macroeconómica que fundamenta as previsões orçamentais para o ano económico do orçamento.

Estão excluídos os orçamentos das regiões autónomas, bem como dos municípios que dele são independentes. Apesar disso, estão incluídas no OE as despesas de transferências da Administração Central, que são receitas daqueles subsectores, ao abrigo das leis de finanças regionais e locais.

23 Até à Lei de Enquadramento Orçamental de 2015 (LEO 2015) a Administração Central encontrava-se formalmente subdividida, como já anteriormente referido, em dois subsectores: Estado e Fundos e Serviços Autónomos (FSA).

A elaboração do OE obedece a um conjunto de regras que, com as devidas excepções, norteiam a sua elaboração. De acordo com a regra da *anualidade*, o Orçamento é aprovado uma vez por ano e executado durante um ano. A *unidade e universalidade* indicam que o OE é documento único e que todas as receitas e despesas das entidades do Estado tuteladas pelo governo central nele estão inscritas. A *não consignação*, regra com inúmeras excepções, estabelece que toda e qualquer receita deve servir para financiar toda e qualquer despesa. A *não compensação* estabelece que receitas e despesas devem ser registadas pelos seus valores brutos, sem dedução de quaisquer encargos na cobrança de receitas ou de receitas associadas à execução das despesas. A regra da *especificação* e do *equilíbrio* completam a lista das regras orçamentais.

O OE, de acordo com a LEO, deve especificar de forma detalhada as receitas de acordo com a classificação económica e por fonte de financiamento e as despesas de acordo com a classificação económica, orgânica e funcional, por programas e por fonte de financiamento. A *classificação económica* usada nos diferentes subsectores distingue as receitas e despesas correntes e de capital, subdividindo-se ambas em múltiplas categorias. É esta classificação que permite uma análise económica, nomeadamente o cálculo dos saldos corrente, capital, global (ou efectivo) e primário. A *classificação orgânica*, usada para as despesas nos diferentes subsectores, é a classificação que associa as despesas aos vários departamentos da Administração Pública. Deste modo, cada departamento da administração (Ministérios, Institutos Públicos, etc.) saberá o montante máximo da despesa a executar. A *classificação funcional*, corresponde à desagregação da despesa pública por funções e sub-funções (soberania, sociais, económicas e outras) e dá uma perspectiva quanto à tradução financeira das prioridades políticas do governo. Do lado da receita é apenas aplicado o critério de classificação económica.

A *regra do equilíbrio*, aplicada ao OE, está expressa na Constituição da República Portuguesa (CRP) e determina que as receitas *totais* devem cobrir as despesas *totais*. Num certo sentido é correcto afirmar que, formalmente, um orçamento está sempre equilibrado, pois tem que haver receitas para financiar despesas (equilíbrio *formal*). Contudo, é importante distinguir as *receitas e as despesas efectivas* (não financeiras) das receitas e despesas financeiras (de activos e passivos financeiros, não efectivas). Em particular, as receitas de passivos financeiros (creditícias) dão origem a compromissos futuros (amortizações), enquanto que as receitas efectivas não. Assim, quando se refere a existência de um défice orçamental está-se apenas a referir *certo* tipo de receitas e despesas (equilíbrio *substancial*). O *saldo global ou efectivo* traduz a diferença entre *receitas e despesas efectivas* e pode ser deficitário, equilibrado ou superavitário. O pacto de estabilidade e crescimento da UE (ver capítulo 15) estabelece que o défice orçamental deve ser inferior a 3% do PIBpm. A LEO estabelece que os subsectores Administração Central e Segurança Social devem apresentar um saldo global nulo ou positivo, salvo se a conjuntura do período a que se refere o orçamento, justificadamente, não o permitir[24].

O *ciclo orçamental* tem, no essencial, quatro fases. A preparação do OE, a discussão e aprovação na AR, a sua execução e fiscalização e por fim, a elaboração, votação e fiscalização da Conta do Estado. O início do processo orçamental foi adaptado, a partir de 2015, às datas chave do *Semestre Europeu*. Inicia-se com a apresentação da actualização do Programa de Estabilidade e proposta das GOP pelo governo ao Parlamento até 15 de Abril. Segue-se a preparação, por parte do governo, da *proposta de lei do OE*, um processo de forte componente técnica e política, que deverá estar terminado até 1 de Outubro, data limite para apresentação na AR. Envolve necessariamente a elaboração de um *cenário macroeconómico* com previsões para inflação, crescimento económico, desemprego (etc.), fixação de objectivos em relação ao saldo orçamental global, previsão de receitas, determinação de tectos para despesas quer global, quer sectorialmente (Ministérios), bem como a elaboração dos mapas orçamentais com as classificações acima referidas, o articulado da Lei e as demonstrações orçamentais e financeiras. Após aprovação em Conselho de Ministros, a Proposta de Lei dá entrada na AR.

O *processo de discussão* e aprovação do OE é regulado pela CRP, pela LEO e pelo Regimento da AR. Deverá decorrer no espaço de 45 dias e é realizado quer em *plenário*, onde têm assento a totalidade dos deputados, quer na *comissão especializada* – competente em matéria de apreciação da proposta de lei. Ao plenário da AR cabe a discussão e aprovação na generalidade do OE, bem como na especialidade dos artigos do articulado da Lei que respeitem a matérias relativas ao sistema fiscal (criação/ extinção de impostos, alteração de taxas, etc.) ou relativas a empréstimos. À comissão parlamentar cabe a discussão e aprovação na especialidade de todos os restantes artigos do articulado, bem como dos mapas orçamentais.

A *execução do OE*, isto é, a cobrança das receitas e a realização das despesas é da responsabilidade do governo. Na prática, compete directamente aos Ministros, Secretários de Estado e Dirigentes de serviços de base orgânica do subsector da Administração Central. A execução das despesas deve respeitar o princípio da legalidade (respeitar o quadro jurídico), da regularidade orçamental (estar prevista e contida na dotação orçamental do OE) e da boa

[24] Em anteriores versões vigentes da LEO estabelecia-se diferentes situações orçamentais para os subsectores Estado (prescrevendo-se saldo primário positivo, salvo se a conjuntura não o permitisse) e FSA (saldo global nulo ou positivo).

gestão financeira. A execução das receitas pressupõe apenas os princípios de legalidade e regularidade orçamental, o que significa estar prevista no OE, pois o montante efectivo de receita pode ultrapassar o previsto.

O *controlo orçamental* assume várias formas. O *controlo administrativo* é feito antes de mais pelas próprias entidades administrativas, pelo Ministério das Finanças (Inspecção Geral de Finanças e Direcção Geral do Orçamento) e Inspecções sectoriais de cada Ministério. O *controlo jurisdicional* é realizado pelo Tribunal de Contas – órgão de soberania independente do poder político que faz auditorias ao sector publico administrativo e empresarial. O *controlo político* é realizado pela Assembleia da República, onde o governo é escrutinado sobretudo pelos partidos da oposição.

Tópicos de reflexão: capítulo 12

1. Considerando as regras ou princípios de organização orçamental:
a. Justifique a sua importância no processo orçamental português.
b. Escolha três delas, caracterize-as e explique as razões da existência de eventuais excepções legais ao seu cumprimento.

2. Justifique porque é que não só alterações aos impostos, como também o recurso ao endividamento constituem área de competência exclusiva da Assembleia da República e porque são matérias discutidas e votadas em plenário da AR e não em comissões parlamentares.

3. Diga o que entende por Orçamento do Estado e explique sucintamente o papel do Governo e da Assembleia da República no processo orçamental.

4. A Lei 151/2015, de 11 de Setembro – Lei de Enquadramento Orçamental (LEO), é um dos principais elementos de regulação do ciclo orçamental.
a. Apresente as várias finalidades da LEOE, para além da referida na afirmação.
b. Refira as diversas fases do ciclo orçamental e caracterize sucintamente o papel que a Assembleia da República assume nesse âmbito.

5.
a. Defina os conceitos de orçamento de gerência e de exercício, relacionando-os com as ópticas contabilísticas relevantes.
b. Identifique o sistema actualmente em vigor no Orçamento de Estado em Portugal e explicite as suas vantagens e inconvenientes.

6. No âmbito da elaboração do Orçamento do Estado utilizam-se regras orçamentais e classificações de receitas e despesas.
a. Explique as regras da não consignação e da anuidade
b. Diga qual a importância da distinção entre a classificação funcional e orgânica das despesas públicas.

7. A regra da especificação é uma das regras que presidem à organização do Orçamento do Estado (OE) em Portugal.
a. Diga o que entende por essa regra e quais os seus principais objectivos, tendo em conta os sistemas de classificação de despesas e receitas.
b. A nova Lei de Enquadramento do OE prevê a generalização dos *"programas"* no âmbito da especificação. Concorda com a sua generalização? Justifique devidamente a sua posição.

8. *"O Orçamento do Estado está sempre equilibrado"*. Utilizando dois conceitos de equilíbrio, explique porque é que num caso a afirmação é correcta e noutro não.

9. Diga o que entende por *cenário macroeconómico* e explique a sua importância no processo de elaboração do OE.

10. Considere o Quadro 12.1, apresentado no final do enunciado, sobre a estrutura funcional da despesa do Estado em 1990, 2000, 2010, 2018.
a. Qual o interesse da classificação funcional da despesa?
b. Identifique as principais tendências de crescimento relativo da despesa e explique que factores poderão ter estado subjacentes às alterações verificadas.

Quadro 12.1. Despesa Funcional do Estado em % do PIB: 2019

FUNÇÕES/SUB-FUNÇÕES	1990	2000	2010	2018
Funções Gerais de Soberania				
1. Serviços gerais da Adm. Pública	6,4	1,3	1,1	1,1(P)
2. Defesa nacional	1,7	1,3	1,7	0,8(P)
3. Segurança e ordem públicas	-	1,3	1,8	1,6(P)
Funções Sociais				
1. Educação	3,7	4,8	4,8	3,6(P)
2. Saúde	3,1	4,1	5,4	4,4(P)
3. Acção e segurança sociais	1,1	3,7	6,6	6,6(P)
4. Habitação e serviços colectivos	-	0,7	0,2	0,0(P)
5. Serv. culturais, recreativos e religiosos	-	0,3	0,2	0,2(P)
Funções económicas				
1. Agricultura e pecuária, silvicultura, caça e pesca	-	0,5	0,3	0,2(P)
2. Indústria e energia	-	0,2	0,0	0,1(P)
3. Transportes e comunicações	-	0,8	0,3	0,5(P)

Fontes: PORDATA. Novembro, 2019.
Notas: (P) – Valor provisório.

11. Distinga sucintamente receitas efectivas de receitas totais. O *défice orçamental* das administrações públicas a que tipo de receitas diz respeito?

12. Suponha que o Orçamento do Estado para um determinado ano incentiva a prática desportiva, quer a amadora, quer a de alta competição, reduzindo a taxa do IVA e excluindo determinados rendimentos da tributação do IRS. Qual a racionalidade económica subjacente a esta medida?

13. O processo técnico de elaboração do Orçamento de Estado obedece a um conjunto de regras e procedimentos. Proceda à distinção: i) entre a classificação orgânica e a classificação funcional da despesa; ii) entre o registo contabilístico em contabilidade pública e o registo contabilístico em contabilidade nacional.

14. Esclareça sucintamente a importância da utilização das classificações económica, funcional e orgânica na elaboração do Orçamento do Estado.

15. Considere as regras de organização do Orçamento de Estado. Escolha três delas, caracterize-as de forma sintética e explique eventuais excepções legais ao seu cumprimento.

16. Defina o conceito e âmbito do Orçamento do Estado e identifique, de forma sintética, as suas dimensões económica, política e jurídica.

17. Esclareça sucintamente o papel do Governo e da Assembleia da República nas várias fases do ciclo orçamental.

18. Distinga as três classificações mais importantes da despesa pública usadas no Orçamento do Estado e clarifique a respectiva importância. Qual a regra orçamental relacionada com estas classificações.

19. Proceda à distinção entre as classificações *funcional* e *orgânica* das *despesas* públicas.
Explique, sinteticamente, a sua importância do ponto de vista da análise de um Orçamento do Estado.

20. Responda às seguintes questões:

a. Proceda à distinção entre equilíbrio formal e equilíbrio substancial e identifique o conceito de equilíbrio a observar por cada subsector das Administrações Públicas à luz do quadro legal em vigor.
b. A universalidade é uma das regras de organização do Orçamento do Estado. Identifique o seu conteúdo, fundamentos e excepções.

21. Responda às seguintes questões:

a. Explique sinteticamente as regras orçamentais da não-consignação e da não-compensação.
b. Classifique cada uma das rúbricas seguintes como efectiva – corrente ou de capital – ou não efectiva: i) receita em impostos; ii) receita em multas; iii) receita de uma privatização; iv) despesa de ampliação de um hospital público; v) salários dos funcionários públicos; vi) amortização de dívida pública.

22. No contexto do Orçamento do Estado:

a. Explique, exemplificando, a diferença entre receitas efectivas e receitas totais.
b. Caracterize um dos requisitos ideais para a elaboração de um orçamento, enunciando os factores explicativos e objectivos que o fundamentam.

Questões de escolha múltipla

12.1. Diga qual a proposição *falsa*: A proposta de Lei de Orçamento deverá conter obrigatoriamente...
a. Uma proposta de articulado.
b. Mapas orçamentais.
c. Um relatório.
d. As projecções macroeconómicas a seis anos.

12.2. A proposta de Lei de Orçamento de Estado na Assembleia da República:
a. É discutida e votada em Plenário.
b. É discutida na generalidade em Plenário e na especialidade em Comissão.
c. É discutida na generalidade em Plenário e na especialidade quer em Plenário, quer na Comissão.
d. É discutida em Plenário e votada na especialidade em Comissão.

12.3. A classificação orgânica das receitas e despesas é sobretudo importante para:
a. Organizar o Orçamento do Estado.
b. Identificar o Orçamento que cada organismo terá de gerir.
c. Clarificar o organigrama do Estado.
d. Permitir calcular um conjunto de saldos orçamentais.

12.4. A classificação económica das receitas e despesas é importante, pois entre outras coisas permite:
a. Prever o impacto macroeconómico do Orçamento de Estado.
b. Prever o impacto microeconómico do Orçamento de Estado.
c. Definir as prioridades políticas do governo.
d. Calcular um conjunto de saldos orçamentais, distinguindo o tipo de receita e despesa.

12.5. A classificação funcional das receitas e despesas é sobretudo importante para:
a. Clarificar as prioridades políticas do governo para a Administração Central e Segurança Social.
b. Conseguir realizar uma análise económica das receitas e despesas.
c. Clarificar quais as funções prioritárias na óptica da totalidade das administrações públicas.
d. Identificar o Orçamento que cada organismo terá de gerir.

12.6. Diga qual das seguintes concretizações da regra de equilíbrio orçamental, de acordo com o estipulado na Lei de Enquadramento Orçamental, é *falsa*:
a. O saldo primário do Estado deve estar equilibrado.
b. O saldo global (efectivo) dos Fundos e Serviços Autónomos deve estar equilibrado.
c. O saldo global (efectivo) da Segurança Social deve estar equilibrado.
d. O saldo global (efectivo) da Administração Regional e Local deve estar equilibrado.

12.7. Quando o Estado emite dívida pública está a ter uma receita:
a. Efectiva de capital.
b. De um activo financeiro.
c. De um passivo financeiro.
d. Extraordinária.

12.8. *"A totalidade das receitas orçamentais deve servir para financiar a totalidade das despesas orçamentais"*. Trata-se da regra de:
a. Especificação.
b. Não consignação.
c. Não compensação.
d. Universalidade.

12.9. *"As receitas e as despesas devem ser inscritas pelos seus valores brutos, ou seja, sem qualquer dedução de eventuais despesas (encargos de cobrança) e de eventuais receitas que lhes estejam associadas"*. Trata-se da regra de:
a. Especificação.
b. Não consignação.
c. Não compensação.
d. Universalidade.

12.10. Diga qual a proposição *falsa*:
a. O orçamento de um município é elaborado e aprovado de forma independente do Orçamento do Estado.
b. As receitas municipais fazem parte das receitas do Orçamento do Estado.
c. As despesas dos municípios fazem parte das despesas das Administrações Públicas.
d. O orçamento de um município recebe transferências do Orçamento do Estado.

12.11. O Orçamento de Estado contém uma previsão de Receitas e Despesas:
a. Dos serviços de administração directa do Estado.
b. Da Administração Central.
c. Da Administração Central e Segurança Social.
d. Da Administração Central, Segurança Social, Administração Regional e Local.

12.12. Diga qual a proposição *falsa*: O conceito de equilíbrio orçamental *substancial* pode relacionar-se com...
a. Todas as receitas públicas e todas as despesas públicas.
b. As receitas efectivas e as despesas efectivas.
c. As receitas correntes e as despesas correntes.
d. As receitas de capital e as despesas de capital.

12.13. Das afirmações seguintes identifique aquela que se refere apenas a um subconjunto das regras orçamentais:
a. Anualidade, especificação e não subestimação das despesas;
b. Unidade e universalidade, não sobrestimação das receitas e equilíbrio;
c. Não subestimação das despesas, não sobrestimação das receitas e equilíbrio;
d. Anualidade, unidade e universalidade e especificação.

12.14. A que subsectores da Administração Pública se aplica a classificação funcional da despesa?
a. Aos três subsectores da Administração Pública;
b. À Administração Central, Regional e Local;
c. Á Administração Central e à Segurança Social;
d. Só aos serviços de administração directa do Estado e à Segurança Social.

12.15. Suponha que num Orçamento de Estado de um país hipotético, a receita do IVA está consignada ao Ministério da Saúde e que todas as receitas e despesas estão inscritas pelos seus valores líquidos. Diremos então que neste OE são violadas as seguintes regras:
a. Não consignação e universalidade.
b. Não consignação e especificação.
c. Não compensação e especificação.
d. Não compensação e não consignação.

12.16. Identifique a afirmação *verdadeira*: A independência orçamental, consagrada na Constituição da República Portuguesa, determina que...

a. Os saldos orçamentais de todos os subsectores sejam contabilizados no saldo global das Administrações Públicas.
b. Os orçamentos das Administrações Regionais e Locais, bem como o orçamento da Segurança Social não integrem o Orçamento do Estado.
c. Os orçamentos das Administrações Regionais e Locais não integrem o Orçamento do Estado nem neste sejam inscritas as transferências inter-subsectores.
d. Os orçamentos das Administrações Regionais e Locais não integrem o Orçamento do Estado.

12.17. No Orçamento do Estado as receitas são apresentadas de acordo com os seguintes critérios de classificação:
a. Funcional e por programas.
b. Funcional e orgânica.
c. Económica e por programas.
d. Económica e orgânica.

12.18. No decurso da execução do Orçamento do Estado (OE), as despesas e receitas dos serviços integrados do Estado devem estar inscritas no OE e obedecem aos seguintes requisitos:
a. A execução das receitas e despesas é realizada por duodécimos, sendo que todos os valores inscritos podem ser ultrapassados.
b. A execução das despesas é realizada por duodécimos, sendo que todos os valores inscritos (receitas e despesas) podem ser ultrapassados.
c. A execução das despesas é realizada por duodécimos, sendo que os valores inscritos para as receitas podem ser ultrapassados.
d. A execução das despesas é realizada por duodécimos, sendo que todos os valores inscritos (receitas e despesas) são limites máximos.

12.19. A regra que determina que as receitas e as despesas previstas no Orçamento do Estado devem ser apresentadas de forma suficiente, mas não exaustiva, corresponde à:
a. Universalidade.
b. Não compensação.
c. Especificação.
d. Não consignação.

12.20. O Orçamento do Estado integra os orçamentos:
a. Dos serviços de administração directa do Estado, dos serviços de administração indirecta do Estado (ex-FSA) e da Administração Local.

b. Dos serviços de administração directa do Estado, dos serviços de administração indirecta do Estado (ex-FSA) e da Administração Regional.
c. Dos serviços de administração directa do Estado, dos serviços de administração indirecta do Estado (ex-FSA) e da Segurança Social.
d. Dos serviços de administração indirecta do Estado (ex-FSA), da Administração Regional e Local e da Segurança Social.

12.21. Identifique a afirmação *verdadeira*: No decurso de um dado ano económico, o Governo deve apresentar uma proposta de alteração do Orçamento do Estado em vigor sempre que...
a. A despesa efectiva realizada e a realizar, global e por ministérios, não ultrapasse a previsão inicial.
b. Seja ultrapassada a previsão relativa à receita em impostos indirectos.
c. A receita em dividendos seja inferior à previsão inicial.
d. O Estado português participe num empréstimo de solidariedade no quadro da UEM, mesmo que a autorização parlamentar inicial se revele suficiente para todas as operações de activos financeiros no ano.

12.22. Qual das seguintes é uma receita de um activo financeiro:
a. Dividendos de empresas públicas.
b. Receita de Privatizações.
c. Receita de Empréstimos.
d. Receita derivada da Alienação de Imóveis.

12.23. Identifique a afirmação *falsa*. A Constituição da República Portuguesa estabelece:
a. O âmbito e o conteúdo da lei do Orçamento do Estado.
b. A apresentação das receitas e das despesas.
c. O objectivo a médio prazo para o saldo global (efectivo).
d. A partilha de competências entre o Parlamento e o Governo.

12.24. A Lei-Quadro das Privatizações e a Lei de Bases da Segurança Social constituem excepções legais à regra:
a. Da não-consignação.
b. Da anualidade.
c. Do equilíbrio.
d. Da especificação.

12.25. Identifique a afirmação *verdadeira*. Entre as regras de organização do Orçamento do Estado encontram-se as seguintes:

a. Anualidade, compensação e especificação.
b. Unidade e universalidade, compensação e especificação.
c. Anualidade, não consignação e discriminação.
d. Unidade e universalidade, não consignação e especificação.

12.26. Diga o que é *verdadeiro* acerca do equilíbrio orçamental aplicável às Administrações Regionais e Locais, segundo a Lei de Enquadramento Orçamental (LEO):
a. A LEO é omissa nesta matéria.
b. Saldo global (efectivo) nulo.
c. Saldo corrente positivo e saldo de capital negativo.
d. Saldo primário nulo ou positivo.

12.27. As receitas das contribuições para a segurança social constituem um exemplo de excepção legal à regra da:
a. Anualidade.
b. Universalidade.
c. Especificação.
d. Não-consignação.

12.28. No âmbito do ciclo orçamental, o Governo da República tem, nomeadamente, as seguintes competências:
a. A elaboração da proposta de Lei do OE bem como a preparação da Conta Geral do Estado.
b. A execução e fiscalização do OE.
c. A elaboração da proposta de Lei e a fiscalização do OE.
d. A aprovação na generalidade da proposta de Lei do OE.

Exercícios

1. Historicamente, o processo de consolidação orçamental iniciado em meados de 2005 pretendia ser um contributo para o conjunto de reformas estruturais que Portugal encarava na segunda metade da primeira década do séc. XXI, de modo a tornar-se uma economia moderna e dinâmica. Uma das tarefas do Governo, na altura, consistiu na preparação de um programa de consolidação das contas públicas largamente assente em reformas estruturais que pudessem inverter o crescimento da despesa pública primária. Os Orçamentos subsequentes apostam então na contenção da despesa primária, com particular ênfase nas despesas de funcionamento da Administração Central.

As opções do Governo, em termos de categorias de despesa e funções, que concretizam a prioridade do programa de consolidação das finanças públicas neste período, podem ser identificadas com base na informação disponibilizada nos Quadros 12.2 a 12.4, elaborados a partir dos dados do Relatório do OE2007.

a. Assim, com base no Quadro 12.2:
   a.1. Determine a estrutura da despesa do Estado em 2005 (execução) e 2007 (orçamento). Interprete as alterações no referido biénio.
   a.2. Calcule o peso da despesa primária na despesa *efectiva* total para os dois anos em questão. Comente.

Quadro 12.2. Despesa do Estado por classificação económica

Milhões de euros

Designação	2005 (execução)	2007 (orçamento)
Despesa Corrente	38.625,7	41.267,3
Despesas com pessoal	13.668,3	13.418,0
Aquisição bens e serviços	1.209,0	1.286,2
Juros e outros encargos	3.968,5	4.755,7
Transferências correntes	18.863,2	20.681,8
Subsídios	652,4	690,9
Outras desp. Correntes	264,4	434,6
Despesa de capital	3.450,7	3.179,7
Aquisição bens de capital	652,6	561,6
Transferências capital	2775,7	2550,9
Outras desp. Capital	22,4	67,2
Despesa efectiva (sem activos)	**42.076,4**	**44.447,0 (a)**

(a) A diferença face aos quadros seguintes decorre de um mero registo contabilístico.
Fonte: adaptado do Quadro III.1.12 (Relatório OE2007, pp.99).

b. Com base no Quadro 12.3:
   b.1. Determine qual era a estrutura da despesa do Estado por funções e subfunções, de acordo com o OE2007.
   b.2. O que pode concluir sobre a alteração de prioridades face à execução do OE para 2005?

Quadro 12.3. Despesa do Estado segundo a classificação funcional

Milhões de euros

	2005 (execução)	%	2007 (orçamento)
Funções Gerais de Soberania	6.052,3	14,4	6.245,6
Serviços gerais da A.P.	1.793,6	4,3	1.851,0
Defesa Nacional	1.786,8	4,2	1.715,4
Segurança e ordem públicas	2.471,9	5,9	2.679,1
Funções Sociais	25.731,6	61,2	26.803,4
Educação	7.316,1	17,4	7020,1
Saúde	8.998,0	21,4	8.876,0
Segurança e acção sociais	8.413,1	20,0	9.986,3
Habitação e serviços colectivos	568,4	1,4	514,5
Serviços culturais e outros	436,0	1,0	406,5
Funções Económicas	1.933,8	4,6	1.754,7
Agricultura e pecuária e pesca	576,2	1,4	534,6
Indústria e energia	2,5	0,0	6,0
Transportes e comunicações	1.091,0	2,6	973,7
Comércio e turismo	33,1	0,1	28,5
Outras funções económicas	230,9	0,5	211,9
Outras Funções	8.358,7	19,8	9.896,4
Operações da dívida pública	3.967,5	9,4	4.755,0
Outra	4.391,3	10,4	5.141,4
Despesa efectiva	42.076,4	100	44.700,1

Fonte: Adaptado do Quadro III.1.14 (Relatório OE2007, p.104)

c. O Quadro 12.4 apresenta a repartição da despesa do Estado em 2005 e 2007 por grandes agregados.
   c.1. Identifique duas rubricas que constituam despesa obrigatória e independente das opções da política orçamental. Determine o seu peso na despesa total.
   c.2. Calcule, para os dois anos em questão, o peso relativo da despesa em *Investimentos do Plano, Dotações Específicas* e *Funcionamento em sentido estrito.* Comente as alterações detectadas, à luz dos objectivos da estratégia orçamental da altura.
   c.3. Com base nas variações percentuais, identifique as principais alterações a ocorrer entre 2005 e 2007 nos agregados relativos às *Dotações Específicas,* relacionando-as com as conclusões da alínea b.

Quadro 12.4. Despesa do Estado por Grandes Agregados da Despesa

Milhões de euros

Designação	2005 (execução)	2007 (orçamento)
1. Investimentos do Plano	2.083,9	1.880,2
2. Dotações Específicas	28.606,3	30.575,9
Lei da Programação Militar	203,8	311,6
Transf. Serviço Nacional de Saúde	7.634,0	7.674,8
Transf. Segurança Social	4.719,1	5.402,7
Transf. Regiões Autónomas	415,0	548,8
Transf. Administração Local	2.550,4	2.529,8
Contribuição financeira UE	1.280,0	1.430,8
Outras transferências	665,8	630,8
Educação pré-escolar	480,9	461,8
Ensino superior e serviços de apoio	1.208,5	1.118,4
Juros e outros encargos da dívida	3.967,5	4.755,0
Encargos com pensões (CGA) e saúde (ADSE e outros)	4.470,4	4.192,5
Outras dotações específicas	1.010,9	1.518,9
3. Funcionamento em sentido estrito	9.674,1	9.190,2
4. Despesas com compensação em receita	1.712,0	3.053,8
Despesa sem activos	**42.076,4**	**44.700,1**

Fonte: adaptado do Quadro III.1.13 (Relatório OE2007, p.103)

2. Considerando a Estimativa das Administrações Públicas a seguir apresentada:

a. Calcule o saldo global e primário do subsector Estado[25] e o saldo global das administrações públicas. Interprete os resultados, clarificando a composição do subsector Estado e seu contributo para o défice global das APs.

Nota: Apresente os cálculos efectuados.

[25] Como vem sendo referido, na terminologia da nova LEO(2015) em vigor, o subsector Estado refere-se aos serviços de administração directa do Estado e o subsector FSA (Fundos e Serviços Autónomos) refere-se aos serviços de administração indirecta do Estado. A anterior LEO não só utilizava as anteriores designações como supunha uma desagregação explícita das contas da Administração Central naqueles dois subsectores que surgem nas fontes estatísticas então publicadas.

Quadro 12.5. Estimativa das Administrações Públicas – 2010

	ESTADO	FSA's	ADMINIST. LOC&REG.	SEGURANÇA SOCIAL	Administrações Públicas
1. RECEITAS CORRENTES	35018,1	23577,9	7786,5	23769,1	?
Impostos directos	13464	20,5	3121,2	0,0	
Impostos indirectos	18575	397,8	868,1	697,7	
Contribuições de Segurança Social	218,9	4274,6	11,2	13493,1	
Outras receitas correntes	2760,2	18885,1	3785,9	9578,3	
(das quais:transf. de outr. subsectores)	708,2	15732,2	2107,8	7874,1	(-)
2. DESPESAS CORRENTES	46816,3	23207,7	7469,4	23347,8	74418,9
Consumo Público	13262,4	12270,5	6308,3	468,3	32309,5
Subsídios	761,8	618,5	240,8	1133,4	2754,4
Juros e Outros Encargos	5250,9	15,2	209,4	4,6	5480,1
Transferências Correntes	27541,2	10303,6	711,0	21741,4	33874,9
(das quais:transf. p/ outr. subsectores)	24517,7	633,7	67,6	1203,3	(-)
4.RECEITAS DE CAPITAL	1014,6	3198,4	2312,3	47,6	4280,3
(das quais:transf. de outr. subsectores)	29,2	701,1	1556,1	6,2	(-)
5. DESPESAS DE CAPITAL	3144,2	1164	2870	100,5	4986,1
Investimentos	696,3	434,1	2401,4	29,0	3560,8
Transferências de Capital	2431,3	672,5	376,4	71,7	1259,3
(das quais:transf. p/ outr. subsectores)	2156,3	127,2	8,8	0,3	(-)
Outras despesas de capital	16,6	57,4	92,2	-0,2	166,0

(Óptica da Contabilidade Pública em M. euros)
Fonte: Relatório OE2011

b. A partir dos dados expressos no quadro, identifique e explique o conteúdo das quatro componentes mais importantes da despesa pública (no cruzamento da classificação económica com o respectivo subsector), excluindo as transferências para outros subsectores.

c. Enuncie duas medidas que tenham impacto na redução da despesa pública nesses items.

Tópicos de Reflexão Resolvidos

<u>TR.12.9.</u>

O OE é um documento com fortes implicações económicas, políticas e jurídicas, desde logo, para a apresentação de uma previsão da actividade financeira do Estado, que é influenciada (e influencia!) pelo enquadramento macroeconómico e inclui decisões políticas que terão efeitos sobre alguns dos principais agregados macroeconómicos.

Assim, o processo de elaboração do OE começa com um exercício de formulação de um cenário macroeconómico base que compreende, designadamente:

- Previsão sobre o crescimento do PIB;
- Variáveis da procura interna (consumo privado, consumo público e investimento);
- Previsão sobre variáveis do comércio externo (exportações e importações);

Esta fase prévia – o cenário – é discutida e aprovada em Conselho de Ministros e marca o início da preparação da Proposta de Lei por parte Governo (ver Quadro 12 do manual).

As decisões de política económica – muitas delas veiculadas através do OE (impostos, transferências para as famílias, política salarial da função pública, ...) – afectam directamente os agregados macroeconómicos e, como tal, o próprio ritmo de crescimento do produto. A cenarização da sensibilidade da evolução das variáveis é um aspecto de grande relevância na preparação do sistema de informação para a elaboração do OE.

Nas previsões macroeconómicas consideram-se também as projecções sobre o crescimento dos nossos principais parceiros comerciais e um estudo previsional de certas medidas previstas no OE, em termos da sua influência sobre as variáveis da procura interna (C,G,I).

A previsão do ritmo de crescimento do PIB assume uma importância determinante para a previsão das receitas fiscais (não considerando os efeitos que possam resultar da própria alteração da política fiscal). Existe um risco importante: uma sobreavaliação do crescimento do PIB conduz a uma sobreavaliação das receitas fiscais, o que pode levar a inscrever mais despesa pública no OE e a criar, claro, factores potenciadores de maiores défices públicos executados, efectivos.

Finalmente, o OE tem efeitos plurianuais relevantes (por exemplo: efeitos intertemporais dos compromissos com PPP – parcerias público-privado, ou certos investimentos), o que confere uma importância adicional ao cenário macroeconómico: cada orçamento deve ser enquadrado por previsões macroeconómicas de médio prazo, de forma assegurar a sua coerência relativa com o ciclo económico e os objectivos de médio prazo resultantes dos compromissos europeus (PaEC/Tratado Orçamental).

Existem ainda outras variáveis contempladas no cenário macroeconómico, que constitui a 1º etapa na proposta de Lei do OE, tal como a previsão de inflação e do deflactor do PIB, previsão das taxas de câmbio dos principais parceiros extra zona euro, etc.
O realismo e rigor técnico do cenário macroeconómico são duas características desejáveis para se ter um bom orçamento, donde a necessidade de dispor de adequados modelos macroeconométricos (aumento da fiabilidade das previsões quantitativas).

<u>TR.12.**19.**</u>
Uma das regras do OE – a da especificação – exige que as despesas (e receita) possam ser descritas por uma classificação regida por critérios legalmente estabelecidos. A estabilidade e previsibilidade dessa classificação de despesa, segundo diferentes critérios, assegura a possibilidade de se realizar uma análise temporal da política orçamental e identificar objectivos e prioridades anuais na preparação do orçamento de Estado.
Dois dos critérios de classificação da despesa são a classificação funcional e a classificação orgânica.
A funcional classifica a despesa segundo as diferentes funções afectas aos subsectores visados no OE. Assim, a "arrumação" da informação sobre a distribuição de despesa reparte-se do seguinte modo:
- Funções gerais de soberania (defesa nacional, segurança pública,...)
- Funções Sociais (com educação, saúde, proteção social,...)
- Funções económicas (ligadas aos sectores económicos, agricultura, indústria, serviços...)
- Outras funções (por exemplo, as operações com a gestão da dívida pública).

Encontramos aqui pois uma desagregação da informação das despesas públicas segundo finalidades específicas, um modelo proposto pelo FMI (ver Quadro 12.1 do manual teórico de EFP).
A discriminação funcional da despesa é independente da organização política-administrativa: não há uma necessária relação biunívoca entre o exercício da função e um departamento único que lhe corresponda (Despesa em Educação pode englobar serviços de vários ministérios ou serviços de administração indirecta do Estado,, desde que, qualitativamente, seja identificada na função "Educação").
De acordo com a clarificação orgânica, a despesa pública é discriminada por departamentos da administração pública que, regra geral, correspondem aos Ministérios que representam as várias áreas governativas. Dentro desta lógica, existe ainda uma desagregação da informação pelos diferentes serviços de cada Ministério, com grande detalhe técnico. Existem vantagens neste crité-

rio de classificação: é possível identificar, directamente, o serviço/ministério que é responsável pela execução de cada bloco de despesa, avaliando o seu contributo para o atingir dos objectivos do Governo.

O figurino da classificação orgânica varia de pais para pais, consoante a estrutura orgânica de cada governo. Também pode acontecer – e frequentemente acontece – o número de ministérios e serviços variarem organicamente de legislatura pra legislatura o que leva a que, em cada ano, o OE deva reflectir a distribuição (orgânica) da despesa pública de acordo com a real organização político-administrativa do governo que estiver em funções.

A importância deste tipo de classificação da despesa pública sob diferentes critérios tem, desde logo, a ver com uma das regras centrais exigidas na preparação do orçamento – a regra da especificação, já referida.

A necessidade de clareza na discriminação das despesas públicas exige que o orçamento descreva de forma suficiente as despesas previstas (e as receitas). E esta exigência depende de um sistema de classificação diversificado, que forneça várias perspectivas de distribuição de despesas que, em conjunto, se complementam.

Há um conjunto de vantagens genéricas associadas aos critérios de classificação (a funcional, a orgânica – que vimos em detalhe acima – mais a económica e por programas):

- garante-se uma maior transparência do OE;
- evita-se a existência de dotações secretas duvidosas;
- permite uma mais fácil avaliação e controlo político das decisões do Governo por parte do Parlamento;
- torna mais eficaz a execução da despesa e o controlo dessa execução;
- permite efectuar comparação intertemporal de prioridades políticas e a sua realização; comparando-se as escolhas de sucessivos governos;

Portanto, em suma, a disponibilidade de critérios de classificação é um contributo essencial (e legalmente exigido) para a melhoria da gestão da despesa no que toca ao acesso á informação.

TR.12.20.

a)

O equilíbrio *formal* (CRP e LEO) relaciona a *totalidade* da receita com a *totalidade* da despesa, incluindo receita e despesa em activos e passivos financeiros.

O equilíbrio *substancial* relaciona as receitas *efectivas* com as despesas *efectivas* (ou correntes ou de capital).

Conceito a observar por subsector: saldo efectivo global nulo ou positivo (Administração Central e Segurança Social), salvo se a conjuntura não o permitir (Administração Central); a lei é omissa no que se refere à ARL.

b)

Conteúdo: o OE deve integrar *todas* as receitas e despesas da Administração Central e da Segurança Social.
Fundamentos: facilitar maior controlo político e a análise económica do OE.
Excepção: dotações relativas à segurança nacional

TR.12.**21.**

a)

Regra da não-consignação: a totalidade das receitas destina-se a financiar a totalidade da despesa, não havendo afectação de uma dada receita ao financiamento de uma determinada despesa.
Regra da não-compensação: se uma dada operação gera simultaneamente uma receita e uma despesa, estas devem ser inscritas em separado, e não pelo valor líquido.

b)

Receita em impostos: efectiva e corrente
Receita em multas: efectiva e corrente
Receita de uma privatização: não efectiva, activos financeiros
Despesa de ampliação de um hospital público: efectiva, de capital
Salários dos funcionários públicos: efectiva e corrente
Amortização de dívida pública: não efectiva, passivos financeiros

TR.12.**22.**

a)

As receitas efectivas são receitas *definitivas*, sem cariz de empréstimo (e.g. impostos); não têm uma natureza creditícia.
As receitas não efectivas são de natureza creditícia e criam, por isso, responsabilidade futuras, havendo posteriormente lugar a um reembolso por parte do Estado (e.g. receitas de emissão de dívida pública). Têm um cariz económico de *empréstimo.*

b)

Não sobrestimação das receitas ou não subestimação das despesas, são requisitos que permitem assegurar um melhor controlo da execução orçamental do orçamento ao longo do ano.

Exercícios Resolvidos

E.12.1.

a)

a.1. A estrutura da despesa do Estado em 2005 é dada pelo quadro seguinte. Numa primeira leitura vê-se que o peso das despesas correntes sobe ligeiramente (92 para 93%), acompanhado por ligeira diminuição das de capital. Há, contudo, uma ligeira alteração na estrutura das despesas correntes, com a diminuição das despesas de pessoal e subida quer dos encargos com a dívida (juros), quer das transferências correntes.

Designação	2005 (execução)	%	2007 (orçamento)	%
Despesa Corrente	38.625,7	92%	41.267,30	93%
Despesas com pessoal	13.668,3	32,48%	13.418,0	30,19%
Aquisição bens e serviços	1.209,0	2,87%	1.286,2	2,89%
Juros e outros encargos	3.968,5	9,43%	4.755,7	10,70%
Transferências correntes	18.863,2	44,83%	20.681,8	46,53%
Subsídios	652,4	1,55%	690,9	1,55%
Outras desp. Correntes	264,3	0,63%	434,7	0,98%
Despesa de capital	3.450,7	8,20%	3.179,7	7,15%
Aquisição bens de capital	652,6	1,55%	561,6	1,26%
Transferências capital	2.775,7	6,60%	2.550,9	5,74%
Outras desp. Capital	22,4	0,05%	67,2	0,15%
Despesa efectiva (sem activos financeiros)	42.076,4	100,00%	44.447,0	100,00%

a.2. A despesa total efectiva é a despesa total sem activos e passivos financeiros, enquanto que a despesa primária, convém recordá-lo, é a despesa total efectiva subtraída dos encargos correntes com a dívida. Duas maneiras de dizer a mesma coisa é dizer que o peso dos juros na despesa efectiva total aumentou, ou que, como ilustrado no quadro, o peso da despesa primária no total diminuiu.

	2005 (ex.)	%	2007 (or.)	%
Despesa primária	38.107,9	90,57%	39.691,3	89,30%
Despesa total efectiva	42.076,4	100,00%	44.447,0	100,00%

b)
O quadro seguinte apresenta a estrutura calculada da despesa do Estado na óptica da classificação funcional da despesa.

Funções/Subfunções	**2005**		**2007**	
	(execução)	**%**	**(orçamento)**	**%**
Funções Gerais de Soberania	6.052,30	14,4	6.245,60	14,0%
Serviços gerais da A.P.	1.793,60	4,3	1.851,00	4,1%
Defesa Nacional	1.786,80	4,2	1.715,40	3,8%
Segurança e ordem públicas	2.471,90	5,9	2.679,10	6,0%
Funções Sociais	25.731,60	61,2	26.803,40	60,0%
Educação	7.316,10	17,4	7020,1	15,7%
Saúde	8.998,00	21,4	8.876,00	19,9%
Segurança e acção sociais	8.413,10	20,0	9.986,30	22,3%
Habitação e serviços colectivos	568,4	1,4	514,5	1,2%
Serviços culturais e outros	436	1,0	406,5	0,9%
Funções Económicas	1.933,80	4,6	1.754,70	3,9%
Agricultura e pecuária e pesca	576,2	1,4	534,6	1,2%
Industria e energia	2,5	0,0	6	0,0%
Transportes e comunicações	1.091,00	2,6	973,7	2,2%
Comércio e turismo	33,1	0,1	28,5	0,1%
Outras funções económicas	230,9	0,5	211,9	0,5%
Outras Funções	8.358,70	19,8	9.896,40	22,1%
Operações da dívida pública	3.967,50	9,4	4.755,00	10,6%
Outras	4.391,30	10,4	5.141,40	11,5%
Despesa efectiva	42.076,40	100,0	44.700,10	100,0%

As alterações verificadas nesta estrutura reflectem quer prioridades políticas do governo, quer alterações socio-económicas (nomeadamente demográficas), quer de variáveis económicas que não estão sob controlo do governo (por exemplo, a taxa de juro). Assim, a subida nos encargos correntes da dívida (nas outras funções) é alheia às prioridades do governo. Em termos de grandes agrupamentos (funções gerais de soberania, sociais, económicas e outras), não houve grandes alterações estruturais. Contudo, dentro das funções sociais parece ter havido alguma prioridade dada à segurança e acção social e tentativa de redução da despesa na saúde e educação.

c)
As despesas designadas por dotações específicas são na sua quase totalidade independentes das opções de política orçamental. Assim é que, por exemplo, as transferências para as regiões autónomas ou as autarquias locais são realizadas ao abrigo de leis da assembleia da república de finanças regionais e locais, respectivamente. A contribuição financeira para a UE é também independente da PO, bem como as transferências para a segurança social.

Designação	2005		2007		2005-07
	(execução)	%	(orçamento)	%	var. %
1. Investimentos do Plano	2.083,90	4,95%	1.880,20	4,21%	-0,75%
2. Dotações Específicas	28.606,30	67,99%	30.575,90	68,40%	0,42%
Lei da Programação Militar	203,8	0,48%	311,6	0,70%	0,21%
Transf. Serviço Nacional de Saúde	7.634,00	18,14%	7.674,80	17,17%	-0,97%
Transf. Segurança Social	4.719,10	11,22%	5.402,70	12,09%	0,87%
Transf. Regiões Autónomas	415	0,99%	548,8	1,23%	0,24%
Transf. Administração Local	2.550,40	6,06%	2.529,80	5,66%	-0,40%
Contribuição financeira EU	1.280,00	3,04%	1.430,80	3,20%	0,16%
Outras transferências	665,8	1,58%	630,8	1,41%	-0,17%
Educação pré-escolar	480,9	1,14%	461,8	1,03%	-0,11%
Ensino superior e serviços de apoio	1.208,50	2,87%	1.118,40	2,50%	-0,37%
Juros e outros encargos da dívida	3.967,50	9,43%	4.755,00	10,64%	1,21%
Enc. c/ pensões (CGA) e saúde (ADSE e o.)	4.470,40	10,62%	4.192,50	9,38%	-1,25%
Outras dotações especificas	1.010,90	2,40%	1.518,90	3,40%	1,00%
3. Funcionamento em sentido estrito	9.674,10	22,99%	9.190,20	20,56%	-2,43%
4. Despesas com compens. em receita	1.712,00	4,07%	3.053,80	6,83%	2,76%
Despesa sem activos	42.076,40	100,00%	44.700,10	100,00%	0,00%

Aquilo que é claro a partir deste quadro é a redução absoluta e relativa do peso do investimento público. Não é tão claro se existe, ou não, uma compressão da despesa corrente primária. Relativamente às despesas de funcionamento em sentido estrito, de facto, o seu peso diminui de 22,99% para 20,56%. Mas em contrapartida, previa-se um aumento das despesas com compensação de receita.

No quadro das dotações específicas antecipava-se alguma diminuição nas transferências para o SNS e também para o pré-escolar e para a Administração Local. Em contrapartida, estimava-se um aumento com os encargos com juros e outros encargos com a dívida, bem como com as transferências para a segurança social.

13.
Política Orçamental

Resumo

Este capítulo trata da política orçamental (PO), isto é, da utilização do orçamento como meio para atingir objectivos de estabilização macroeconómica. Trata-se pois de uma das importantes funções do sector público, referida no capítulo 1 como função estabilização. Neste contexto clarificam-se objectivos, instrumentos e indicadores da política orçamental, apresenta-se alguma evidência empírica para Portugal e discute-se a natureza e o impacto da política orçamental no contexto de um simples modelo keynesiano em economia aberta.

Os *objectivos* da PO de estabilização são essencialmente três. Assegurar um crescimento sustentado da economia, promover níveis elevados de emprego e evitar desequilíbrios externos substanciais. No essencial, pretende-se ainda atenuar fortes oscilações nos ciclos económicos, pois períodos fortemente expansionistas levam, em geral, a uma aceleração indesejável da inflação e períodos de recessão originam desemprego e uma sub-utilização ou mesmo destruição de outros factores produtivos.

Os *instrumentos* da PO são essencialmente os que o governo detém pela sua capacidade de elaboração do Orçamento de Estado, a saber, do lado da despesa: investimento público e consumo público (em particular vencimento de funcionários públicos e um conjunto numeroso de prestações sociais) e do lado da receita: as taxas, os escalões e as bases tributárias dos impostos que constituem receita do Estado, bem como os benefícios fiscais atribuídos (uma não receita).

Os *indicadores* da natureza da política orçamental, que permitem caracterizar a situação das finanças públicas de um dado país, distinguem-se em dois tipos: aqueles que resultam directamente das contas nacionais (saldos global, corrente, primário e dívida pública em valor absoluto, mas sobretudo na sua relação com o PIBpm) e aqueles que são construídos com uma metodologia própria (saldo ajustado do ciclo ou saldo estrutural, componente cíclica do saldo orçamental, hiato do produto, etc.). O *saldo global* (SO), se negativo, fornece informação aproximada sobre as necessidades de financiamento líquidas do sector público, ou seja, a necessidade de recorrer ao endividamento. Por seu turno, o défice orçamental não deverá ser superior às despesas de investimento público, naquilo que constitui uma *regra de ouro* das finanças públicas, pois significa que os empréstimos contraídos destinam-se exclusivamente a despesas de investimento. O *saldo primário* (SOp), dado pela diferença entre receitas efectivas e despesas primárias (as despesas efectivas menos os juros) fornece também indicações relevantes.

Contudo, qualquer um destes saldos não discrimina aquilo que é uma *política discricionária* do governo, ou seja, aquilo que ele influencia deliberadamente pela utilização dos instrumentos de política daquilo que é exógeno, isto é, não manipulável pelo governo, quer porque resulta de um efeito automático (estabilizadores automáticos), quer porque é decidido parcialmente por uma outra entidade (caso da taxa de juro, decidida pelo Banco Central Europeu). É pois possível decompor o *saldo global* como a soma de uma *componente cíclica* e de uma *componente estrutural* (ou ajustada do ciclo). A *componente cíclica* (SO^c) reflecte os efeitos no saldo orçamental das flutuações da actividade económica em torno do nível de tendência. É uma função do *hiato do produto* (positivo ou negativo) que é a diferença entre o produto efectivo e o produto potencial em percentagem deste. A componente cíclica é positiva (ou negativa) quando o hiato do produto também o é e depende do funcionamento e sensibilidade dos *estabilizadores automáticos* (rubricas da receita e da despesa que têm um ajustamento automático e contra-cíclico em função da conjuntura económica). A *componente estrutural*, traduzida pelo saldo ajustado do ciclo (SO^E) indica qual seria o saldo global se a economia se situasse no nível de tendência, isto é, se o produto real e potencial fossem idênticos. Caso se retirem os juros à despesa, obtém-se o *saldo primário ajustado do ciclo* (SO^E_p), cuja variação é o melhor indicador da natureza discricionária da política orçamental. Dado que $SO^E = SO^E_p$ – Juros, então o *saldo orçamental global* (SO) pode ser dado como a soma da componente não discricionária com a componente discricionária. Deste modo: $SO = (SO^c - \text{Juros}) + SO^E_p$.

A política discricionária pode ser usada de forma *anti-cíclica*, ou seja, ter um *efeito expansionista* no produto (deteriorando SO^E_p) em fase de recessão económica ou um *efeito contraccionista* (melhorando SO^E_p) em fase de forte crescimento. Nunca deveria ser pró-cíclica. Uma política deliberada expansionista traduz-se num aumento da procura agregada e pode fazer-se quer com aumento da despesa (investimento, consumo público), quer com reduções nos impostos, ou uma combinação das duas. Acontece o inverso para uma política contraccionista.

No quadro de um modelo keynesiano simples em economia aberta retiram-se algumas conclusões. O efeito multiplicador de um aumento dos gastos públicos no produto é positivo e superior (em módulo) ao efeito multiplicador do aumento de impostos que é negativo. Daqui resulta o *teorema de Haavelmo* que diz que mesmo num orçamento equilibrado, um aumento de despesa com igual aumento de impostos tem um efeito expansionista. Na realidade, este efeito obtém-se desde que o aumento da despesa seja superior a *c* por cento o aumento de impostos (*c*, a propensão marginal a consumir). Por outro lado, o efeito multiplicador das despesas será tanto maior quanto maior for a propensão marginal a consumir e quanto menor for a alteração da taxa de juro resultante de uma maior procura de moeda para transacções.

Tópicos de reflexão: capítulo 13

1. Qual a importância do conceito de saldo primário na perspectiva da avaliação da política orçamental? Justifique.

2. Defina política orçamental de estabilização, os seus objectivos e principais instrumentos. O que entende por estabilizadores automáticos da conjuntura? Dê dois exemplos.

3. Comente, justificando, a seguinte afirmação: *"Para ser sustentável, a redução do défice deve resultar de medidas de ajustamento com impacto sobre o saldo estrutural e não só do efeito da expansão da actividade económica"*.

4. Imagine que é a(o) Ministra(o) das Finanças e pretende utilizar a política orçamental (PO) para estimular o crescimento económico, *sem agravar o saldo global*. Tendo em conta os efeitos dos multiplicadores, apresente *uma* política que poderá conduzir a esse objectivo. Clarifique, no contexto dos objectivos da PO, um efeito indesejável que poderá estar associado a essa opção política.

5. Distinga, exemplificando, "política de estabilização activa" de "efeito dos estabilizadores automáticos".
Dê dois exemplos da forma como funcionam os estabilizadores automáticos numa situação de recessão económica.

6. Explique o significado e a importância da *"disciplina orçamental"* no contexto da UEM.

7. Diferentes tipos de saldo orçamental permitem avaliar a natureza da política orçamental de estabilização.
   a. Clarifique os conceitos de saldo global e estrutural (ou ajustado do ciclo) e a importância da consideração de ambos naquela avaliação.
   b. Explique como é que uma eventual trajectória de redução do saldo global com vista ao seu equilíbrio pode entrar em conflito com certos objectivos da política orçamental.

8. Clarifique o significado dos estabilizadores automáticos dando dois exemplos da forma como funcionam em fase de recessão.

9. Clarifique quais as consequências que adviriam caso houvesse um objectivo anual de equilíbrio do saldo global, tendo em conta o funcionamento dos estabilizadores automáticos. O que pode então concluir sobre os efeitos indesejáveis dessa regra?

10. De 2005 a 2007, o XVII governo constitucional com o objectivo de cumprir o Pacto de Estabilidade e Crescimento procurou reduzir o défice orçamental da Administração Central e, por via dele, das Administrações Públicas. Discuta que implicação poderá ter tido esta política no crescimento económico nesse período.

11. Clarifique por que é que a variação no saldo global não é um bom indicador da natureza da política orçamental de um governo.

12. Considere que um governo, com autorização parlamentar, reduz quer as despesas, quer as receitas públicas em 2 pontos percentuais do PIBpm. Que efeitos imediatos terá no saldo global e no crescimento económico de médio prazo? Justifique.

13. Seja a propensão marginal a consumir de setenta por cento e considere um aumento da despesa pública de 1.000 milhões de euros e dos impostos em 1.100 milhões. Que efeitos imediatos terá no saldo global e no crescimento económico de médio prazo? Justifique.

14. Quando uma economia entra em recessão, qual o impacto imediato que terá nas finanças públicas? Esse impacto é benéfico ou prejudicial para o relançamento da economia? Justifique.

15. *"O produto potencial e o hiato do produto são dificilmente mensuráveis e talvez seja essa a razão pela qual se tem dado geralmente mais importância quer ao crescimento real da economia, quer ao saldo global, no âmbito da supervisão das políticas orçamentais na UEM."* Clarifique e comente o conteúdo da afirmação.

16. Considere que numa dada economia o saldo global está a deteriorar-se, mas o saldo primário permanece constante, assim como o saldo ajustado do ciclo. Que conclui sobre a evolução dos juros e a natureza da política orçamental neste período?

17. Explique em que consistem a componente cíclica e a componente estrutural da política orçamental.
Dê um exemplo de política orçamental pro-cíclica.

Questões de escolha múltipla

13.1. Diga qual das seguintes variáveis está associada à política discricionária do governo:
a. Juros da dívida pública.
b. Componente cíclica do saldo orçamental.
c. Receitas fiscais associadas ao hiato do produto.
d. Investimento público.

13.2. Diga qual dos seguintes impostos/prestações sociais não é um estabilizador automático:
a. Taxas marginais de IRS progressivas.
b. Subsídio de desemprego.
c. Pensão de reforma.
d. Rendimento mínimo.

13.3. Qual das seguintes variáveis não traduz um objectivo da política orçamental de estabilização:
a. Crescimento do produto.
b. Estabilidade de preços.
c. Baixa taxa de juro.
d. Baixo desemprego.

13.4. Uma política orçamental diz-se genericamente expansionista quando o saldo orçamental primário ajustado do ciclo:
a. Se agrava.
b. Melhora.

c. Se agrava, mas só quando a economia está em recessão.
d. Melhora, mas só quando a economia está em expansão, com crescimento acelerado.

13.5. Uma política orçamental discricionária diz-se genericamente contra-cíclica, quando o saldo orçamental primário ajustado do ciclo:
a. Varia no mesmo sentido que a taxa de crescimento do PIB real.
b. Varia em sentido contrário à taxa de crescimento do PIB real.
c. Varia no mesmo sentido que a taxa de crescimento do PIB nominal.
d. Varia em sentido contrário à taxa de crescimento do PIB nominal.

13.6. Se um governo aumenta simultaneamente, e no mesmo montante, a receita e a despesa pública:
a. Tem um efeito neutro no crescimento do produto no curto prazo.
b. Tem um efeito expansionista no curto prazo.
c. Tem apenas um efeito contraccionista no curto prazo.
d. Tem um efeito contraccionista no curto prazo e expansionista no médio prazo.

13.7. Se o saldo ajustado do ciclo é -2 % do PIBpm e o saldo global 1% do PIBpm então a componente cíclica do saldo orçamental é:
a. –1% do PIBpm.
b. +3% do PIBpm.
c. –3% do PIBpm.
d. +1% do PIBpm.

13.8. Se um país está com crescimento real do PIB de -1%, com um hiato do produto negativo e com o saldo orçamental ajustado do ciclo a piorar, então está-se perante:
a. Política orçamental anti-cíclica.
b. Política contraccionista.
c. Efeito negativo dos estabilizadores automáticos.
d. Melhoria da componente cíclica.

13.9. Diga qual das seguintes proposições *não é necessariamente verdadeira*:
a. Quando o hiato do produto é positivo, a componente cíclica do saldo orçamental também o é.
b. Se o saldo ajustado do ciclo é nulo, o saldo global é igual à sua componente cíclica.
c. Se a taxa de crescimento real do PIBpm é positiva, o hiato do produto também o é.
d. Os juros são iguais à diferença entre o saldo primário e o saldo global.

13.10. Uma política orçamental diz-se genericamente expansionista e contra-cíclica, quando o saldo orçamental primário ajustado do ciclo:
a. Se agrava.
b. Melhora.
c. Se agrava, mas só quando a economia está em recessão.
d. Melhora, mas só quando a economia está em expansão, com crescimento acelerado.

13.11. Se um governo diminui simultaneamente, e no mesmo montante, a receita e a despesa pública:
a. Tem um efeito neutro no crescimento do produto no curto prazo.
b. Tem um efeito expansionista no curto prazo.
c. Tem um efeito contraccionista no curto prazo.
d. Tem um efeito expansionista no curto prazo e contraccionista no médio prazo.

13.12. Considerando os seguintes dados relativos a um país, a política orçamental seguida é:

	T	T+1	T+2
Saldo global das Adm. Pub.	1,5	1,4	1,3
Saldo primário ajustado do ciclo	-2	-1	0
PIB (taxa de variação real)	-2,2	-2	-1

a. Contraccionista e pró-cíclica.
b. Contraccionista e anti-cíclica.
c. Expansionista e pró-cíclica.
d. Expansionista e anti-cíclica.

13.13. Se o saldo global é de 1% do PIBpm, o saldo primário ajustado do ciclo de 0 e os juros da dívida de 1% do PIBpm então a componente cíclica do saldo orçamental é de:
a. 0.
b. 2% do PIBpm.
c. 4% do PIBpm.
d. 6% do PIBpm.

13.14. O melhor indicador da componente discricionária da política orçamental é:

a. O saldo global.
b. O saldo primário.
c. O saldo estrutural.
d. O saldo estrutural primário.

13.15. Considere que as Administrações Públicas de um país da União Europeia apresentam um saldo global de -4% do PIB e que a economia está numa pequena recessão (variação real anual do PIB de -0,5%). Então, o Pacto de Estabilidade e Crescimento sugere que sejam tomadas medidas:
a. De aumento da despesa pública.
b. Anti-cíclicas.
c. Expansionistas.
d. Contraccionistas.

13.16. Se os juros da dívida pública representam -1% (menos um) do PIB e a componente cíclica do saldo global é de 1% do PIB, então:
a. O saldo global é nulo.
b. O saldo primário é nulo.
c. O saldo primário iguala o saldo estrutural.
d. A diferença entre o saldo primário e o saldo estrutural é igual – 2% do PIB (menos dois por cento).

13.17. Considere que um dado orçamento tem um aumento de impostos de 900 milhões de euros, um aumento da despesa pública de 800 milhões e que a propensão marginal a consumir é de 0,7. Neste caso este orçamento terá um efeito no produto:
a. Expansionista.
b. Contraccionista.
c. Neutro.
d. Reduzir o défice orçamental.

13.18. Uma política orçamental é expansionista e pró-cíclica se:
a. A taxa de variação real do PIB é superior a +2% e o saldo estrutural primário agrava-se.
b. A taxa de variação real do PIB é inferior a – 2% e o saldo global agrava-se.
c. A taxa de variação real do PIB é de 0,5% e o saldo primário melhora.
d. A taxa de variação real do PIB é de – 0,5% e o saldo estrutural piora.

13.19. Diga a proposição *falsa*. A componente cíclica do saldo orçamental:
a. É positiva quando o hiato do produto é positivo.
b. Traduz o efeito do ciclo económico no saldo orçamental.

c. Traduz o que seria o saldo orçamental sem o efeito do ciclo económico.
d. É nula quando o produto real iguala o produto potencial.

13.20. Diga qual a proposição *falsa*. A componente discricionária da política orçamental inclui necessariamente:
a. Alterações nas taxas marginais do imposto sobre o rendimento pessoal das pessoas singulares (IRS).
b. Alterações no investimento público.
c. Alterações na despesa com subsídios de desemprego derivada de aumento do número de desempregados.
d. Alterações na grelha salarial da função pública.

Exercícios

1. Considere os seguintes dados económicos e orçamentais sobre a Grécia, tendo em conta que em 2014 o PIB real da Grécia cresceu pela primeira vez desde 2007.

Quadro 13.1. Dados Orçamentais da Grécia (2012-15)

	2012	2013	2014	2015
PIB (taxa var. Real)	-6,6	-3,9	0,8	0,5
Taxa de Desemprego	24,5	27,5	26,5	25,6
Saldo Orçamental *	-8,7	-12,3	-3,5	-2,1
Saldo Ajustado do ciclo	-2,8	-6,2	1	1
Juros da dívida *	2,7	2,4	2,2	2,4
Dívida Pública *	156,9	175	177,1	180,2

Fonte: Comissão Europeia – Previsões da primavera 2015 e AMECO.
* Em percentagem do PIB.

a. Com os dados apresentados, e tendo presente as regras orçamentais da União Europeia, o que pode concluir acerca da evolução da economia e das finanças públicas da Grécia?
b. Calcule o saldo primário ajustado do ciclo de 2012 a 2015 e clarifique a natureza da política orçamental seguida pela Grécia de 2013 a 2015. Comente.

c. Todos os países da área euro têm de apresentar anualmente o seu Programa de Estabilidade à Comissão Europeia. Explique porquê e qual a informação relevante que deve constar desse programa.

2. Considere as seguintes previsões orçamentais, feitas em 2015, para Portugal, no período 2015-18:

Quadro 13.2. Previsões orçamentais para Portugal (2015-2018)

	2015	**2016**	**2017**	**2018**
Saldo Orçamental das Adm. Pub.*	-2,7	-1,8	-1,1	-0,6
Receitas Efectivas das Administrações Públicas*	45,2	44,8	44,3	43,9
Despesas com Juros*	5	4,3	4,1	3,8
PIB (taxa de var. Real)	1,6	2	2,4	2,4
PIB (taxa de var. Nominal)	2,2	3,6	3,5	3,4
Componente cíclica do saldo*	-1,8	-1,3	-0,6	-0,2
Dívida Pública*	124,2	121,5	116,6	112,1

Fonte: Programa de Estabilidade e Crescimento (PEC), 2015 – Ministério das Finanças e cálculos próprios.

a. Calcule, em percentagem do PIB, o saldo estrutural, a despesa pública, o saldo primário e a despesa primária. Esclareça se a redução do défice orçamental em Portugal será do lado da despesa primária, da receita ou dos juros.
b. Clarifique o que entende por restrição orçamental do Estado e para que valor convergirá o rácio da dívida no produto se se mantiver, nas décadas seguintes o saldo orçamental e o crescimento do produto nos valores de 2018.
c. Explique o que se entende por *Procedimento dos Défices Excessivos* e qual a sua função.

3. Considere agora os dados do Programa de Estabilidade apresentado pelo governo português em 2019.

Quadro 13.3. Perspectivas orçamentais, 2019-22: Portugal (PE 2019)

	2018	2019	2020	2021	2022
Saldo Orçamental das Adm. Pub.*	-0,5	-0,2	0,3	0,9	0,7
Despesas Efectivas das Administrações Públicas*	44,0	43,9	43,4	43,0	42,6
Despesas com Juros*	3,5	3,3	3,0	2,9	2,7
PIB (taxa de var. Real)	2,1	1,9	1,9	2,0	2,0
PIB (taxa de var. Nominal)	3,6	3,4	3,5	3,6	3,5
Componente cíclica do saldo*	0,4	0,4	0,3	0,3	0,4
Dívida Pública*	121,5	118,6	115,2	109,0	103,7

Fonte: EU – Semestre Europeu, Programa de Estabilidade – Portugal – 2019-2022.

a. Como compara os valores estimados para 2018 em 2019 (PE 2019-22, Quadro 13.3) com os valores previstos para 2018 em 2015 (PEC 2015-18) do Quadro 13.2, em Portugal?
b. Calcule, em percentagem do PIB, o saldo estrutural, a receita pública efectiva, o saldo primário e a despesa primária. Esclareça se a redução do défice orçamental em Portugal será do lado da despesa primária, da receita ou dos juros.

4.

O Programa de Estabilidade e Crescimento, submetido pelo Governo irlandês, em Abril de 2014, apresenta os seguintes dados:

Quadro 13.4. Perspectivas orçamentais Irlanda (2014-17)

	2013	2014	2015	2016	2017
PIB (Taxa de Variação Real, em %)	-0,3	2,1	2,7	3,0	3,5
Saldo Global das Adm. Públicas (em % do PIB)	-7,2	-4,8	-3	-2,2	-1,2
Saldo Estrutural da AP (em % do PIB)	-6,2	-4,7	-2,8	-2,1	-1,2
Hiato do Produto (em % do Produto Potencial)	-1,3	-0,7	-0,3	-0,1	0
Saldo Estrutural Primário da AP (em % do PIB)	-1,5	0,1	2	2,7	3,6
Dívida Pública Bruta (em % do PIB)	123,7	121,4	120	115,9	112

Fonte: Programa de Estabilidade e Crescimento, Abril 2014, Irlanda.

a. Calcule, para os diferentes anos do período considerado, a componente cíclica do saldo global das AP (em % do PIB) o peso dos juros no PIB, justificando todos os cálculos efectuados. Explique a natureza da política orçamental no período 2014-17.
b. Comente a situação das finanças públicas da República da Irlanda nesse período, do ponto de vista dos critérios do Pacto de Estabilidade e Crescimento, e clarifique o efeito dos estabilizadores automáticos em 2014 no saldo orçamental.
c. Diga, sucintamente, o que entende por sustentabilidade da dívida pública.

5. Considere, para um determinado país, os dados que constam no quadro 13.5 .Calcule a componente cíclica do saldo global e o saldo estrutural primário desse país entre 2007-2015. Analise a natureza expansionista ou contraccionista da política orçamental nesse período, fazendo a distinção entre a componente discricionária e as componentes não discricionárias da política orçamental.

Quadro 13.5. Saldos global e ajustado do ciclo (2007-2015)

	2007	2008	2009	2010	2011	2012	2013	2014	2015
PIB (tvr, em %)	4,3	3,5	4,0	4,6	3,8	3,4	1,7	0,4	-1,1
Saldo global do SPA (em % do PIB)	-5,5	-4,8	-3,6	-3,2	-2,8	-2,8	-4,2	-2,7	-2,9
Juros da dívida pública (em % do PIB)	6,3	5,4	4,2	3,5	3,2	3,2	3,1	3,0	2,9
Saldo ajustado do ciclo ou saldo estrutural (em % do PIB)	-4,7	-4,3	-3,8	-3,6	-3,5	-4,2	-4,9	-2,7	-2,0

6. Considere os dados do Programa de Estabilidade apresentado pelo governo espanhol em 2019.

Quadro 13.6. Perspectivas orçamentais, 2019-22: Espanha (PE 2019)

	2018	2019	2020	2021	2022
PIB (Taxa de Variação Real, em %)	2,6	2,2	1,9	1,8	1,8
Saldo Global da AP (em % do PIB)	-2,5	-2,0	-1,1	-0,4	0,0
Saldo Estrutural da AP (em % do PIB)	-2,9	-2,9	-2,2	-1,6	-1,2
Hiato do Produto (em % do Produto Potencial)	0,6	1,5	1,8	1,9	1,9
Saldo Estrutural Primário da AP (em % do PIB)	0,4	-0,5	0,1	0,6	1,0

Fonte: EU – Semestre Europeu, Programa de Estabilidade – Espanha – 2019-2022.

Calcule, para os diferentes anos do período considerado, a componente cíclica do saldo global das AP (em % do PIB) e o peso dos juros no PIB, justificando todos os cálculos efectuados. Comente a natureza da política orçamental considerando a evolução da componente cíclica e a evolução do PIB real e do hiato do produto.

7. Considere que sabe o seguinte de um dado país entre 2004 e 2007: i) a taxa de crescimento médio anual do PIBpm é de 2,5%; ii) o rácio do saldo orçamental global das Administrações Públicas no PIBpm manteve-se constante ao longo do periodo (-2%); iii) o hiato do produto tem sido sempre positivo; iv) o rácio dos juros da dívida manteve-se constante. Que pode concluir sobre a situação das finanças públicas deste país?

8. Considere os seguintes dados do Programa de Estabilidade da França, com as respectivas perspectivas orçamentais para o período 2019-22:

Quadro 13.7. Perspectivas orçamentais, 2019-22: França (PE 2019)

% do PIB	2018	2019	2020	2021	2022
Taxa Cresc. PIBpm real	1,6	1,4	1,4	1,4	1,4
Saldo Global das Adm. Pub.	-2,5	-3,1	-2,0	-1,6	-1,2
Saldo Global da Adm. Cent.	-3,1	-3,7	-3,0	-3,1	-3,0
Juros da dívida	1,7	1,5	1,5	1,6	1,7
Comp. cíclica do Saldo Glob.	-0,2	0,8	0,3	0,4	0,4
Hiato do Produto	-0,3	-0,1	0,0	0,0	0,1
Dívida Pública	98,4	98,9	98,7	98,1	96,8

Fonte: EU – Semestre Europeu, Programa de Estabilidade – França – 2019-2022.

a. Calcule o saldo primário e o saldo primário ajustado do ciclo, explicando sucintamente a sua importância.
b. Caracterize a situação previsível da França: i) Do ponto de vista dos critérios do Pacto de Estabilidade, em 2018 e 2022; ii) Quanto à natureza da política orçamental no período abrangido.
c. Qual o subsector que mais contribui para o défice orçamental em 2018?
d. Identifique os principais contributos previstos para a melhoria do saldo global até 2022.

9. Considere os seguintes dados sobre a situação das finanças públicas de um dado país:

Quadro 13.8. Dados sobre a situação das finanças públicas

	t-2	t-1	t	t+1	t+2
PIB (taxa de crescimento real)	1%	-1,5%	1%	1,5%	1,8%
Saldo global das administrações públicas	-1%	-2%	-3%	-3%	-3%
Componente cíclica do saldo global	-0,5%	-1,5%	-1%	0	0,5%
Juros da dívida pública	0,5%	0,5%	1%	1%	1%

a. Calculando um indicador apropriado, explique a natureza da política discricionária do governo de t-2 a t+2.
b. Explique por que é que apesar do défice orçamental de t a t+2 não se agravar, a situação orçamental do país está a deteriorar-se.

10. O quadro abaixo apresenta a evolução de um conjunto de indicadores para o período 2007-2011 de um determinado país da UEM.

	2007	2008	2009	2010	2011
PIB (tvr, em %)	3,8	3,4	1,7	0,4	-1,1
Saldo global do SPA (em % do PIB)	-2,8	-2,8	-4,2	-2,7	-2,9
Juros da dívida pública (em % do PIB)	3,2	3,2	3,1	3,0	2,9
Saldo ajustado do ciclo ou saldo estrutural (em % do PIB)	-3,5	-4,2	-4,9	-2,7	-2,0

a. Determine o saldo primário, a componente cíclica do saldo global e o saldo estrutural primário.

b. Explique em que consistem as componentes cíclica e estrutural da política orçamental, e dê um exemplo de uma política orçamental pro-cíclica.
c. Genericamente, escreva a restrição orçamental do governo e apresente duas alternativas numéricas possíveis para que um défice orçamental de 3% do PIB, seja consistente com a estabilidade do rácio dívida-produto no longo prazo, para diferentes cenários de crescimento económico.

Tópicos de Reflexão Resolvidos

TR.13.**5.**

A política de estabilização activa é uma expressão para nos referimos à capacidade instrumental que o governo tem, em termos de Política Orçamental discricionária, para influenciar a trajectória de curto-prazo do produto real e, assim, complementar, corrigir ou tentar contrariar os efeitos cíclicos conjunturais observáveis na evolução do produto.

Como já se viu, o SO pode ser decomposto em duas componentes – a vertente cíclica conjuntural do SO e a componente estrutural do SO, associada à acção discricionária do governo.

O efeito dos estabilizadores automáticos, ligado à componente cíclica da actividade económica, refere-se à variação automática de certas rubricas orçamentais em resultado do próprio funcionamento da actividade económica global, sem interferência do governo.

São exemplos de estabilizadores automáticos, o IRS progressivo e algumas transferências para as famílias, como o subsídio de desemprego (note-se que o desemprego é um fenómeno económico dependente da conjuntura, da evolução de curto-prazo do PIB real).

A Política Orçamental do governo pode ser usada de forma activa e contracíclica no sentido de atenuar variações conjunturais da actividade económica, reforçando, eventualmente, o efeito dos estabilizadores automáticos.

Se a actuação da Política Orçamental for contracíclica é normal ver-se uma redução do défice estrutural em situação de acelerado crescimento económico e um aumento do défice estrutural em conjunturas que tenham fraco crescimento económico ou comportamento recessivo.

(Dois exemplos do funcionamento dos estabilizadores automáticos em recessão):

(i) IRS com taxas progressivas (taxa média crescente com o rendimento)

Numa situação de recessão, o produto real (rendimento, Y) estará tecnicamente em crescimento negativo em pelo menos dois trimestres consecutivos.

Assim, um menor nível global de rendimento fará com que a taxa média de IRS (devido à progressividade do imposto) se reduza mais do que proporcionalmente (ou mais rapidamente) do que a redução do produto. Isto fará com que os efeitos da recessão sobre o rendimento disponível das famílias não se faça sentir com tanta intensidade face à queda do produto real – o rendimento disponível cairá menos do que o produto (as famílias ficarão com um pouco mais de dinheiro porque a redução nos impostos dar-se-á numa percentagem superior à redução do produto, em média).

Ora, haverá então, neste funcionamento, um claro efeito agregado benéfico sobre o consumo privado – um efeito expansionista marginal do consumo, mesmo em presença de um ambiente recessivo na actividade económica global. Este é um efeito estabilizador sobre o produto por via dos impostos no consumo privado.

(ii) Um efeito semelhante, mas com uma actuação instrumental distinta, acontece com o subsídio de desemprego: um menor nível de actividade económica leva a mais desemprego e a mais pedidos de subsídio de desemprego – um rendimento de substituição que suporta a manutenção do rendimento disponível às famílias atingidas e, assim, não permite que o consumo privado agregado caia tanto.

O aumento conjuntural destas transferências do Estado para as famílias susterá, de algum modo, os efeitos da queda do produto na formação do rendimento disponível, assegurando um efeito estabilizador expansionista na procura interna, por via do consumo privado, estabilizando a variação, ou flutuação conjuntural do produto.

TR.13.7.

Até agora, temos estado mais familiarizados com a noção de saldo global das AP – que nos dá, se negativo, a medida, estandardizada internacionalmente (CN – SEC2010), do défice orçamental. O saldo global é a diferença entre as receitas efectivas (correntes/capital) e as despesas efectivas (idem), em que se exclui quaisquer operações sobre activos e passivos financeiros (que não contam para o défice) – e contribui para as necessidades de financiamento líquidas do período.

Neste capítulo, já vimos que o saldo global pode ser decomposto numa componente cíclica (que depende de uma construção teórica baseada no hiato do produto, do ciclo económico conjuntural, em referência ao produto potencial, ou tendência de longo-prazo) e numa componente estrutural, que nos fornece informação sobre os efeitos resultantes de políticas orçamentais discricionárias do governo, sobre o saldo orçamental.

O saldo estrutural, dá-nos o saldo orçamental que existiria se não houvesse efeitos orçamentais provocados pelo ciclo económico conjuntural (que se projecta na variação do produto real, no curto-prazo), isto é, se estivéssemos sobre a tendência de longo-prazo do produto.

$SO_E = SO - SO_C$, em que $SO_C = \alpha\left[\frac{yt-y_t^*}{y_t^*}\right]$, sendo α a elasticidade do SO em relação ao hiato do produto.

O modelo de formação do saldo orçamental que se ficaria a dever, basicamente, a efeitos das decisões orçamentais tomadas pelo governo, pela sua Política Orçamental, ao nível do produto potencial e para o actual nível de Dívida Pública (incluindo juros).
Em ambos os casos, também se podem obter os respectivos saldos primários, somando-lhes a componente dos juros da dívida pública (subtrai-se os juros da despesa, pelo que *menos por menos dá mais*, uma soma):

- $SO_P = SO + Juros$, tal como
- $SO_{EP} = SO_E + Juros$

(Saldos orçamentais que existiriam na ausência de *stock* de dívida pública e, portanto, juros...)
O saldo estrutural permite ver a importância que a Política Orçamental tem em termos de evolução do défice público – informação que não é possível descortinar, só por si, na observação do SO, mas contando também (SO_E) com o efeito dos juros da dívida pública.
O saldo estrutural, ao dar-nos uma ideia da importância da Política Orçamental do governo, pode ser economicamente entendido como o valor do défice orçamental que se verificaria se a economia estivesse ao nível do pleno emprego (isto é, sobre o nível de produto potencial, com um hiato nulo, portanto), com ausência de oscilações cíclicas conjunturais em termos de tendência de longo-prazo, para o *stock* de dívida pública existente.
Refira-se ainda que o saldo global, SO, dá-nos uma importante informação económica: as necessidades líquidas de financiamento – a serem suportadas por novas emissões de dívida, o que faz com que este saldo seja, também, uma forma de estabelecer uma relação aproximada entre o orçamento do período *t* e a variação do *stock* de dívida do país.

b)
Uma qualquer estratégia de redução do saldo global subentende a existência de uma Política Orçamental ativa que, através de decisões tomadas pelo governo, conduz a resultados macroeconómicos que sejam favoráveis à redução do défice (uma política orçamental contraccionista, para este efeito).
Como já se sabe, existe uma componente de Política Orçamental que é controlada pelo governo e outra que não é (cíclica).

Por outro lado, sabemos também que a Política Orçamental se enquadra na função estabilização do Estado, na análise de Musgrave.

Na função estabilização são considerados vários objectivos de controlo das variáveis macroeconómicas que não se cingem apenas ao controlo do défice orçamental.

Existem outros objectivos igualmente importantes na função de estabilização: o nível de crescimento económico, promoção do emprego ou equilíbrio externo.

Neste sentido, a excessiva focagem da Política Orçamental no controlo do défice orçamental, em ordem à sua redução, pode conflitar com o atingir de metas de natureza macroeconómica.

Exemplo:

Vejamos o próprio exemplo do enunciado. Um esforço em conseguir uma redução sustentada do défice orçamental pode suscitar um período de prática de uma política contraccionista (reduzindo investimento público ou realizando despedimentos na função pública, ou aumento de impostos, do lado da receita) que terá efeitos depressivos no produto real de curto-prazo e pode desencadear tensões ao nível do desemprego, se o sector privado não absorver a mão-de-obra libertada de sectores das AP. No entanto, a Política Orçamental contraccionista pode ter efeitos benéficos ao nível de controlo/correcção do défice externo (um menor nível de actividade poderá reduzir importações devido ao menor investimento e desaceleração do consumo privado e público).

Vemos pois, claramente, como uma Política Orçamental orientada para a redução do défice pode entrar em sensível conflito, sobretudo se pro-cíclica (Política Orçamental contraccionista em contexto de contracção/recessão do produto real conjuntural) com outros objectivos da função estabilização.

<u>TR.13.17.</u>

A Política Orçamental, que se insere no âmbito da função estabilização do Estado, sugere que o Saldo Orçamental global possa ser decomposto em duas parcelas: cíclica e estrutural.

-A componente cíclica é a parte do SO que é explicada pela conjuntura económica, incorporando os efeitos "automáticos" de conjuntura que resultam da actuação dos estabilizadores automáticos – que são determinadas rubricas orçamentais, como os impostos ou as transferências para as famílias que podem sofrer flutuações específicas decorrentes da flutuação económica conjuntural do produto.

A componente cíclica mede o efeito sobre o SO que decorre da flutuação da actividade económica em torno do nível de tendência de longo-prazo (PIB potencial) (o que constitui um aspecto metodológico central para a medição da componente cíclica do SO).

-A componente estrutural, reflectida no saldo ajustado do ciclo, é a parcela do SO que traduz alterações estruturais, isto é, alterações decorrentes de acções deliberadas da Política Orçamental do governo.

A componente estrutural do saldo orçamental, SO_E, indica qual seria o saldo global se a economia se situasse no nível de tendência, isto é, se o produto real observado e o produto potencial fossem idênticos (se o hiato do produto potencial fora, pois, nulo), para o actual nível de *stock* de dívida pública (incluindo os juros) no saldo orçamental.

Temos pois que:

$SO = SO_C + SO_{E,}$ as duas componentes acima descritas.

O saldo ajustado do ciclo, ou saldo estrutural, $SO_{E,}$ é obtido subtraindo ao saldo global a componente cíclica, $SO_{C:}$

$SO_E = SO - SO_C$

Note-se que a componente cíclica é uma construção metodológica assente na noção de hiato do produto e na sensibilidade do saldo orçamental a esse hiato, utilizando as elasticidades estimadas das receitas e despesas efectivas do período t relativamente ao hiato.

O hiato do produto, no período *t*, é definido como:

$\left[\frac{Yt - Yt^*}{Yt^*}\right]$, em % do PIB

São estimadas as elasticidades da receita e da despesa face ao hiato do produto, e, em consequência, a elasticidade do saldo orçamental global face ao hiato do produto, α.

A construção da componente cíclica depende de escolhas metodológicas relativas (OCDE, FMI, EU). Assume-se que a componente cíclica, $SO_{C,}$ seja expressa do modo seguinte:

$SO_C = \alpha \times$ Hiato, em que α é a elasticidade do saldo orçamental em relação ao hiato produto.

O SO_E é a componente residual, SO, dado o método para determinar o $SO_{C.}$

Exemplo:

Um exemplo de política orçamental pró-cíclica poderia ser um aumento do consumo público, G, numa situação de *boom* (expansão económica de curto-prazo) de crescimento económico (neste caso com riscos inflacionistas acrescidos...)

Observação: tentar construir outro exemplo (em recessão...).

Exercícios Resolvidos

Algumas alíneas dos exercícios resolvidos seguintes recaem sobre assuntos tratados no ***capítulo 14*** *do livro, sobre dívida pública e sustentabilidade da dívida pública. Em provas de exame é frequente a apresentação de dados macroeconómicos que sugerem resolver-se em conjunto os vários tópicos aqui tratados, abarcando matéria de diferentes capítulos.*

E.13.1.

a)

Do ponto de vista económico, a situação da Grécia é problemática. Esteve em recessão desde 2008 a 2013, teve crescimento muito modesto em 2014 e esperava-se que tivesse um pequeno crescimento em 2015.
A sua taxa de desemprego é bastante elevada. Cerca de um em cada quatro membros da população activa está desempregada.
Do ponto de vista das finanças públicas, e se tomarmos em conta os critérios do défice e da dívida estabelecidos desde o Tratado de Maastricht (respectivamente devendo ser inferiores a 3% e 60% do PIB), vemos que a Grécia esteve em défice e dívida excessiva de 2012 a 2014, só se prevendo que o défice fique abaixo dos 3% do PIB em 2015.
Num contexto de baixo crescimento e de dívida altamente excessiva (quase três vezes o rácio desejável da dívida no produto, nos critérios europeus) dificilmente a Grécia conseguirá sanear as suas finanças públicas sem novo resgate ou reestruturação da dívida.

b)

	2012	2013	2014	2015
Saldo Primário Ajustado do ciclo	-0,1	-3,8	3,2	3,4
Variação do saldo primário ajustado do ciclo		-3,7	7	0,2
Política Orçamental		Expansionista	Contraccionista	Quase neutra
PIB (taxa var. Real)	-6,6	-3,9	0,8	0,5
Política orçamental		Contracíclica	Contracíclica	*na*

na – não aplicável

- o saldo primário ajustado do ciclo é, analiticamente, a soma do saldo ajustado do ciclo mais os juros.

- quando este saldo se agrava a política é expansionista (2013), quando melhora é contraccionista (2014), quando não varia praticamente a política é quase neutral.
- uma política expansionista quando o PIB contrai é uma política contracíclica (2013), e uma política contraccionista quando o PIB cresce também é contracíclica (2014).

Em 2015 dado a política orçamental ser quase neutral, não há grande discricionariedade da política orçamental.

c)

Todos os países da área euro têm de apresentar anualmente o seu Programa de Estabilidade à Comissão Europeia com vista a que as instituições europeias (a Comissão e o Conselho) monitorizem a política orçamental dos Estados Membros da União e vejam se respeitam as regras inscritas nos Tratados da União e no Pacto de Estabilidade e Crescimento, bem como outra legislação relevante (ex. O Tratado Orçamental).
Dentro da informação relevante que deve estar inscrita nos Programas de Estabilidade, está o cenário macroeconómico para os próximos quatro anos, os objectivos para o saldo orçamental e a dívida pública, os indicadores mais relevantes da política orçamental para além do saldo global (os saldos primário, ajustado do ciclo, a componente cíclica do saldo, etc.), bem como as principais medidas de política que o governo se propõe implementar no período.

E.13.2.

a).

As relações relevantes são as seguintes:

- O saldo estrutural é igual à diferença entre saldo orçamental e a componente cíclica.
- A despesa pública (% PIB), dado que *saldo global=receita-despesa,* é igual à receita (% PIB) menos o saldo global (% PIB).
- O *saldo primário* iguala aritmeticamente a soma do saldo global mais os juros (embora a despesa em juros esteja excluída deste saldo).
- A *despesa pública primária,* é a despesa pública *menos* os juros.

Assim se obtêm os seguintes valores para Portugal no período referido (% PIB):

Dados Enunciado/*Soluções*	**2015**	**2016**	**2017**	**2018**
Saldo Orçamental	-2,7	-1,8	-1,1	-0,6
Receitas Efectivas	45,2	44,8	44,3	43,9
Juros	5	4,3	4,1	3,8
Componente cíclica	-1,8	-1,3	-0,6	-0,2
Saldo estrutural	-0,9	-0,5	-0,5	-0,4
Despesa Pública	47,9	46,6	45,4	44,5
Saldo primário	2,3	2,5	3	3,2
Despesa Pública Primária	42,9	42,3	41,3	40,7

b)

A restrição orçamental do Estado indica de forma simples que se não houver outras operações com activos e passivos financeiros, a variação do *stock* da dívida pública iguala o simétrico do saldo global. Analiticamente, Bt-B(t--1)=r.B(t-1)+Dp-R, sendo Bt o stock da dívida em t, r a taxa de juro, Dp a despesa primária e R a receita efectiva.

Sabemos que o rácio da dívida no produto converge no longo prazo para *b*, se a economia crescer em termos nominais à taxa *n* e se o défice orçamental for *d*. Assumindo que os valores de 2018 se mantêm durante décadas temos então a relação: *d=nb* ou seja *b=d/n=(0,6/3,4)x100=17,6%*. Assim, a dívida convergiria no longo prazo para 17,6% do PIB, a manter-se um crescimento nominal do produto de 3,4% ao ano e o défice de 0,6% do PIB ao ano ao longo de décadas.

c)

O Procedimento por Défices Excessivos (PDE) é um *mecanismo correctivo* e de monitorização da política orçamental dos Estados Membros, inscrito no Pacto de Estabilidade e Crescimento e que visa evitar que os Estados Membros apresentem défices excessivos e dívidas excessivas tal como previsto no Tratado da União Europeia. No sentido de implementar o PDE os Estados Membros têm de apresentar anualmente o Reporte sobre o Défice Excessivo, isto é os valores para o défice e para a dívida nos últimos quatro anos e previsão para o ano corrente. A partir dessa informação a Comissão Europeia (CE) pode iniciar um PDE em relação a um Estado caso seja violado um ou os dois limites estabelecidos no Tratado relativamente ao défice (3% do PIB)

ou à dívida (60% do PIB). Caso a CE abra um PDE o Conselho ECOFIN, que reúne os ministros das Finanças, deve pronunciar-se também e se achar que existe défice excessivo, profere um conjunto de recomendações de política que o Estado deve implementar. Se não o fizer está sujeito a sanções.
O PDE tem tido alguma relevância no contexto da UEM no sentido de manter alguma disciplina orçamental nos Estados Membros. Porém, dado que a decisão de iniciar um PDE (pela CE) e de o continuar (ECOFIN) são decisões políticas, baseadas em análises técnicas, há sempre algum grau de discricionariedade, o que leva a uma eficácia menor do PDE. Tanto assim é que Portugal teve o primeiro PDE, iniciado pela CE e confirmado pelo ECOFIN, por violar o défice, mas a França e a Alemanha, no ano seguinte, apesar de violarem o défice, a Comissão abriu o PDE mas o Conselho ECOFIN não confirmou.

E.13.**4.**

a)
A componente cíclica do saldo global é dada pela diferença entre o saldo global e o saldo estrutural (SOc=SO-SOe), por seu turno os juros em percentagem do PIB podem ser dados, de forma simples, pela diferença entre o saldo estrutural primário e o saldo estrutural (Juros=SOep-SOe, dado que SOep=SOe+Juros).

Dados/ resolução	**2013**	**2014**	**2015**	**2016**	**2017**
PIB (Taxa de Variação Real, em %)	-0,3	2,1	2,7	3	3,5
Saldo Global das Adm. Públicas (em % do PIB)	-7,2	-4,8	-3	-2,2	-1,2
Saldo Estrutural da AP (em % do PIB)	-6,2	-4,7	-2,8	-2,1	-1,2
Hiato do Produto (em % do Produto Potencial)	-1,3	-0,7	-0,3	-0,1	0
Saldo Estrutural Primário da AP (em % do PIB)	-1,5	0,1	2	2,7	3,6
Dívida Pública Bruta (em % do PIB)	123,7	121,4	120	115,9	112
Componente cíclica do saldo orçamental (% do PIB)	-1	-0,1	-0,2	-0,1	0
Juros da dívida (% do PIB)	4,7	4,8	4,8	4,8	4,8
Variação do saldo estrutural primário		1,6	1,9	0,7	0,9
Variação do saldo estratural		1,5	1,9	0,7	0,9
Variação do saldo global		2,4	1,8	0,8	1

A política orçamental em todo o período é *contraccionista,* isto é tem um efeito recessivo, dada a melhoria constante do saldo estrutural primário, o que significa que o governo está a cortar nas despesas ou a subir os impostos (ou ambos). Por outro lado, prevê-se que, de 2014 a 2017, a Irlanda registe crescimento económico. Uma política orçamental contraccionista em período de crescimento económico é *anti-cíclica*, visto que tem um efeito recessivo, numa época de expansão económica.

b)

Na linha do já inscrito no Tratado de Maastricht, o Pacto de Estabilidade e Crescimento estabelece que o défice público, em condições normais, não deve exceder os 3% do PIBpm e a dívida pública não deve exceder os 60% do PIBpm.
Nota (opcional): mais recentemente, naquele que é conhecido como "Tratado Orçamental" (ou Fiscal Compact), estabelece-se que, caso exceda os 60%, o país deverá reduzir o remanescente em 1/20 ao ano (5%), depois de deixar de ter défice excessivo, e melhorar o saldo estrutural em 0,5pp ao ano.
O Programa de Estabilidade e Crescimento indica que a Irlanda esperava alcançar os 3% do défice em 2015, cumprindo com o critério do défice a partir daí. Em relação ao rácio da dívida no produto ele está bem acima dos 60%, quer no início do período (123,7%, quer no fim 112%), mas existe uma variação claramente favorável neste indicador.
Na realidade a Irlanda deveria reduzir o rácio da dívida em 3,185% (=(123,7%-60%)/20) do PIB todos os anos após deixar de ter défice excessivo (2015), o que se verifica.
Para se perceber o efeito dos estabilizadores automáticos no ano de 2014, é preciso ver que o Hiato do produto é negativo nesse ano, pelo que a *componente cíclica* do saldo orçamental também é negativa (ver resultados da alínea *a)*. Isto significa que em 2014 os estabilizadores ainda actuam no sentido de *agravar* o saldo orçamental.

c)

Genericamente, a sustentabilidade da dívida pública significa o país conseguir cumprir com o serviço da dívida pública (pagar os juros) e ir normalmente aos mercados de capitais tanto para cobrir as suas necessidades de financiamento líquidas como para amortizar a dívida que vai vencendo.
Apesar de haver várias definições acerca de sustentabilidade, a ideia essencial e mais consensual é a de *estabilidade* do rácio da dívida no PIB, a níveis não muito elevados (inferiores a 60%). A estabilidade do rácio (ΔB=Bt-B(t-1)=0) depende basicamente de três variáveis, a taxa de crescimento do produto, a taxa de juro real e o saldo primário (ver Cap. 14).
Nota: não seria necessário explicitar-se as equações, mas vale a pena aqui recordar que a sustentabilidade no longo prazo é assegurada por d=nb, isto é, que o rácio do défice no produto iguale o produto do crescimento nominal da economia (n) pelo rácio dívida-

-produto. Alternativamente, a (in)sustentabilidade pode ser dada pela relação entre a taxa de juro real, a taxa de crescimento real do PIB e o saldo primário. (ver Cap. 14).

E.13.10.

a)

O saldo primário é o saldo global, retirando da despesa corrente os juros da dívida pública. Aritmeticamente é igual ao saldo global (SO) mais os juros da dívida.

A componente cíclica do saldo global (SO^c) obtém-se a partir do saldo global (SO) e do saldo ajustado do ciclo (SO^e), mais concretamente $SO^c = SO - SO^e$. Por seu lado, o saldo orçamental primário ajustado do ciclo iguala aritmeticamente ao saldo ajustado do ciclo mais os encargos com a dívida pública (juros), mais especificamente $SO^{ep} = SO^e + \text{Juros}$. Deste modo, obtêm-se os valores solicitados:

	2007	2008	2009	2010	2011
Saldo orçamental global das Administrações Públicas (% do PIB)	-2.8	-2.8	-4.2	-2.7	-2.9
Juros (% do PIB)	3.2	3.2	3.1	3	2.9
Saldo orçamental primário (% do PIB)	0.4	0.4	-1.1	0.3	0.0
Componente cíclica do saldo orçamental global (% do PIB)	0.7	1.4	0.7	0.0	-0.9
Saldo orçamental ajustado do ciclo (% do PIB)	-3.5	-4.2	-4.9	-2.7	-2
Saldo orçamental primário ajustado do ciclo (% do PIB)	-0.3	-1.0	-1.8	0.3	0.9
PIB (taxa de crescimento real, %)	3.8	3.4	1.7	0.4	-1.1

b)

A componente cíclica, é a parte do saldo orçamental que é explicada pela conjuntura económica (incorpora os efeitos "automáticos" da conjuntura através dos estabilizadores automáticos).

A componente estrutural é o saldo após a eliminação do efeito do ciclo económico. Indica qual seria o saldo global se a economia se situasse no nível de tendência, isto é, se o produto real observado e o produto potencial fossem idênticos.

Um exemplo de política orçamental pro-cíclica é a redução da despesa pública num contexto de recessão económica; por exemplo, a redução da despesa pública em 2011 seria pro-cíclica.

c)

A restrição orçamental do governo pode ser dada pela expressão: $\Delta b = d - nb$; em que b é o rácio dívida-produto, d é défice orçamental em % do PIB e n a taxa de crescimento nominal da economia. Estabilizando o rácio b, isto é, $\Delta b=0$, isso permite obter $d=nb$. Assim, duas alternativas para se obter um limite de 3% para o défice orçamental são:

Alternativa 1) com o rácio dívida-produto de 60% e n=5%, d=(0,05*0,60)*100=3% do PIB.

Alternativa 2) com o rácio dívida-produto de 120% e n=2,5%, d=(0,025*1,20)*100 = 3% do PIB.

14.
Sustentabilidade das Finanças Públicas

Resumo

A sustentabilidade das finanças públicas envolve problemas como o de saber se as gerações presentes estão a criar condições para assegurar a sustentabilidade de um sistema de segurança social que garanta pensões satisfatórias no futuro; se o *stock* da dívida pública acumulada ao longo dos anos é sustentável ou se tem tendência para disparar criando a necessidade de sacrifícios substanciais, pela subida de impostos, para as gerações futuras. Trata-se pois de uma temática que é do interesse, antes do mais, de cada país, mas também de outros países integrados na mesma União Económica e Monetária (UEM), pelos efeitos externos que finanças públicas insustentáveis geram. Esta é a razão pela qual tiveram acolhimento, desde logo no Tratado de Maastricht, regras financeiras que estabeleceram que o rácio défice-produto não deveria ser superior a 3% e o rácio dívida-produto não deveria exceder os 60% do PIBpm.

Este capítulo começa com uma clarificação conceptual do que se entende por dívida pública. Aborda o conceito de *equivalência ricardiana*, segundo o qual a dívida hoje é o mesmo que impostos diferidos amanhã. Analisa a dinâmica da dívida, relacionando-a com os saldos orçamentais, a taxa de juro e com as taxas de inflação e de crescimento do produto. Por fim, analisa um conjunto de indicadores para avaliar a sustentabilidade da dívida.

Os *défices orçamentais* nos países da UEM, ou seja, os saldos negativos de operações não financeiras, só podem ser financiados por saldos positivos nas operações financeiras, no essencial ou emissão de dívida pública (receita de passivos financeiros) ou alienação de activos financeiros (por exemplo, resultante de privatizações).

A *dívida pública* num dado ano é igual ao valor de todos os empréstimos contraídos e de todos os títulos emitidos pelas Administrações Públicas no mercado de capitais, essencialmente para captar recursos para financiar défices orçamentais e ainda não amortizados. A maioria dos títulos da dívida dá ao seu possuidor uma remuneração periódica fixa ou variável, é amortizável ao fim de um número certo de anos e é transacionável (obrigações e bilhetes de tesouro). Há também títulos não amortizáveis e não transacionáveis (certificados de aforro, etc.) e de menor importância (já não emitidos), títulos não amortizáveis que dão aos seus detentores rendas vitalícias.

O aumento da dívida pública, de um ano para o outro, reflecte a existência de *necessidades de financiamento líquidas* (NFL). Estas são a soma do défice orçamental, da aquisição líquida de activos financeiros, da regularização de dívidas e assumpção de passivos a que se deduzem as eventuais receitas de privatizações. Contudo, as *necessidades brutas de financiamento* (NF) são as emissões de nova dívida pública num dado ano e igualam a soma das NFL mais as amortizações de dívida pública desse ano.

Para além da necessidade da dívida pública, uma questão relevante é os seus efeitos. Certos autores, começando em David Ricardo, argumentaram que o efeito da dívida pública no consumo dos particulares seria neutro. Isto é, sob um conjunto de hipóteses simplificadoras, financiar a despesa pública actual com dívida ou com impostos de montante fixo (*lump sum*) teria o mesmo efeito. As hipóteses são, porém, muito exigentes: agentes com expectativas racionais e horizontes infinitos, consumidores sem restrições de liquidez e decidindo na base do rendimento permanente, mercados de capitais eficientes, preços perfeitamente flexíveis e governos cumprindo as restrições orçamentais de longo prazo. Estas hipóteses são, contudo, bastante irrealistas para que se verifique a chamada *"equivalência ricardiana"*.

A análise da *dinâmica da dívida* pode ser feita a partir da *restrição orçamental do governo* (sem possibilidade de recurso à emissão de moeda nem tendo receitas de activos financeiros). Aquela restrição é dada pela igualdade da variação do *stock* da dívida (Bt) com o simétrico do saldo orçamental global, isto é, tudo o resto constante; um défice provoca um aumento do *stock* da dívida e um superavit a sua redução. Facilmente se verifica que quando o saldo primário é nulo (sp = 0), a taxa de crescimento do *stock* da dívida iguala a taxa de juro real ($B_t = (1+r)B_{t-1}$) e, quando há défice primário, a taxa de crescimento do *stock* da dívida é maior que a taxa de juro real. Demonstra-se ainda que o rácio do défice real de longo prazo (*d*) que permite a estabilização do rácio dívida-produto (*b*), para uma economia com um certo crescimento real (y) e uma taxa de inflação (π), é dado por (1) $d^*=(y+\pi)b$. Ou seja, o défice deve igualar o produto da taxa de crescimento nominal da economia pelo rácio dívida-produto. Se, por exemplo, os valores previstos em Outubro de 2008 no OE2008 para a inflação e o crescimento do produto real (respectivamente 2,1%, 2,4%)

se mantivessem no futuro seria possível manter o rácio actual dívida-produto nos 65% com défices orçamentais permanentes (em % PIBpm) de 2,925%.

Um outro resultado interessante é a relação entre a taxa de juro real (*r*), a taxa de crescimento real do produto (y) e o rácio do saldo primário no produto (sp). Ignorando as receitas de senhoriagem, demonstra-se ainda que, se se verificar (2) sp* = (r-y)b, o rácio dívida produto (*b*) mantém-se estável, mas se sp<(r-y)b, a dinâmica da dívida torna-se explosiva. Usando os dados anteriores, com uma taxa de juro de 2,2% , o saldo primário deverá ser igual a −0,13% do PIB (=(2,2%-2,4%)*0,65) para manter o rácio dívida-produto estável nos 65%. Se o saldo primário for menor o crescimento da dívida torna-se insustentável. Se for maior o peso do stock da dívida reduz-se.

Sendo a taxa de juro nominal implícita na dívida pública *i*, então o rácio dos juros no produto é dado por (3) j=ib. Por seu turno, o saldo primário é igual ao saldo global menos os juros, ou seja, (4) sp=(-d)+j. As relações (1) e (4) permitem pois determinar, a partir das previsões macroeconómicas acerca da taxa de crescimento real do produto (y), da taxa de inflação (π) e da taxa de juro nominal implícita na dívida pública (i), os pares de valores (receitas públicas e despesas primárias) consistentes com a sustentabilidade da dívida. De facto, pode-se calcular primeiro o défice orçamental consistente com a sustentabilidade da dívida (1) e depois, através do cálculo dos juros (3), o saldo primário correspondente (4). Como o saldo primário consiste nas receitas públicas menos as despesas primárias, fixando uma grandeza obtém-se a outra. Para cada nível de despesa pública (primária ou efectiva) e de *stock* da dívida há pois um nível de receitas públicas que assegura a sustentabilidade de longo prazo da dívida, entendida aqui como a manutenção do nível do rácio dívida-produto. Blanchard apresentou um indicador simples de sustentabilidade que é a diferença entre este nível de receitas públicas *"sustentáveis"* e o nível de receitas efectivo. Para um nível satisfatório do rácio da dívida-produto, o ideal é que essa diferença seja nula. Se for positiva, a dívida terá um comportamento explosivo; se for negativa, será possível reduzir impostos ou aumentar a despesa, mantendo a sustentabilidade da dívida.

Tópicos de reflexão: Capítulo 14

1. *"O envelhecimento da população, sendo por si só um factor positivo, coloca problemas para a sustentabilidade das finanças públicas."* Comente.

2. Clarifique as razões que podem justificar o recurso ao crédito público de curto ou de longo prazo e classifique os tipos de dívida pública que daí resultam.

3. Analise o quadro sobre o peso da dívida no PIB dos 28 países da União Europeia no período 2009-2018 e caracterize a evolução nesta década.

Quadro 14.1. Dívida pública bruta das Administrações Públicas na UE28

2009	2010	2011	2012	2013	2014	2015	2016	2017	2018
74,0	79,7	82,5	85,8	88,0	88,7	86,5	85,3	83,6	81,9

Valores em % do PIB.
Fonte: Base de dados AMECO (Novembro, 2019).

4. Considere os seguintes dados sobre a dívida pública:

Quadro 14.2. Dívida Pública Bruta das AP em Portugal (SEC 10)

2010	2011	2012	2013	2014	2015	2016	2017	2018	2019
100,2	114,4	129,0	131,4	132,9	131,2	131,5	126,0	122,2	119,5

Valores em % do PIB.
Fonte: Base de dados AMECO (Novembro, 2019). Estimativas para 2019.

a. Analise os dados do Quadro 14.2 e apresente pelo menos três factores explicativos para a(s) tendência(s) que detectar.
b. Relacione a evolução da Dívida Pública com a questão da sustentabilidade das finanças públicas.
c. Compare o esforço de Portugal na redução do peso da dívida pública dos 28 Estados Membros da União Europeia (ver Quadro 14.1).

5. Considere os seguintes dados do Quadro 14.3:

Quadro 14.3. Dívida Pública Bruta das AP na Bél., Fin., Irl. e Ital (SEC 10)

	2010	2011	2012	2013	2014	2015	2016	2017	2018	2019
Bélgica	100,3	103,5	104,8	105,5	107,0	105,2	104,9	101,8	100,0	99,5
Finlândia	46,9	48,3	53,6	56,2	59,8	63,0	62,6	60,9	59,0	59,2
Irlanda	86,0	111,1	119,9	119,9	104,4	76,7	73,9	67,8	63,6	59,0
Itália	119,2	119,7	126,5	132,4	135,4	135,3	134,8	134,1	134,8	136,2

Valores em % do PIB.
Fonte: Base de dados AMECO (Nov. 2019). Estimativas para 2019.

a. Compare a situação da Finlândia e da Irlanda, por um lado, e da Bélgica e Itália, por outro.
b. Quais as implicações actuais nas finanças públicas de Itália da manutenção do *stock* da dívida acima dos 100% do PIB?

6. Na campanha eleitoral para a Câmara Municipal de Lisboa em 2007 um candidato a Presidente referiu que o problema da dívida da câmara não era significativo porque o município de Lisboa tinha também um elevado activo. Concorda com essa posição? Justifique.

7. *"As privatizações realizadas em Portugal nos últimos anos têm sido a resposta prática à incapacidade dos governos evitarem persistentes défices orçamentais."* Clarifique o conteúdo da afirmação e comente-a.

8. Distinga os conceitos de necessidade líquida e bruta de financiamento. Clarifique qual o conceito que é mais relevante para compreender a dinâmica da dívida.

9. Considere os seguintes dados do Quadro 14.4 sobre as projecções do peso das despesas associadas com o envelhecimento da população em percentagem do PIB:

Quadro 14.4. Projecções de Despesas com o Envelhecimento em Portugal

	2018	**2020**	**2030**	**2040**	**2050**	**2070**
Despesa Pública com Pensões	13,5	13,6	14,3	14,7	13,7	11,4
das quais Seg. Social	8,7	9,0	10,1	11,2	11,5	10,9
das quais CGA	4,9	4,7	4,2	3,5	2,2	0,4
Despesa em Saúde	6,0	6,2	6,9	7,5	8,0	8,3
Cuidados de Longa Duração	0,6	0,6	0,7	0,9	1,2	1,4
Despesas em educação	4,4	4,2	3,6	3,5	3,8	3,9
Out. Despesas relacionadas com envelhecimento	0,8	0,7	0,6	0,6	0,6	0,6
Total da Despesa Relacionada com envelhecimento	25,3	25,3	26,2	27,3	27,3	25,5

Fonte: Min. Finanças PEC 2019-2023, Abril 2019.

a. Quais os factores que mais contribuem para o aumento do peso da despesa pública a longo prazo e que problemas podem colocar à sustentabilidade das finanças públicas?
b. Que implicações poderá ter a evolução desta componente da despesa pública nas outras componentes da despesa primária e nos juros da dívida? Justifique, abordando dois cenários, um optimista e outro pessimista, sobre a evolução das despesas públicas.

10. No contexto da restrição orçamental do governo, explique de que variáveis, e em que sentido, depende a sustentabilidade da dívida pública.

Questões de escolha múltipla

14.1. Diga qual a afirmação *falsa*: A sustentabilidade das finanças públicas é...
a. Considerada no Tratado de Maastricht.
b. Importante para as gerações futuras.
c. Considerada no Pacto de Estabilidade e Crescimento.
d. Considerada no Tratado de Lisboa.

14.2. Diga qual a afirmação *falsa*: A dívida pública é...
a. Variável de ano para ano.
b. Um *stock*.
c. Uma forma de captar recursos privados para financiar défices públicos.
d. Dada pela diferença entre receitas e despesas públicas.

14.3. Diga qual a afirmação *falsa*: Tudo o resto constante, as necessidades de financiamento líquidas do Estado aumentam quando há...:
a. Défice orçamental.
b. Assumpção de passivos de outras entidades.
c. Aquisição líquida de activos financeiros.
d. Receitas de privatizações.

14.4. As emissões de dívida pública num dado ano igualam:
a. As necessidades líquidas de financiamento.
b. As necessidades brutas de financiamento.
c. O défice orçamental.
d. As amortizações da dívida pública.

14.5. Tudo o resto constante, a venda de activos financeiros do Estado faz necessariamente:

a. Aumentar a dívida pública.
b. Reduzir a dívida pública.
c. Reduzir o défice orçamental.
d. Reduzir a dívida pública, se aplicada em amortizações.

14.6. Diga qual a hipótese *falsa* para que se verifique a equivalência ricardiana:
a. Consumidores sem restrições de liquidez.
b. Mercados de capitais eficientes.
c. Consumidores decidindo na base do seu rendimento real.
d. Governos respeitando as restrições orçamentais de longo prazo.

14.7. Diga qual a proposição *falsa*, tendo em conta que quando o saldo primário é nulo a taxa de crescimento do *stock* da dívida iguala a taxa de juro real:
a. Se a taxa de juro aumenta, o crescimento da dívida aumenta.
b. Se há défice primário, a taxa de crescimento do *stock* da dívida é menor que a taxa de juro real.
c. Se o défice do saldo global iguala os juros da dívida, a taxa de crescimento do *stock* da dívida iguala a taxa de juro real.
d. Se as receitas totais forem superiores às despesas primárias, a dívida cresce menos que a taxa de juro real.

14.8. Um governo de um país que integre a União Económica e Monetária não tem possibilidade de recorrer à emissão de moeda. Se não puder vender activos financeiros, a sua restrição orçamental é dada pela seguinte condição:
a. A variação do *stock* da dívida é igual ao saldo global.
b. A variação do *stock* da dívida é igual ao simétrico do saldo global.
c. A variação do *stock* da dívida é igual ao saldo primário.
d. A variação do *stock* da dívida é igual ao simétrico do saldo primário.

14.9. A diferença entre as necessidades de financiamento brutas do Estado e as necessidades de financiamento líquidas:
a. É o saldo orçamental global.
b. São as amortizações da dívida.
c. São as receitas de privatizações.
d. É o simétrico do saldo global.

14.10. Considere uma economia que tem um crescimento real do produto de 2%, uma inflação de 3% e um rácio da dívida no produto de 80%. A manterem-se os valores do crescimento do produto e da inflação no futuro, qual o valor do défice orçamental que manteria sustentável o rácio dívida-produto nos 80%?

a. 1,6%.
b. 2,4%.
c. 4%.
d. 4,8%.

14.11. Tendo em conta a equação $B_t = (1 + r_t) B_{t-1} + G_t - R_t$ pode concluir-se que:
a. Se o saldo primário for negativo, o *stock* da dívida cresce a uma taxa superior à taxa de juro real.
b. Se o saldo primário for negativo, o *stock* da dívida cresce a uma taxa inferior à taxa de juro real.
c. Se o saldo global for negativo, o *stock* da dívida cresce a uma taxa superior à taxa de juro real.
d. Se o saldo global for negativo o *stock* da dívida cresce a uma taxa inferior à taxa de juro real.

14.12. O aumento do estoque da dívida pública num dado ano iguala:
a. As necessidades líquidas de financiamento.
b. As necessidades brutas de financiamento.
c. O saldo orçamental.
d. As amortizações da dívida pública.

14.13. Diga qual a afirmação *verdadeira*. Num dado ano, num país da área euro, não há amortização da dívida pública mas existe défice orçamental, aquisição líquida de activos financeiros e receitas de privatizações. Nesse caso verifica-se necessariamente que:
a. As necessidades de financiamento líquidas igualam o défice orçamental.
b. As necessidades de financiamento líquidas igualam o défice orçamental menos a receita de privatizações.
c. As necessidades de financiamento líquidas e brutas são idênticas.
d. As necessidades de financiamento brutas igualam a variação no *stock* da dívida.

Exercícios

1. O quadro seguinte apresenta dados do Programa de Estabilidade e Crescimento para um dado país, no período 2013-2016.

	2013	**2014**	**2015**	**2016**
Componente cíclica do saldo orçamental (% do PIB)	-1,0	0,2	1,0	1,5
Saldo ajustado do ciclo (% do PIB)	-2,3	-1,7	-0,9	-0,2
Juros da dívida pública (% do PIB)	4,1	4,2	4,2	4,3
Despesa efectiva das Administrações Públicas (% do PIB)	43,3	42,3	43,2	42,0
Impostos e Contribuições Sociais (em % do PIB)	38,0	35,0	39,5	41,0
PIB (taxa de crescimento real, %)	0,0	0,5	2,0	3,5
Taxa de Desemprego (%)	11,0	11,0	10,2	9,5

Calcule o saldo global das administrações públicas (% PIB), o saldo estrutural primário (% PIB) e a dívida pública (% PIB) para os anos do período 2013-16, assumindo que a taxa de juro implícita na dívida pública permanece nos 3,6%.

2. Considere os seguintes dados sobre a evolução do PIB, da dívida pública e do défice orçamental de um determinado país.

Milhões de euros	**2014**	**2015**
Necessidades líquidas de financiamento		
Défice orçamental	8896	8923
Amortizações e anulações	36819	27640
Necessidades brutas de financiamento	54853	41050
Dívida Pública	194466	207785
PIB	165333	168149

a. Calcule as necessidades líquidas de financiamento, a dívida pública e o défice orçamental em % do PIB.
b. Assumindo para o futuro o crescimento nominal de 2015, e uma taxa de juro implícita na dívida pública em média de 3,5%, determine o saldo global e o saldo primário consistentes com a convergência do rácio dívida-produto para 70% do PIB.

3. Considere as seguintes previsões em relação à economia portuguesa para 2008: i) taxa de crescimento real do PIBpm 2,2%; ii) taxa de inflação 2,3%; iii) percentagem da dívida sobre o PIBpm 65%; iv) taxa de juro nominal implícita na dívida pública 4,759%. Assuma que não há receitas de privatizações, nem alineação de outros activos financeiros do Estado para amortizar a dívida.

a. Calcule o saldo global (ou efectivo) das Administrações Públicas (% PIBpm) consistente com a manutenção do rácio dívida-produto nos 65%.
b. Calcule o saldo global das Administrações Públicas (% PIBpm) consistente com a redução do rácio dívida-produto de forma a convergir assimptoticamente para 55%.
c. Considere que o governo tem como objectivo de longo prazo a redução para 55% do rácio da dívida no PIBpm. Tomando o valor do rácio do saldo global obtido na alínea anterior, determine o saldo primário (% PIBpm) consistente com esse saldo global e o valor das receitas efectivas no PIBpm, assumindo que o peso das despesas primárias no PIBpm é de 42,2%.
Nota: Se não fez a alínea anterior considere um saldo global de –2,275% do PIBpm.
d. Considere a seguinte previsão para o PIBpm de 2008: 169.643 milhões de euros (*Eurostat* 2007). Considere ainda que os saldos dos três subsectores (FSA, ARL e SS) estão equilibrados e que as estimativas das despesas do sub-sector Estado são as seguintes: i) Despesas correntes: 43.535,6 ii) Despeas de capital: 2.901,7. Determine o montante das receitas efectivas (correntes e de capital) do subsector Estado compatíveis com os saldos obtidos na alínea anterior. Compare o valor que obteve com o valor das receitas efectivas desse quadro. Justifique a que se devem as discrepâncias nos valores.

4. O quadro seguinte apresenta dados do Programa de Estabilidade e Crescimento de um país para o período 2013-2016.

	2013	2014	2015	2016
Saldo orçamental global das Administrações Públicas (% do PIB)	-0.5	-0.1	0.0	0.4
Juros (% do PIB)	1.3	1.4	1.6	1.7
Saldo orçamental primário (% do PIB)				
Componente cíclica do saldo orçamental global (% do PIB)				
Saldo orçamental ajustado do ciclo (% do PIB)	0.9	0.9	0.7	0.8

Saldo orçamental primário ajustado do ciclo (% do PIB)				
Despesa efectiva das Administrações Públicas (% do PIB)	54.4	54.2	54.2	54.0
PIB (taxa de crescimento real, %)	1.5	2.1	1.9	1.7
Hiato do Produto (% do PIB)	-3.4	-2.5	-1.6	-0.9

a. Calcule, em % do PIB, para o período 2013-2016: i) o saldo orçamental primário; ii) a componente cíclica do saldo orçamental global; iii) o saldo orçamental primário ajustado do ciclo. Escreva as expressões que usou para efectuar os respectivos cálculos.
b. Com base na restrição orçamental do governo, mostre em termos analíticos como é possível obter os limites para o rácio dívida-produto e para o défice orçamental (em % do PIB), que foram consagrados no Tratado da União Europeia, inicialmente aprovado em 1992 em Maastricht.
c. No contexto da Política Orçamental na UEM, é defendida a necessidade de se deixar actuar os estabilizadores automáticos. Explique e exemplifique sucintamente como tais mecanismos funcionam.

Tópicos de Reflexão Resolvidos

TR.14.**8.**
É uma distinção importante. As necessidades de financiamento brutas, que se referem à nova emissão de dívida pública, são dadas por:

- NF (Brutas) = Défice Orçamental + Aquisição líquida de activos financeiros + Amortização da Dívida Pública no ano – Receitas de privatizações (Vendas de activos financeiros)
- As necessidades de financiamento líquidas (NFL), são, em termos simples, a variação líquida de dívida pública bruta num dado ano, isto é, $B_t - B_{t-1}$
$NFL = NFB - Amortizações = B_t - B_{t-1} = \Delta B_t$

O conceito mais relevante para se compreender a dinâmica da dívida é, naturalmente, as NFL, na medida que é a variável que capta a variação da dívida pública em relação ao *stock* existente. Ao retirar-se as amortizações das necessidades brutas, estamos a excluir a substituição de dívida vencida por novas responsabilidades que a substituem, simplesmente. Eventualmente a substituição de dívida vencida pode ser contratada a taxas de juro superiores, o que vai gerando encargos adicionais com o serviço da dívida de orçamento futuros, que se reflecte no défice global das AP, pressionando a sua deterioração.
Portanto, saber o que acontece aos juros que advêm da substituição/recolocação de dívida vencida (associado às amortizações) acaba por ter alguma rele-

vância económica. No entanto, são as NFL que captam a forma como varia o *stock* de dívida pública, explicado, essencialmente, pela necessidade de se financiar o défice global das AP, anualmente, com o recurso à emissão de nova dívida (que faz variar o *stock* de dívida no período, t).

TR.14.**10.**

No quadro da definição da restrição orçamental do governo, por "sustentabilidade da dívida pública" deve entender-se as condições necessárias para a sua estabilidade intertemporal face ao seu peso no PIB nominal, ou seja, assegurar-se que, partindo de uma determinado valor inicial (por exemplo, 60% do PIB – meta do PaEC) de *stock* acumulado de dívida, $\Delta b = 0$, sendo b o rácio dívida-produto, como objectivo de longo-prazo.

Ora, prova-se que a estabilidade do rácio dívida-produto, isto é, de b, depende, em termos reais:

- do produto entre o *stock* acumulado de dívida pública e a diferença entre a taxa de juro real e a taxa de crescimento real da economia, e,
- do saldo orçamental primário, ilustrado pela expressão:

$$b_t - b_{t-1} = \Delta b_t = \frac{r_t - y_t}{1+y_t} \times b_{t-1} + g_t - \rho_t$$

Sendo:

- $b_t = \frac{B_t}{Y_t}$;
- $g_t = \frac{G_t}{Y_t};$
- $\rho = \frac{R_t}{Y_t};$
- Y = PIB;

Se preferirmos, em termos nominais, em percentagem do PIB, a restrição orçamental vem dado por:

$$\Delta b = (g - \rho) + (i - n) \times b$$

Se considerarmos que o défice orçamental, d, é definido por:

$$d = g + ib - \rho$$

Então a restrição orçamental em termos nominais vem dada por:

$$\Delta b_t = d_t - n \times b_t$$

Como a promoção de objectivos de estabilidade, $\Delta b = 0$, o rácio dívida-produto converge para $b = \frac{d}{n}$, a médio/longo prazo.
Naturalmente que, na expressão em termos *reais* da restrição orçamental do governo, se vê que quanto maior for a taxa de juro real, menor o crescimento real do produto e maiores os défices primários orçamentais, menos estável será o rácio dívida-produto no tempo, o que alimentará um processo de insustentabilidade da dívida no longo-prazo.
Actualmente, a UE estabelece como limiares minimos necessários para a sustentabilidade da dívida um défice de 3% do PIB como sendo consistente com uma trajectória de longo-prazo de convergência do rácio dívida de 60% do PIB, assumindo-se, como requisito, um crescimento nominal (n) de 5% (crescimento nominal do produto ≡ crescimento real + inflação esperada, no período t). Porém, os valores de médio prazo inscritos no Pacto de Estabilidade são bem mais exigentes em parte porque se considera irrealista a hipótese de crescimento nominal de 5% em décadas.

ANEXO – ver também ponto 14.3 – manual teórico, página 526 e seguintes.

Em termos reais, a restrição orçamental pode ser descrita por, para um ano t:

$$B_t = (1 + r_t) \times B_{t-1} + G_t - R_t$$

Sendo:

- $(1 + r_t) \times B_{t-1}$,os juros da dívida pública de *t*;
- $G_t - R_t$, o saldo primário em *t*;

Passando esta expressão para indicadores expressos em percentagem do PIB, vem: [Y ≡ PIB]

$$\frac{B_t}{Y_t} = \frac{(1 + r_t)}{(1 + y_t)} \times \frac{B_{t-1}}{Y_{t-1}} + \frac{G_t}{Y_t} - \frac{R_t}{Y_t}$$

Tendo em conta que:

$$Y_t = (1 + y_t) \times Y_{t-1}$$

Sendo yt a taxa de crescimento real do produto agregado
Podemos facilmente deduzir a expressão que nos dá a variação líquida do *stock* de dívida, Δb_t , em termos de percentagem do PIB:

$$\Delta b_t = b_t - b_{t-1} = \frac{r_t - y_t}{1 + y_t} \times b_{t-1} + g_t - \rho_t$$

Ora, a partir das expressões anteriores, podemos passar às diferenças:

$$\Delta b_t = b_t - b_{t-1} = \frac{(1+r_t)}{(1+y_t)} \times b_{t-1} + g_t - \rho_t - b_{t-1}$$
$$= \left(\frac{1+r_t}{1+y_t} - 1\right) \times b_{t-1} + g_t - \rho_t = \left(\frac{1+r_t-(1+y_t)}{1+y_t}\right) \times b_{t-1} + g_t - \rho_t$$
$$= \Delta b_t = \left(\frac{r_t - y_t}{1+y_t}\right) \times b_{t-1} + g_t - \rho_t$$

Exercícios Resolvidos

E.14.1.

Como se sabe, o saldo global das AP é dado por soma da componente cíclica com o saldo orçamental ajustado do ciclo (ou estrutural). O saldo estrutural primário, SO_{EP} resulta aritmeticamente da soma do saldo estrutural com os juros da dívida pública.

Por último, o rácio dívida-produto, que nos dá o peso da dívida pública no PIB, pode ser obtido através do quociente do peso dos juros no PIB a dividir pela taxa de juro implícita na dívida pública, que é a o quociente entre os juros e a dívida pública.

Assim,

$$\frac{Dívida}{PIB} = \frac{(juros \div PIB)}{(juros \div Dívida)} = \frac{Dívida}{PIB}$$

Nota:
- $J = x \times D$
- $J = z \times Y$

Logo,

$$x \times D = z \times Y \Leftrightarrow \frac{D}{Y} = \frac{z}{x} \Leftrightarrow \frac{D}{Y} = \frac{(J \div Y)}{(J \div D)}$$

É dado no enunciado os juros em percentagem do PIB.

Note-se o valor dos juros implícitos na dívida é fornecido pelo enunciado. Assume-se no enunciado que a taxa de juro implícita na dívida, isto é, o rácio da dívida no PIB é constante (=3,6%).

Logo é possível calcular os valores parcelares para cada ano:

$$b_{13} = \left[\frac{D}{Y}\right]_{2013} = \frac{4,1}{3,6} \times 100 = 113,9\%$$

$$b_{14} = \left[\frac{D}{Y}\right]_{2014} = \frac{4,2}{3,6} \times 100 = 116,7\%$$

$$b_{15} = \left[\frac{D}{Y}\right]_{2015} = \left[\frac{D}{Y}\right]_{2014} = 116,7\%$$

$$b_{16} = \left[\frac{D}{Y}\right]_{2016} = \frac{4,3}{3,6} = 119,4\%$$

Podemos organizar os cálculos das três variáveis solicitadas num quadro arrumado:

	2013	**2014**	**2015**	**2016**
SO (em % PIB)	-3,3	-1,5	0,1	1,3
SO_{EP} (em % PIB)	1,8	2,5	3,3	4,1
B (em % PIB)	113,9	116,7	116,7	119,4

E.14.2.

a. Para um determinado ano, as necessidades líquidas de financiamento (NFL) são a variação líquida da dívida pública ($B_t - B_{t-1}$), tipicamente, as necessidades de financiamento do défice (receitas de passivos financeiros) quando as restantes componentes não têm muita importância económica. Ou seja, em extensão: NFL = Défice orçamental + Aquisição líquida de outros activos financeiros – Receita Privatizações;

Donde, com os dados que nos são fornecidos, podemos construir o seguinte quadro de resultados:

	2012	**2013**
NFL (milhões euros)	18 034	13 410
SO (% PIB)	5,4	5,3
NFL (%PIB)	10,9	8,0
Dívida Pública (%PIB)	117,6	123,6

Para o cálculo da NFL com os dados que temos, notar que *NFL = NF – Amortização.*

b. Em termos nominais, em % do PIB, a restrição orçamental pode ser descrita pela expressão:

$\Delta b_t = d_t - n \times b_t$, tendo em conta que e que $\Delta b = (g - \rho) + (i - n) \times b$
$d = g + i \times b - \rho$ (o défice é o simétrico do saldo global)

Admitindo o objectivo de médio-longo da dívida pública, isto é, a sua estabilidade temporal, $\Delta b = 0$, resolvendo para *b* a expressão acima, o rácio dívida-produto, *b*, converge para $b = \frac{d}{n}$, em que *d* é o rácio défice-produto e *n* é a taxa de crescimento nominal do produto agregado.

Vejamos então a parametrização do nosso exercício.

A taxa de crescimento nominal do produto em 2014 (admitindo que se mantém no futuro), é dada por:

Taxa de crescimento nominal do produto: $n = \left(\frac{168\,149}{165\,333} - 1\right) \times 100 = 1{,}7\%$

O nível de convergência pretendido para o rácio dívida-produto é, no médio-longo prazo:

$$b = 70\%$$

A taxa de juro implícita na dívida pública é dada, $i = 3{,}5\%$. Para a trajetória de convergência da dívida para $b = 0{,}7$, então $j = i \times b \Rightarrow j = \frac{(3{,}5 \times 70)}{100}$ = 2,45% PIB.

- O défice compatível com a convergência de *b* para 70%, será $d = n \times b \Leftrightarrow d = \frac{(1{,}7 \times 70)}{100}$=1,19% ⇒SO = -1.19% do PIB
- O saldo primário, SO_P em % do PIB, consistente com o rácio dívida produto para 70% do PIB será: $SO_P = -1{,}19\% + 2{,}45\% = 1{,}26\%\ PIB$, ou seja, um superavit primário.

E.14.3.

a)

Conforme deriva dos desenvolvimentos analíticos do Capítulo 14 (ver Livro *Economia e Finanças Públicas* (Escolar Editora, 2016), equações 14.39, p.532) e resumo do mesmo Capítulo neste livro), a sustentabilidade do rácio dívida pública-produto (*b*) verifica-se aproximadamente quando *nb=-so*, sendo *n* a taxa de crescimento nominal do produto e *so* o rácio do saldo global (efectivo) no produto.

Assim dada a taxa de crescimento real do PIB de 2,2% e a taxa de inflação de 2,3%, temos uma taxa de crescimento nominal do PIB de 4,5%. Como se pretende o rácio sustentado a 65% do PIB então b=0,65 e o rácio do défice orçamental que sustentará a manutenção desse rácio da dívida -so=nb=0,045×0,65=0,02925. Logo, a manter-se um défice de 2,925% do PIB, será possível manter estável o rácio dívida-produto nos 65%.
(Nota: qualquer défice inferior fará diminuir aquele rácio – ver alínea seguinte).

b)
Caso o objectivo seja reduzir assimptoticamente no longo prazo o rácio dívida-produto para 55% do PIB, então o défice deverá ser o que assegura a estabilidade do rácio aos 55%. Usando a mesma equação utilizada anteriormente, tem-se que d=nb=0,045×0,55=0,02475.
Com um défice a 2,475%, e *mantendo-se a taxa de crescimento nominal do produto nos anos seguintes*, o rácio dívida-produto convergirá assimptoticamente para 55%.

c)
Convém recordar que, aritmeticamente, a relação entre saldo primário, global e juros (aqui em % do PIB) é dada por: sp=so+j. Por outro lado, os juros são dados pelo produto da taxa de juro implícita na dívida (i) pelo *stock* da dívida (b). Assim j=0,04759×0,65=0,03093. Logo, sp=-0,02475+0,03093=0,006183, ou seja, o saldo primário será sp=0,6183% do PIB.

Como é um dado que as despesas primárias representam 42,2% do PIB e o saldo primário são as receitas efectivas (re) menos as despesas primárias (dp), tem-se que 0,006183=re-0,422, logo as receitas efectivas serão re=0,42818, ou 42,8% do PIB.

d)
Nesta alínea pretende-se comparar um *cenário hipotético* de um saldo global (défice) de 2,475% do PIB (resultado da alínea b), assumindo como hipótese que os saldos de três sub-sectores estão equilibrados (FSA, ARL e SS), com o *cenário do OE2008* (Quadro A.3), em que se previa um saldo global de 2,7% do PIB.
A determinação das receitas efectivas do subsector Estado no cenário hipotético deriva, em primeiro lugar, de que o saldo global das administrações públicas é igual à *soma* dos saldos globais dos quatro subsectores. Ora assumindo que todos estão equilibrados, à excepção do Estado, então *SO*_estado=*SO*, logo *so_estado*=2,475% do PIB – o que com o PIB a 169.643 milhões de euros sig-

nifica que *SO*_Estado= 169643×0,02475 =4198,7; em segundo lugar assume-se que as despesas do Estado no cenário hipotético igualam as do OE2008, logo são iguais a 46.437,3 (= 43.535,6 + 2.901,7) milhões, pelo que as receitas efectivas no *cenário hipotético* deverão ser 42.238,6 (= 46.437,3 – 4.198,7). A *diferença* entre as receitas efectivas no cenário hipotético e no orçamento de Estado é de 1444 milhões, isto é, o Estado teria que arrecadar esta receita adicional. Dois factores explicam esta diferença: por um lado, os três subsectores (FSA, ARL e SS) no OE2008 apresentam um *superavit* de 1.036,7 milhões – é claro que o mesmo objectivo para o défice das Administrações Públicas pode ser alcançado com mais facilidade para o subsector Estado, se os outros subsectores apresentarem excedentes orçamentais; por outro lado, o valor remanescente de 407,3 milhões (1.444-1.036,7) é o esforço adicional que o Estado deveria fazer para reduzir o défice de 2,7% do PIB (OE2008) para 2,475% do PIB. (407,4=(0,027152-0,02475)×169643)).

E.14.**4.**

a)

Os saldos solicitados são os seguintes (apresentar justificação dada no exercício E.13.11):

	2013	2014	2015	2016
Saldo Orçamental Primário*	0.8	1.3	1.6	2.1
Componente cíclica do saldo orçamental global*	-1.4	-1.0	-0.7	-0.4
Saldo orçamental primário ajustado do ciclo*	2.2	2.3	2.3	2.5

* em % do PIB

b)

A restrição orçamental do governo (em % do PIB) é dada por: $\Delta b= d\text{-}nb$; em que: b – rácio dívida-produto, d – rácio défice orçamental % do PIB, n – taxa de crescimento nominal da economia. Estabilizando o rácio b, Δb=0, isso permite calcular, $d=nb$. Na altura da assinatura do Tratado de Maastricht, em 1992, o rácio dívida-produto médio da UE era de cerca de 60%. Tendo em conta uma taxa de crescimento real da economia de 3%, hipótese razoável na altura, e uma taxa de inflação de 2%, hipótese ancorada na evolução dos preços na Alemanha, isso dá uma taxa de crescimento nominal do PIB de 5%. Ou seja, nesse caso o défice orçamental compatível com o rácio dívida-produto de 60% é d=(0,05*0,6)*100=3% do PIB.

c)

A ideia de deixar funcionar os estabilizadores automáticos é sensata, pois procura evitar discricionariedade excessiva na condução da política orçamental, e esse é o entendimento subjacente à política orçamental no contexto da UEM. Os estabilizadores automáticos dizem respeito a rubricas orçamentais que reagem, de forma relativamente automática, ao ciclo económico.

Tal é diferente de medidas discricionárias de política orçamental, como seja uma alteração numa taxa de imposto ou a redução das condições de elegibilidade de um cidadão/ família para um subsídio.

Por exemplo, a despesa com subsídios de desemprego aumenta quando a economia está em recessão e se observa, por isso, um aumento da taxa de desemprego. Por outro lado, as receitas provenientes dos impostos sobre as empresas também tendem a aumentar numa fase de crescimento económico, em que as vendas aumentam e a base tributável cresce, também de uma forma relativamente automática, nesse caso.

15.
Política Orçamental na União Europeia

Resumo

Este capítulo apresenta o contexto e a forma como as instiuições da União Europeia (UE) acompanham as políticas orçamentais dos estados-membros que adoptaram o euro no quadro da União Económica e Monetaria (UEM), dos membros da UE que não adoptaram o euro e ainda dos que pretendem aderir à UE.

A condução da política monetária nos países da área do euro, está a cargo do Banco Central Europeu (BCE) e a gestão da política orçamental é da responsabilidade de cada um dos governos nacionais. Contudo, para evitar pôr em causa a estabilidade financeira do euro, foi adoptado um esquema de acompanhamento das políticas orçamentais de cada um dos estados membros, incluindo algumas regras orçamentais. Esse enquadramento está desde logo definido no Tratado da União Europeia (artº. 104) e num protocolo anexo ao Tratado e ainda através do Pacto de Estabilidade e Crescimento, cuja primeira versão é de 1997 (PaEC97), a revisão de 2005 (PaEC05), de 2011 ("six pack") e de 2013 ("two pack"), e ainda no chamado Tratado Orçamental (2012).

As instituições que realizam o acompanhamento da política orçamental na UEM são: o Conselho Europeu – que reune os primeiro-ministros dos governos da EU – a Comissão Europeia (CE), o Conselho de Ministros de Economia e Finanças (ECOFIN) e ainda o Comité Económico e Financeiro (EFC).

No essencial, esse acompanhamento está regulamentado no *PaEC* e é realizado de forma preventiva através de informação que os estados-membros devem fornecer duas vezes por ano às instituições da União. Permite, entre outras coisas, observar como se comportou e como se prevê que se comportem várias variáveis com relevo para uma apreciação da situação das finanças públicas, nomeadamente os rácios dos saldos orçamentais das Administrações Públicas em relação ao PIB e da dívida pública em relação ao PIB, sendo os valores de referência de -3% e 60%, respectivamente. Por outro lado, estão previstas sanções aos países que não cumpram o critério do défice (no *procedimento dos défices excessivos*) e que não possam justificar esse incumprimento por razões excepcionais (por exemplo, uma desaceleração significativa da actividade económica).

Em 2018, a maioria dos países da UE cumpria o limite de 3% para o défice orçamental, com a excepção de Chipre. Já em 2009, em plena crise, havia 19! em 28 países com défices superiores a 3%. Em 2007, ainda antes da crise havia 10 Estados-Membros que apresentavam um rácio dívida-produto superior a 60% do PIB: em particular a Grécia (103,1%) e a Itália com 103,3%, ultrapassavam mesmos os 100%. Mais de dez anos volvidos, em 2018, o critério da dívida pública não é satisfeito em 13 países

O Pacto de Estabilidade e Crescimento (PaEC97) estabelecia objectivos de médio prazo do saldo global das administrações públicas estar próximo do equilíbrio ou ser excedentário – objectivo esse uniforme para todos os países. Para avaliar se são cumpridos os critérios do défice orçamental e da dívida pública, os Estados Membros têm que enviar à CE o *reporte dos défices excessivos* duas vezes por ano (até 1 de Março e até 1 de Setembro), onde se apura o valor do saldo global e se decompõe por subsectores. Os países participantes no euro devem submeter ao Conselho ECOFIN e à Comissão Europeia, anualmente, o respectivo *Programa de Estabilidade* (PE). Os países que não participam no euro submetem o respectivo *Programa de Convergência* (PC). Os PE e os PC são programas de médio prazo, geralmente a quatro anos, com informação sobre: i) os objectivos de médio prazo para a obtenção de uma situação orçamental estabelecida no PaEC; ii) informação sobre a trajectória de ajustamento em direcção aos objectivos orçamentais de médio prazo; iii) informação sobre a evolução previsível da economia; iv) informação sobre as medidas orçamentais, as reformas estruturais e outras medidas de política económica adoptadas ou a adoptar no sentido de se alcançarem os referidos objectivos orçamentais. Adicionalmente, os países que apresentam PC têm também que fornecer informação sobre os seus objectivos monetários de médio prazo.

O PaEC97 foi sujeito a uma série de críticas, nomeadamente o facto de ser rígido e não considerar especificidades de cada país, de ter como objectivo de médio prazo o equilíbrio ou excedente orçamental (o que a manter-se levaria o rácio da dívida no produto a convergir para zero), de considerar o saldo global como indicador das finanças públicas e não o saldo ajustado do ciclo, e de não olhar ao facto de os países poderem adoptar medidas excepcionais para formalmente, mas não substantivamente, cumprirem com as regras orçamentais.

Neste sentido o PaEC05 define agora objectivos orçamentais de médio prazo de forma diferenciada para cada país, tendo em conta os respectivos rácios da dívida e as taxas de crescimento potencial. O indicador utilizado é agora o saldo ajustado do ciclo e o objectivo orçamental de médio prazo situa-se acima de -1% do PIB, não considerando medidas excepcionais. O objectivo de saldo equilibrado ou excedentário limita-se aos países que tenham *stocks* da dívida muito acima dos 60% do PIB. O PaEC05 está consagrado no Regulamento Nº 1055/2005 (que altera o Regulamento Nº 1466/97) relativo à vigilância e coordenação das políticas económicas e no Regulamento Nº 1056/2005 (que altera o Regulamento Nº 1467/97), o qual esclarece o processo de implementação do PDE.

Finalmente, no que respeita ao orçamento da União Europeia, o primeiro facto a registar é a sua pequena dimensão, cerca de 1% do PIB da União Europeia. Ele tem sido destinado a duas grandes áreas de intervenção: crescimento sustentável e recursos naturais (essencialmente despesas com a política agricultura comum) e a coesão económica, social e territorial, responsáveis respetivamente por 37% e 34% do total da despesa em 2018. Seguem-se despesas para promover a competitividade para o crescimento e o emprego com 13,7%. Rubricas importantes como o "Programa para o Ambiente e Acção Climática" recebe 0,2% das dotações de despesa. As principais fontes de financiamento do orçamento da UE têm sido as contribuições dos Estados Membros de acordo com o respectivo Rendimento Nacional Bruto e em função das receitas do IVA, responsáveis, por exemplo em 2018, por 79,4% das receitas. Adicionalmente, a UE tem outras receitas provenientes, nomeadamente, de direitos aduaneiros e agrícolas.

Tópicos de reflexão: Capítulo 15

1. Ao contrário do que sucede com a Política Monetária na União Económica e Monetária, a Política Orçamental encontra-se descentralizada, embora sujeita a forte coordenação e supervisão centralizadas.
   a. Concorda com a afirmação? Justifique.
   b. Que tipo de limitações à Política Orçamental de cada Estado Membro existem actualmente?

2. Explique o significado e a importância da "*disciplina orçamental*" no contexto da UEM.

3. Distinga componente cíclica do saldo orçamental de saldo orçamental estrutural. Explique, sucintamente, em que medida este último constitui um

instrumento privilegiado de monitorização/acompanhamento por parte das autoridades supranacionais europeias da política orçamental de cada país no âmbito do Pacto de Estabilidade e Crescimento.

4. Que tipo de saldo é usado para aferir o cumprimento do *"critério do défice"* no âmbito da União Económica e Monetária (UEM)? E qual lhe parece mais relevante para avaliar a sustentabilidade das finanças públicas? Justifique as suas respostas.

5. Clarifique os fundamentos que terão levado a que na revisão do Pacto de Estabilidade e Crescimento de 2005 se tenha dado maior importância ao saldo orçamental ajustado do ciclo e menos ao saldo global.

6. O Pacto de Estabilidade e Crescimento prevê sanções para países que violem o critério do défice orçamental, mas não prevê para os países que violem o critério da dívida. Acha razoável esta distinção ou considera que deveria ser ao contrário? Justifique a sua posição.

7. O objectivo de situação próxima do equilíbrio orçamental (saldo global) inscrito no PEC, se associado a uma taxa de crescimento do produto real positiva, levará a prazo, *ceteris paribus*, à diminuição do *stock* da dívida, convergindo para zero. Acha razoável esse objectivo de longo prazo para as finanças públicas?

8. Responda às seguintes questões:

a. No contexto do Pacto de Estabilidade e Crescimento (PaEC), revisto em 2005, refira, sucintamente, os princípios orçamentais essenciais subjacentes ao PaEC.
b. Diga quais foram as principais alterações aprovadas em 2011 em termos de coordenação e monitorização das Políticas Orçamentais na UEM.

9. Na sequência da crise económica e financeira mundial que atingiu a Europa sobretudo nos anos 2008 e seguintes, as finanças públicas descontrolaram-se. Dos 19 países da UE com défices excessivos (%PIBpm), saliente-se os maiores: Irlanda (13,8), Grécia (15,1); Espanha (11,3), Letónia (9,5), Lituânia (9,1), Roménia (9,1) e, claro, Portugal (9,9). Explique as principais razões para estes défices verdadeiramente significativos e o seu impacto na dívida pública.

Questões de escolha múltipla

15.1. Quem exerce as funções executivas na União Europeia é:
a. O Parlamento Europeu.
b. O Conselho.
c. A Comissão.
d. O Conselho ECOFIN.

15.2. Diga o que é *falso* acerca do Programa de Estabilidade:
a. Estabelece objectivos de médio prazo para uma situação orçamental próxima do equilíbrio.
b. Define uma trajectória de ajustamento em relação a objectivos de médio prazo.
c. Informa sobre a evolução previsível da economia.
d. Fixa o limite de 3% do PIB para o défice das administrações públicas e de 60% para a dívida pública.

15.3. O procedimento sobre os défices excessivos:
a. É iniciado pelo Conselho ECOFIN e depois pela Comissão Europeia.
b. É iniciado pela Comissão Europeia (CE) e depois pelo Parlamento Europeu.
c. É iniciado pela Comissão Europeia (CE) e depois pelo Conselho ECOFIN.
d. É iniciado pelo Parlamento Europeu (PE) e depois pela Comissão Europeia.

15.4. Se os juros da dívida pública representam 2% do PIB e a componente cíclica do saldo global -2% do PIB, então:
a. O saldo global é nulo.
b. O saldo primário é positivo.
c. O saldo global é igual ao saldo estrutural primário.
d. O saldo primário menos o saldo global é igual a – 2% do PIB.

15.5. Qual das seguintes medidas não foi incorporada na revisão do Pacto de Estabilidade em 2005?:
a. Os objectivos orçamentais passam a ser diferenciados de acordo com o país.
b. Os objectivos de médio prazo passam a depender do rácio da dívida e do crescimento potencial.
c. O valor de referência para o limite para o défice passa a ser variável.
d. Os valores de referência de médio prazo para o saldo orçamental deixam de ser equilíbrio ou situação excedentária e passam a poder ser um défice.

15.6. O orçamento da União Europeia representa sensivelmente:
a. 1% do PIB dos países da União.
b. 3% do PIB dos países da União.
c. 5% do PIB dos países da União.
d. 7% do PIB dos países da União.

15.7. O Conselho ECOFIN declarou a existência de um défice excessivo pela primeira vez em relação a que país?:
a. Alemanha.
b. Portugal.
c. Itália.
d. França.

15.8. Qual das seguintes fontes de receita não é receita do Orçamento da União Europeia?
a. Recurso com base no IVA.
b. Recurso com base no IRC.
c. Recurso com base Rendimento Nacional Bruto.
d. Direitos aduaneiros da UE.

15.9. O Pacto de Estabilidade tem mecanismos de vigilância multilateral preventiva (*preventive arm*) e também uma componente correctiva (*corrective arm*). A primeira traduz-se em que as instituições europeias:
a. Apreciam os Pactos de Estabilidade e Crescimento apresentados pelos vários países.
b. Aplicam o Procedimento dos Défices Excessivos a Países que ultrapassam, em condições normais, o valor de referência dos 3% do PIB.
c. Apreciam os Programas de Estabilidade e Crescimento apresentados pelos vários países.
d. Aplicam o Procedimento das Dívidas Excessivas a Países que ultrapassam, em condições normais, o valor de referência dos 60% do PIB.

15.10. Dentro dos objectivos da política orçamental de estabilização num país da zona euro *não* está:
a. O crescimento económico.
b. O equilíbrio (ou evitar um desequilíbrio) das contas externas.
c. A promoção do emprego.
d. A estabilidade da taxa de juro.

15.11. As instituições europeias que estão envolvidas no Procedimento dos Défices Excessivos, no âmbito do Pacto de Estabilidade e Crescimento, são:
a. A Comissão.
b. A Comissão e o Conselho Europeu.
c. A Comissão, o Conselho Europeu e o Eurogrupo.
d. A Comissão, o Conselho Europeu e o Parlamento Europeu.

Exercícios

1. Considere as seguintes projecções macroeconómicas e orçamentais para um determinado país, para o período 2015-2018.

	2015	2016	2017	2018
Saldo orçamental global das Administrações Públicas (% do PIB)	-6,0	-4,5	-3,0	-2,0
Saldo orçamental estrutural (% do PIB)	-5,0	-4,0	-3,0	-1,0
Saldo orçamental primário ajustado do ciclo (% do PIB)	1,0	2,0	2,0	3,0
Despesa efectiva das Administrações Pública (% do PIB)	48,0	47,5	45,0	44,0
Dívida pública (% do PIB)	100,0			
PIB (taxa de crescimento real, %)	1,0	1,5	2,0	2,0
Hiato do Produto (% PIB potencial)	-2,0	-1,0	0,0	1,0

a. Calcule a componente cíclica do saldo orçamental e os juros (em % do PIB) para cada ano do período 2015-2018, e obtenha o valor do rácio dívida-produto em 2018, referindo as hipóteses que utilizou nos cálculos.
b. Considerando a restrição orçamental do governo e a hipótese da estabilização do rácio dívida-produto no valor de 2015, determine a taxa de crescimento nominal do PIB consistente com essa restrição para 2016, 2017 e 2018. Comente os resultados.

2. Considere que se está no ano 2019 e que se conhece alguma informação quer sobre o histórico das finanças públicas de um dado país que integra a União Económica e Monetária relativamente a 2015-2018, quer as previsões inscritas no Programa de Estabilidade para 2019-22.

Quadro 15.1. Perspectivas Orçamentais de um país da UEM

	2015	2016	2017	2018	2019	2020	2021	2022
Saldo Global das Administrações Públicas (% PIBpm)	-2	-2,25	-2	-1,5	-1,5	-2,25	-3	-3,75
Componente cíclica do Saldo Global	1	0,75	0,5	0,5	0	-0,25	-0,5	-0,75
Saldo Primário Ajustado do Ciclo (%PIBpm)	-1,22	-1,16	-0,59	-0,03	0,68	0,4	0,16	-0,04
Despesa Efectiva das Administrações Pública (% PIBpm)	46,5	47,4	47	46,1	45,1	46	47	48
Dívida Bruta das Adm. Públicas (% PIBpm)	59,4	?	?	?	?	?	?	?
PIBpm (taxa de crescimento real)	2,5	2	1,5	1	1	1,5	1,75	2
Hiato do Produto (% PIB potencial)	2	1,5	1	1	0	-0,5	-1	-1,5

a. Determine o *stock* de dívida anual para 2016-2022 (em % PIBpm), assumindo que a única fonte de financiamento do défice orçamental é a emissão de dívida pública e que não há operações sobre activos financeiros. À luz dos critérios do Pacto de Estabilidade e Crescimento, analise a situação do país em 2015 e a situação prevista em 2022.
b. Determine o saldo global ajustado do ciclo, o valor estimado dos juros, o saldo primário e a receita efectiva total em percentagem do PIB.
c. Tendo em conta os dados disponíveis, analise a natureza da política orçamental de 2015 a 2019 e a evolução prevista de 2019 a 2022.

3. Considere os seguintes dados do Quadro 15.2 referentes à República da Irlanda, na época da crise económica internacional:

Quadro 15.2. Actualização do Prog. Est. da Irlanda (Janeiro de 2009)

	2007	2008	2009	2010	2011	2012
Taxa Cresc. PIBpm real	6,0	-1,4	-4,0	-0,9	2,3	3,4
Saldo Global das Adm. Públicas*	0,2	-6,3	-9,5	-9,0	-6,4	-4,8
Juros da dívida*	1,0	1,1	2,2	2,6	3,0	3,0
Saldo Primário*	1,2	-5,2	-7,3	-6,4	-3,5	-1,7
Saldo Ajustado do Ciclo*	-1,1	-5,6	-6,7	-5,3	-2,6	-1,3
Saldo Primário Ajustado do Ciclo	-0,1	-4,5	-4,5	-2,7	0,4	1,7
Hiato do Produto	3,2	-1,8	-7,1	-9,2	-9,4	-8,8
Dívida Pública*	24,8	40,6	52,7	62,3	65,7	66,2

* em % PIB
Fonte: Valores de 2007 do *Irish Stability Programme Update October 2008*, valores 2008-2012 de *Addendum to the Irish Stability Programme Update 2009.*

a. Analise o impacto imediato da crise na economia e nas finanças públicas da Irlanda.
b. Analise a natureza da Política Orçamental discricionária no período 2008-2011.

4. Considere os seguintes dados do Quadro 15.3, do Programa de Estabilidade da Grécia:

Quadro 15.3. Perspectivas orçamentais, 2019-2022: Grécia (PE 2019)

	2018	**2019**	**2020**	**2021**	**2022**
Taxa Cresc. PIBpm real	1,9	2,3	2,3	2,1	2,0
Saldo Global das Adm. Públicas*	1,1	1,6	1,1	1,3	1,7
Saldo Global da Adm. Central*	-0,5	0,7	-0,1	0,0	0,5
Juros da dívida*	3,3	3,1	2,9	2,9	2,9
Saldo Primário*	4,4	4,7	4,0	4,2	4,6
Comp. cíclica do Saldo Glob. *	-3,2	-2,0	-1,0	-0,7	-0,3
Saldo Glob.Ajustado do Ciclo*	4,2	3,6	2,1	1,9	2,0
Hiato do Produto	-6,0	-3,8	-1,9	-1,3	-0,6
Dívida Pública*	181,1	170,6	163,9	157,5	153,3

* em % PIB
Fonte: EU – Semestre Europeu, Programa de Estabilidade – Grécia – 2019-2022.

a. Análise a situação da Grécia em 2019 e as respectivas perspectivas orçamentais da Grécia para o ano de 2022.
b. Identifique o efeito dos estabilizadores automáticos e a natureza da política orçamental discricionária no período 2018-2022.

5. Considere os seguintes dados do Programa de Estabilidade da Itália, com as respectivas perspectivas orçamentais para 2019-2022.

Quadro 15.4. Perspectivas orçamentais, 2019-22: Itália (PE 2019)

*(% PIBpm)	**2018**	**2019**	**2020**	**2021**	**2022**
Crescimento real do PIB (%)	0,9	0,2	0,8	0,8	0,8
Saldo Global das Administrações Públicas*	-2,1	-2,4	-2,1	-1,8	-1,5
Juros*	3,7	3,6	3,6	3,7	3,8
Componente cíclica do saldo global*	-0,8	-0,9	-0,8	-0,9	-0,9
Saldo Primário ajustado do ciclo*	2,4	2,2	2,4	2,8	3,2
Dívida Pública*	132,2	132,6	131,3	130,2	128,9
Despesa Pública Efectiva*	48,6	48,9	49,1	48,8	48,5

Fontes: EU – Semestre Europeu, Programa de Estabilidade -Itália – 2019-2022.

a. Caracterize a situação das finanças públicas italianas em 2018, bem como a natureza da sua política orçamental de 2019 a 2022 e a estratégia de consolidação das finanças públicas (se assenta sobretudo no lado da despesa ou no lado da receita).
b. Discuta a situação e as perspectivas orçamentais de Itália à luz das regras do défice e da dívida inscritos no Tratado de Maastricht e no Pacto de Estabilidade e Crescimento.

6. Considere os seguintes dados das perspectivas económicas e orçamentais de Portugal para o período 2010-2013:

Quadro 15.5. Perspectivas Orçamentais: Portugal (2010-2013)

Perspectivas Orçamentais Portugal	**2009**	**2010**	**2011**	**2012**	**2013**
Saldo Global das Administrações Públicas (% do PIB)	-10,0	-8,6	-5,9	-4,5	-3,0
Saldo Global da Administração Central	-8,5	-8,0	-5,3	-4,0	-2,7
Componente orçamental cíclica (% do PIB)	-1,2	-1,1	-1,2	-0,8	-0,5
Despesa com juros (% do PIB)	2,9	3,2	3,8	4,1	4,2
Despesa total (% do PIB)	49,1	48,8	47,7	46,5	45,4
Dívida bruta das administrações públicas (% do PIB)	82,9	92,4	98,6	96,7	95,0
PIB (taxa de variação real, %)	-2,7	0,7	-2,2	-1,8	0,5

Fontes: INE (PDE), *Memorandum of Understanding* (2011), Comissão Europeia e cálculos próprios.

a. A partir dos dados fornecidos e dos que deve calcular (saldo primário, saldo ajustado do ciclo, saldo estrutural primário), clarifique a natureza e objectivos da política orçamental de 2010 a 2013.
b. Tendo em conta os vários subsectores das Administrações Públicas, o que pode concluir sobre o contributo de cada um deles para a redução do défice orçamental?
c. Duas das medidas que constavam do acordo proposto pela *troika* (BCE/ /UE/FMI) para reduzir o défice eram: i) reduzir as transferências para a administração regional e local; ii) aumentar as receitas do imposto municipal sobre imóveis (IMI). Explique de que forma essas medidas poderiam contribuir para reduzir o défice orçamental.

7. O Programa de Estabilidade submetido pelo Governo irlandês em Abril de 2019, contendo as perspectivas orçamentais de médio prazo, apresenta os seguintes dados:

Quadro 15.6. Perspectivas orçamentais, 2019-22: Irlanda (PE 2019)

	2018	2019	2020	2021	2022
PIB (Taxa de Variação Real, em %)	6,7	3,9	3,3	2,4	2,5
Saldo Global das Adm. Públicas (em % do PIB)	0,0	0,2	0,4	0,7	1,0
Saldo Estrutural da AP (em % do PIB)	-1,6	-1,1	-0,4	0,2	0,7
Hiato do Produto (em % do Produto Potencial)	3,3	2,5	1,6	1,0	0,5
Saldo Estrutural Primário da AP (em % do PIB)	0,0	0,3	0,8	1,3	1,8
Dívida Pública (em % do PIB)	64,8	61,1	55,8	55,4	53,2

Fonte: EU – Semestre Europeu, Programa de Estabilidade -Irlanda – 2019-2022.

a. Calcule, para os diferentes anos do período considerado, a componente cíclica do saldo global das AP (em % do PIB) e o peso dos juros no PIB, justificando todos os cálculos efectuados. Explique a natureza da política orçamental (2018-22).
b. Comente a situação das finanças públicas da República da Irlanda do ponto de vista dos critérios do Pacto de Estabilidade e Crescimento e clarifique o efeito dos estabilizadores automáticos no saldo orçamental em 2022.

Tópicos de Reflexão Resolvidos

TR.15.8.

a)

O PaEC constitui a principal referência da coordenação multilateral das Políticas Orçamentais dos Estados-Membros que integram a UEM.

No essencial, o PaEC, aprovado no Conselho de Amesterdão de 1997, estabelece que o valor de referência do défice orçamental (ou saldo global das AP), em termos nominais, deverá ser de 3% PIB e o rácio de dívida pública deverá estabilizar num valor de 60% do PIB. (observação: referências já existentes no protocolo anexo ao Tratado de Maastricht).

O PaEC estabelece também os critérios de evolução de certos saldos, em particular, o saldo estrutural (ou ajustado do ciclo), prescrevendo uma melhoria de 0,5 pp/ano até ao equilíbrio a médio-prazo. Este último aspecto resultou da necessidade de se flexibilizar um pouco os critérios das trajectórias para se atingir os objectivos de fundo (o binómio de 3% no défice e 60% dívida pública, em percentagem do PIB).

- A revisão de 2005 prescreve também a necessidade de se evitar políticas orçamentais pro-cíclicas e remete para uma maior atenção ao critério da dívida pública, num reforço de preocupação com a sustentabilidade.
- É esta preocupação de fundo? É, porém, compaginável com a admissibilidade excepcional de défices superiores a 3% quando a taxa de crescimento do PIB seja negativa (recessão económica conjuntural), durante um certo período, embora a Comissão não tolere, neste quadro de alguma flexibilidade e margem para impulsionar o investimento público (recuperação económica, mobilização do emprego), défices muito acima do valor referencial dos 3% do PaEC.

b)

As alterações de 2011 (conhecidas como "six pack", por assentarem em 5 regulamentos e 1 directiva) vêm no seguimento de se reforçar, no seio da UEM, a vigilância multilateral das políticas orçamentais dos Estados-membros. O ECOFIN adopta, em 8 de Novembro de 2011, seis propostas de fundo, a par da institucionalização do (Janeiro 2011) "semestre europeu", ou seja, a calendarização objectiva e rigorosa das diversas fases do processo de vigilância multilateral da Política Orçamental e da evolução macroeconómica:

- Reforço da vigilância multilateral ("preventive arm") relativamente à adopção de medidas (excepto se uma maioria simples dos países do ECOFIN votar contra – procedimento de "reverse majority");
- Imposição de regras mais apertadas, e com uma implementação mais exigente, no quadro do PDE;
- Reforço de regras nacionais (critérios mínimos para o enquadramento orçamental a nível nacional com a correspondente consistência com o enquadramento ao nível da UE);
- Novo mecanismo de detecção de desequilíbrios macroeconómicos através do "Procedimento de Desequilíbrios Excessivos", baseado num painel consensual de indicadores para o efeito;
- Proposta e implementação para correcção desses desequilíbrios (por exemplo, em matéria de competitividade externa);
- Aplicação rigorosa dos mecanismos de vigência nos países UEM (com eventuais penalizações financeiras);
- Em caso de um excesso de dívida pública acima dos 60% do PIB, a redução terá de ser de pelo menos 1/20 em cada ano até atingir o rácio de referência (60% PIB).

Exercícios Resolvidos

E.15.1.

a)

	2015	2016	2017	2018	
Saldo orçamental global das Administrações Públicas (% do PIB)	-6,0	-4,5	-3,0	-2,0	SO
Saldo orçamental estrutural (% do PIB)	-5,0	-4,0	-3,0	-1,0	SOe
Saldo orçamental primário ajustado do ciclo (% do PIB)	1,0	2,0	2,0	3,0	SOep
Despesa efectiva das Administrações Pública (% do PIB	48,0	47,5	45,0	44,0	G
Dívida pública (% do PIB)	100,0				
PIB (taxa de crescimento real, %)	1,0	1,5	2,0	2,0	
Hiato do Produto (% PIB potencial)	-2,0	-1,0	0,0	1,0	

SOc	-1,0	-0,5	0,0	-1,0	SOc=SO-Soe
Juros	6,0	6,0	5,0	4,0	Juros = SOep – SOe

	2016	2017	2018
Efeito sobre B/Y do saldo orçamental	104,5	107,5	109,5

b)

	2016	2017	2018
B	100,0	100,0	100,0
D	-4,5	-3,0	-2,0
n (%)	4,5	3,0	2,0

A taxa de crescimento nominal da economia, necessária para estabilizar o rácio dívida-produto em 100%, é superior à que se prevê venha a ocorrer de acordo com os dados iniciais.

Política Orçamental *pro-cíclica*: o saldo orçamental[26] melhora (ou piora) numa recessão (ou expansão).
Política Orçamental *a-cíclica*: o saldo orçamental mantém-se inalterado, numa recessão ou numa expansão.
Política Orçamental *contracíclica*: o saldo orçamental melhora (ou piora) numa expansão (ou recessão).
No período 2016-2018 a PO é, pois, contracíclica: é um período de crescimento económico e de melhoria do saldo orçamental.

O Tratado Orçamental surge na sequência do processo da necessidade de fortalecimento da coordenação das políticas orçamentais da EU, mais concretamente, dos Estados-membros que integram a UEM, no quadro do que é estabelecidos pelos Tratados da União Europeia (Maastricht/Nice) e do Pacto de Estabilidade e Crescimento (PaEC), visando aumentar a disciplina orçamental com vista a assegurar a manutenção dos objectivos da integração económica com moeda única.
O Tratado Orçamental estabelece uma regra para o saldo orçamental (objectivo de médio prazo com limite de 0,5% PIB para países com mais do que 60% rácio dívida-produto e 1% para países com menos do que 60% rácio dívida-produto, para o défice estrutural, SO_E.
Para a dívida é também estabelecida uma regra importante, agora vinculativa: O rácio dívida-produto maior a 60% tem de ser reduzido a uma média de pelo menos 1/20 (=5%) por ano do excesso face a 60% (nos 3 anos incluindo o último ano fiscal e projecções para o próximo ano, ou dos últimos 3 anos fiscais).
Aplicando a regra ao caso em apreciação, temos que:
O rácio da dívida-produto em t é de 140%;
O termo de excesso face à referência (60%) é de 140-60 =80%;
Durante o período t+1, t+2, t+3 (os 3 anos fiscais seguintes) deve reduzir o rácio dívida-produto em 1/20 ano. Ou seja, deve reduzir 1/20 × 0,8 = 0,04 (=4pp/ano).
Assim, em t+3, o rácio dívida-produto deverá ter-se reduzido para 128%, isto é:

$$140\% - (3*4\%) = 140\% - 12\% = 128\% \text{ do PIB}$$

[26] Apesar de o melhor indicador para analisar a natureza da política orçamental ser a variação do saldo orçamental estrutural primário, aceita-se também como correcta quem escolhesse basear a análise na consideração da variação do saldo estrutural, ou mesmo do saldo global.

E.15.2.

a)

Assumindo que a única fonte de financiamento do défice é emissão de dívida pública, excluindo, portanto, operações sobre activos financeiros (como sejam receitas de privatizações para amortizar a dívida) a dívida no ano *t* será igual ao *stock* da dívida em *t-1* mais o défice orçamental em *t* (ou menos o saldo orçamental). Assim, a dívida bruta das Administrações Públicas (% do PIB) será de 59,40 em 2015, 61,40 em 2016, 63,65 em 2017, 65,65 em 2018, 67,15 em 2019, 68,65 em 2020, 70,90 em 2021 e 73,90 em 2022.
À luz do critério do *défice* orçamental em 2015, cumpriu (2% < 3%), mas em 2022 não se espera que cumpra (3,75% > 3%). De acordo com o critério da *dívida* pública em 2015, cumpriu (59,40% < 60%), mas em 2022 não se espera que cumpra (73,90% > 60,00%). O incumprimento do critério do défice é mais grave à luz do Tratado e do PEC, dado o *procedimento dos défices excessivos* que sanciona o ultrapassar do valor de referência de 3% para o défice, mas não sanciona a dívida em excesso do valor de referência.[27]

b)

O saldo global ajustado do ciclo é igual ao saldo global menos a componente cíclica do saldo orçamental, isto é:

$$SO^e = SO - SO^c$$

Por seu turno, o valor dos Juros pode ser calculado de duas maneiras: uma mais imprecisa e outra mais exacta.
A maneira mais imprecisa é considerar que os Juros são aproximadamente iguais ao produto da taxa de juro implícita na dívida pública (*i*) pelo *stock* da dívida. Assim:

$$J \cong i.B$$

Neste exercício não dispomos do valor da taxa de juro implícita na dívida pública, mas tem-se uma forma alternativa de obter os juros.

É possível obter os encargos correntes com a dívida (juros) através da relação entre o saldo primário e o saldo primário ajustado do ciclo. Esta relação é dada por:

$$SO_p^e = SO^e + J$$

[27] Contudo, pode ser argumentado, e a nosso ver com fundamento, que o critério deveria ser ponderado, a par do do défice. Foi nesse sentido a revisão do PEC.

Ou seja, o saldo primário ajustado do ciclo é o saldo ajustado do ciclo mais juros. Desta equação obtém-se os juros e a partir desse valor e do saldo global obtém-se o saldo primário:

$$SO_p = SO + J$$

Isto porque o saldo orçamental primário é o saldo orçamental global mais os juros.
Finalmente, a partir da despesa efectiva global e do saldo global, obtém-se a receita efectiva global. A tabela a seguir resume os resultados.

	2015	2016	2017	2018	2019	2020	2021	2022
Saldo global ajust. do ciclo (% do PIB)	-3,00	-3,00	-2,50	-2,00	-1,50	-2,00	-2,50	-3,00
Juros (% do PIB)	1,78	1,84	1,91	1,97	2,18	2,40	2,66	2,96
Saldo primário (% do PIB)	-0,22	-0,41	-0,09	0,47	0,68	0,15	-0,34	-0,79
Receita efectiva total (% do PIB)	44,50	45,15	45,00	44,60	43,60	43,75	44,00	44,25

c)
O indicador essencial para monitorizar a natureza da política orçamental discricionária é o saldo primário ajustado do ciclo.

	2015	2016	2017	2018	2019	2020	2021	2022
SO primário ajust. do ciclo (% do PIB)	-1,22	-1,16	-0,59	-0,03	0,68	0,40	0,16	-0,04
PIB (taxa de variação real (%))	2,50	2,00	1,50	1,00	1,00	1,50	1,75	2,00

As variações do saldo não são muito significativas, pelo que não há uma clara política discricionária expansionista ou contraccionista. De qualquer modo, a interpretar o sentido qualitativo das variações, é possível afirmar que no período 2015-2019 a PO é tendencialmente contraccionista (pois o saldo melhora), e pró-cíclica, pois essa melhoria do saldo verifica-se a par de uma desaceleração da economia. De 2019 a 2022 a PO espera-se que seja ligeiramente expansionista (pois o saldo deteriora-se) e também pró-cíclica, pois neste caso a economia está em processo de aceleração do crescimento.

E.15.6.

a)[28]

Os dados solicitados são:

Saldo Primário (% PIB)	-7,1	-5,4	-2,1	-0,4	1,2
Saldo Ajustado do ciclo (% PIB)	-8,8	-7,5	-4,7	-3,7	-2,5
Saldo Estrutural Primário (% PIB)	-5,9	-4,3	-0,9	0,4	1,7

A *natureza da Política Orçamental*:

- é *contraccionista* (observada pela redução do Saldo Estrutural Primário), com redução da despesa pública e aumento da receita.
- é pro-cíclica em 2011 e 2012 – combinação de política restritiva com recessão (taxas de crescimento negativas do PIB) o que ainda agravará a recessão.

Objectivos da política orçamental – Até 2013 o objectivo principal é o de consolidação orçamental reduzindo o rácio do défice no PIB para o nível máximo aceitável no âmbito do PEC (3%) e começar a reduzir o *stock* da dívida.

b)

Apesar de não ser dada informação sobre cada um dos sub-sectores, temos dados sobre a Administração Central. Em termos absolutos a AC é a que contribui mais para redução do défice 5,8pp de um total de redução de 7pp (alternativamente em termos relativos o défice da AC representava 85% do défice das APs e contribui em 82,8% (5,8/7) para a redução do défice da AC). De forma complementar, pode-se obter o contributo da ARL e Segurança Social, cuja soma dos saldos globais iguala a diferença entre o saldo global das Administrações Públicas e o Saldo Global da Administração Central. Em termos absolutos o contributo destes sectores é de 1,2pp (em alternativa, contribuem com 17,1% (1,2/7) para a redução).

[28] *A fórmula de cálculo dos saldos já foi explicada no exercício E.13.9.*

Perspectivas Orçamentais Portugal	**2009**	**2010**	**2011**	**2012**	**2013**	**var. Total**
Saldo Global das Adm. Públicas (% do PIB)	-10	-8,6	-5,9	-4,5	-3	7
Saldo Global da Adm. Central (Estado e FSA)	-8,5	-8	-5,3	-4	-2,7	5,8
Saldo Global ARL+ Saldo Global da SS	-1,5	-0,6	-0,6	-0,5	-0,3	1,2
Saldo Global da AC (% saldo das APs)	0,9	0,9	0,9	0,9	0,9	
Saldo Global ARL+ Saldo Global SS (%SaldoAPs)	0,2	0,1	0,1	0,1	0,1	

c)

O acordo com a *troika* foi feito para reduzir o défice das administrações públicas, com vista a reduzir as necessidades de financiamento líquidas do sector público. Neste sentido, a questão centra-se no impacto das duas medidas na redução do défice das administrações públicas (e não apenas no Orçamento do Estado e respectivo défice). Assim, a redução das transferências para a ARL não altera, só por si, o défice das APs, tudo o resto constante, pois é uma redução da despesa do Estado e uma redução equivalente nas receitas da ARL.

- Esta medida só implica redução do défice das APs se for acompanhada por uma imposição de não agravamento do endividamento das ARL (ou seja, que menores receitas sejam acompanhadas por menores despesas).
- O aumento do IMI significa um aumento das receitas da ARL, que, sendo um sub-sector das APs, fará necessariamente reduzir o défice orçamental nesse montante, desde que esse aumento de receita não seja consignado a aplicações em activos financeiros ou na amortização da dívida pública.

16.
A caminho da sustentabilidade das finanças públicas (2020-30)?

Resumo
No que toca à economia e às finanças públicas, Portugal tem um passado em democracia de que não se deve orgulhar. Crescimento económico fraco, frequentes e graves crises financeiras que levaram a uma perda parcial de soberania do país e a condições impostas pelos credores externos. Tem um presente (os últimos anos) meritório no sentido da consolidação orçamental e na redução da taxa de desemprego, mas não tanto ao nível do crescimento. E tem um futuro que só depende dos portugueses e para o qual temos algumas previsões que são sempre actualizadas em cada novo Programa de Estabilidade (ver capítulo 13, exercício 3) que o governo português apresenta anualmente na Assembleia da República e em Bruxelas. Este capítulo ilustra, através de exercícios simples, como chegámos à última crise financeira de 2009-11[29], bem como a recuperação que existiu nos últimos anos em que foi possível trazer o défice orçamental para o quase equilíbrio, apesar de se manter um peso da dívida no PIBpm altamente excessivo, o que mantem a vulnerabilidade externa do país sobretudo com taxas de crescimento e inflação baixas.

Portugal é dos poucos países da União Europeia que nunca teve um excedente orçamental desde que é uma democracia (1974). Porém, registou nos últimos anos o défice mais baixo de sempre, próximo do equilíbrio. Como se analisou anteriormente, a sustentabilidade das finanças públicas de qualquer país exige uma estabilidade do rácio dívida-produto a níveis não muito

[29] Para um desenvolvimento deste tópico ver Pereira, P.T. (2012) Portugal: Dívida Pública e Défice Democrático, Fundação Francisco Manuel dos Santos.

elevados. Portugal, como país, deve ter uma estratégia para essa sustentabilidade. Como economistas, a sustentabilidade que defendemos, não é apenas financeira, é também económica, social, política e ambiental. Como referido num livro recente, "A estratégia orçamental que defendemos, para ser sustentável tem de ser, economicamente realista, socialmente aceite e politicamente exequível."[30] Mas antes de perspetivar o futuro é preciso compreender o passado, para não se cometer os mesmo erros.

Assim, importa lembrar que a crise financeira internacional de 2007-08 agravou dramaticamente a situação orçamental de vários países europeus, estando a Grécia, a Irlanda e Portugal na linha da frente dos países que necessitaram de um resgate financeiro da Comissão Europeia, Banco Central Europeu e Fundo Monetário Internacional (*a troika*). As razões pelas quais se chegou a esta situação derivam de problemas estruturais da economia portuguesa, mas também de uma má gestão das finanças públicas. Há, contudo, algumas questões que são colocadas no debate público e às quais interessa ter informação mais exacta e acessível. Conforme referido no início deste livro, existe uma importante distinção entre análise positiva e normativa. Aqui, interessa-nos sobretudo a análise positiva, de conhecer os dados empíricos da realidade das finanças públicas em Portugal que permitam responder a algumas questões. Como compara Portugal com os outros 27 países da União europeia em termos do peso do "Estado" na economia e em termos do nível de fiscalidade? Por que explodiu o rácio da dívida no produto de modo a ultrapassar os 100% do PIB em 2011? Que impacto teve a crise financeira nas finanças públicas? Como têm sido acompanhadas as parcerias público-privadas? Foram os investimentos públicos rodoviários necessários ou claramente ineficientes (acima do óptimo)? Que impacto teve a reforma do Estado realizada em 2006/07 (PRACE) na redução da despesa pública? Que impacto tiveram as privatizações de 2012 nas finanças públicas? Que impacto teve o memorando da *troika* na redução da despesa pública local? O que explica a evolução da dívida pública de 2011 a 2016? O que explica a redução do défice orçamental e do peso da dívida pública no produto nos últimos anos?

Este capítulo, complementa os capítulos 13 a 15 e apresenta um conjunto de dados empíricos quer na altura da crise financeira quer actualizados à data desta edição (Janeiro de 2020) para tornar mais precisas algumas destas questões e habilitar a uma resposta clara a muitas delas. Focando mais em Portugal, não deixa de abordar a situação de outros países da União Europeia relevantes pelos seus desequilíbrios macroeconómicos.

[30] P. T. Pereira, Cabral, R.; Morais, L.T. e Vicente, J. (2018) Uma Estratégia Orçamental Sustentável para Portugal, Almedina, Coimbra.

Perceber-se-á que a crise orçamental portuguesa agravou-se seriamente em 2009, com a recessão desse ano; que os investimentos de iniciativa pública em PPPs no sector rodoviário aparentam claros desperdícios e que há sobre-capacidade rodoviária; que a pressão para o aumento das pensões na despesa vai continuar; que a crise orçamental, na óptica do défice orçamental, está contida ainda que sob pressão social que irá inevitavelmente pressionar para o aumento da despesa pública. E que o peso da dívida no produto se encontra claramente numa trajetória descendente, mas a níveis ainda muito elevados. Que o sistema bancário tem continuado a necessitar de recursos públicos avultados, apesar da melhoria dos resultados recentes. A dimensão e intensidade do caminho para a sustentabilidade do país dependerá, em parte do que Portugal fizer por si mesmo, mas também do que for a evolução na União Europeia, em particular na zona euro.

Exercícios

16.1. A Comissão Europeia refere, no parecer sobre o Projeto de Plano Orçamental apresentado pelo governo Português, admitindo políticas invariantes, o seguinte:
"O Projeto de Plano Orçamental para 2020 projeta um déficit global das administrações públicas de 0,1% do PIB em 2019. Para 2020, projeta-se que o saldo global melhore para 0,0% do PIB. Prevê-se que o saldo estrutural melhore 0,3% do PIB para um déficit de 0,3% do PIB em 2019. Para 2020, o Projeto de Plano Orçamental projeta uma deterioração do saldo estrutural em 0,1% do PIB para um déficit de 0,5% do PIB."

a) Calcule o saldo estrutural previsto pelo governo para 2018, 2019 e 2020 e explique porque é este saldo inferior ao saldo global.
b) Face ao histórico das finanças públicas em Portugal, o que lhe parece o valor destes saldos?

16.2. A Comissão Europeia diz ainda que:
"De um modo geral, embora reconheça a natureza de não mudança de política das projeções, a Comissão considera que o Projeto de Plano Orçamental de Portugal corre o risco de não estar em conformidade com as disposições do Pacto de Estabilidade e Crescimento. Em particular, a Comissão projeta um risco de desvio significativo do ajustamento necessário para o objetivo orçamental de médio prazo em 2019 e 2020."
Esclareça o que se entende por "Objetivo de Médio Prazo" e discuta em que medida esta opinião da Comissão é correta à luz dos critérios do Pacto de Estabilidade e Crescimento.

16.3. Considere o Quadro 16.1 com as necessidades de financiamento líquidas das administrações públicas (em contabilidade nacional) e o PIBpm de 2014 a 2018.

Quadro 16.1. Necessidades Líquidas de Financiamento e Dívida Pública PT

	2014	**2015**	**2016**	**2017**	**2018**
Necessidades Líquidas de Financiamento das Administrações Públicas	12,4	7,99	3,5	5,8	0,9
Despesa com juros da dívida	8,2	8,2	7,7	7,4	6,9
Dívida Pública Bruta (maastricht)	225,8	235,7	245,1	247	249,1
Depósitos do Tesouro	12,4	5,8	-3,6	0,4	0,5
PIBpm	173,4	186,5	195,9	203,9	210,8
Dívida Pública Bruta/PIB	130,2	126,4	125,1	121,1	118,2

Fonte:INE, Procedimento de défices excessivos (acedido a Nov.2019) mil milhões de euros. Depósitos do Tesouro (IGCP, Notas aos Investidores). Dados em Contabilidade Nacional

a) Calcule a dívida líquida de depósitos no Tesouro e a sua percentagem no PIBpm. Identifique os anos em que o peso no PIBpm da dívida (bruta e líquida) foi máximo. Que conclui?
b) O défice das administrações públicas tem vindo a diminuir? Calcule o peso da poupança anual em juros na redução anual do défice orçamental.
c) Calcule a variação anual do *stock* da dívida e o valor anual do simétrico do saldo orçamental. Explique porque razão a diferença entre estes valores não foi zero, sendo positiva nuns anos e negativa noutros.

16.4. Considere os seguintes dados sobre o peso das receitas e despesas das administrações públicas no PIBpm.

Quadro 16.2. Receitas e Despesas das Administrações Publicas 14-18 (% PIB)

	2014	2015	2016	2017	2018
Receitas Totais (efetivas)	44,4%	43,8%	42,9%	42,4%	43,0%
Receita Corrente	43,7%	43,0%	42,3%	42,0%	42,6%
Receitas correntes sobre rendimento e património	10,9%	10,7%	10,1%	9,9%	10,1%
Impostos sobre a produção e importações	14,2%	14,6%	14,7%	14,9%	15,2%
Contribuições Sociais	11,8%	11,6%	11,6%	11,6%	11,7%
Outras receitas correntes	6,8%	6,2%	5,9%	5,7%	5,6%
Receitas de capital	0,7%	0,8%	0,6%	0,4%	40,0%
Despesa Total (efectiva) *	**51,7%**	**48,2%**	**44,8%**	**43,4%**	**43,5%**
Despesa corrente	45,6%	44,0%	42,8%	41,0%	40,4%
Prestações sociais	19,9%	19,5%	19,0%	18,4%	18,2%
Pessoal	11,8%	11,3%	11,2%	10,9%	10,7%
Juros	4,9%	4,6%	4,1%	3,8%	3,4%
Consumo intermédio	5,7%	5,6%	5,5%	5,4%	5,4%
Subsídios	0,7%	0,6%	0,5%	0,4%	0,4%
Outra despesa corrente	2,6%	2,4%	2,4%	2,1%	2,3%
Despesa de capital*	6,1%	4,3%	2,0%	2,3%	3,1%
FBCF	2,0%	2,3%	1,5%	1,8%	1,9%
Outra despesa capital*	4,1%	1,9%	0,4%	0,6%	1,2%
Saldo Global*	**-7,4%**	**-4,4%**	**-1,9%**	**-0,9%**	**-0,4%**
Saldo Primário*	**-2,5%**	**0,1%**	**2,3%**	**80,0%**	**2,9%**

Fonte: INE e Ministério das Finanças (nova série das contas nacionais 2016) publicada em Setembro 2019

* Não é considerada despesa com a captalização da Caixa Geral de Depósitos (cálculos de ajustamento IGCP).

a) Os valores das receitas e despesas públicas estão indicados em percentagem do PIBpm que de 2015 a 2018 esteve sempre em crescimento. Clarifique o que significa haver o aumento do peso de uma receita ou despesa e o que pode significar uma diminuição no peso de receita ou despesa.
b) Calcule a variação do saldo global (% PIB) e as variações da receita efetiva e da despesa efetiva para os anos de 2015 a 2018. Clarifique se o contributo para a redução do défice veio sobretudo do lado da receita ou da despesa.
c) Analise as variações do peso das componentes da receita fiscal e das contribuições para a segurança social e analise o peso relativo de cada uma destas componentes da receita na variação anual do peso da receita efetiva no PIBpm.
d) Faça o mesmo exercício para as variações do peso das componentes da despesa (pessoal, aquisição de bens e serviços e prestações sociais) no PIBpm e identifique os que mais influíram na diminuição da despesa pública no PIBpm de 2014 a 2018.

16.5. Tendo em conta a informação sobre as receitas fiscais do subsector Estado referentes aos principais impostos e os valores para o PIBpm:
a. Calcule as elasticidades de cada um dos impostos referidos e das receitas fiscais totais em relação ao PIBpm. Que pode concluir?
b. Diga que factores podem explicar a quebra acentuada das receitas fiscais em 2009 e o seu aumento em 2018.

Quadro 16.3. Receitas Fiscais do Estado (IRS, IRC, IVA e ISP) 2007-2009 e 2017-2018

	2007	2008	2009	2017	2018
IRS	9050,5	9344,3	8.950,9	12230,1	12910,4
IRC	5689,4	5989	4.540,3	5751,7	6339,2
IVA	13196,4	13430,1	10.883,4	16001,4	16650,8
ISP	3168,9	2529,8	2532,2	3365,9	3284,6
Receitas Fiscais	35639,3	35640,9	30653	42211,4	44300,2
RF/PIBpm	21,00%	20,70%	18,20%	21,54%	21,73%
PIBpm	169.319,2	171.983,1	168.586,6	195947	203896
PIBpm (var. Nom.)		1,57%	-1,97%	5,07%%	4,06%

Fonte: Boletim de Execução Orçamental para receitas fiscais e PDE (INE) para PIBpm. PIBpm e cálculos próprios

16.6. Analise os dados de despesas com pensões (caixa geral de aposentações e segurança social) no período 2007 a 2018 e o seu peso no PIBpm.

Quadro 16.4. As prestações sociais com pensões (2007-2008 e 2017-18)

	2007	**2008**	**2010**	**2017**	**2018**
Transferências correntes pensões pagas CGA	7229,3	7619,5	7.490,6	9529,6	9694,3
Prestações sociais SS*	17979,5	18988,6	21.552,0	21596,3	22460,7
das quais Pensões Seg. Soc.	12116,4	*12818,2*	*14011,9*	*16011,3*	*16498,1*
Total das pensões (CGA+SS)	19345,7	20437,7	21502,5	25540,9	26192,4
PIBpm	169319,2	171983,1	172798,6	249 143,1	251 569,0
Despesa Pensões no PIBpm	11,4%	11,9%	12,4%	10,3%	10,4%

Fonte: MFAP/DGO Boletins de execução orçamental (Jan. 2019, 2012 e Dez 2007) e INE/PDE Out. de 2011 e 2019.

a. Explique as diversas razões subjacentes ao aumento das pensões.
b. Tendo em conta a integração dos fundos de pensões dos CTT (em 2004) da Portugal Telecom (em 2010), da banca (em 2011) e o envelhecimento da população como perspectiva a evolução do rácio da despesa em pensões no produto? Justifique.

16.7. Analise a evolução da despesa pública em Portugal de 2005 a 2009 (SEC95) e de 2009* a 2014* (SEC 2010) dada pelo Quadro 16.5 e identifique as componentes de maior crescimento.

Quadro 16.5. Despesa pública segundo a classificação funcional (COFOG)

Unidade: mil milhões €	**1995**	**2000**	**2005**	**2009**	**2009***	**2014***	**2018e***	**Var. 95-09**	**Var. 09*-14***	**Var. 14*-18***
Serviços Públicos Gerais	8,7	5,9	6,6	6,9	7,1	8,8	7,6	-1,8	1,7	-0,14
Defesa	1,7	1,5	1,4	1,4	1,5	1	0,9	-0,3	-0,5	-0,10
Segurança e Ordem Pública	1,6	1,7	2	2,2	2	2,2	1,7	0,6	0,2	-0,23
Actividades Económicas	4,6	4,6	4,2	3,9	4,8	6,9	5,2	-0,7	2,1	-0,25
Protecção Ambiental	0,5	0,7	0,6	0,7	0,6	0,5	0,6	0,2	-0,1	0,20
Habitação e Ass. Comunitários	0,6	1	0,6	0,6	1,1	0,6	0,5	0	-0,5	-0,17
Saúde	5,4	6,2	7,2	7,1	7,9	6,2	6	1,7	-1,7	-0,03
Recreação, Cultura e Religião	1	1,2	1,2	1,1	1,1	0,9	0,8	0,1	-0,2	-0,11
Educação	5,6	6,4	6,9	6,7	7,3	6,2	5	1,1	-1,1	-0,19
Protecção Social	11,7	12,1	15,2	17,4	16,9	18,5	17,4	5,7	1,6	-0,06
Despesa Pública (% PIB)	41,4	41,3	45,9	48	50,3	51,8	45,7	6,6	1,5	-0,12

Fonte: Dados SEC95 de 1995 a 2009 Eurostat (acedidos a Dezembro de 2011) e dados SEC 2010 de 2009*, 2014* e 2017 de Eurostat (acedidos a Nov. 2019)

16.8. Considere a informação seguinte sobre as previsões de encargos líquidos (brutos excluindo receitas das concessões rodoviárias) das parcerias público-privadas inscritos nos Relatórios dos OE 2008 a 2012.

Quadro 16.6. Previsões de encargos líquidos com parcerias público-privadas (PPPs)

	Rel OE08	Rel OE09	Rel OE10			Rel OE11			Rel OE12		
	2008	**2009**	**2010**			**2011**			**2012**		
	PPPs	**PPPs**	**PPPs**		**Total**	**PPPs**		**Total**			**Total**
	Est. e EP	**Est. e EP**	**Não Rod.**	**Rodo-viárias**		**Não Rod.**	**Rodo-viárias**		**Não Rod.**	**Rodo-viárias**	
2010	1124,5	1111,6	367	382,7	749,7	238,8	630,3	869,1			
2011	1276,4	1096,4	351,5	532	883,5	371,6	470,3	841,9	318	1272	1590
2012	1321,6	1182,3	428,6	334,9	763,5	383,8	417,4	801,2	446	590	1036
2013	1245,8	1049,7	589	320,8	909,8	541,1	312,8	853,9	461	439	900
.....											
2030	363	731,9	307,9	-166,9	141	212,3	-328,1	-115,8	87	180	267

Fonte: Relatórios do OE2008, OE 2009 (p.205), OE 2010 (p.204-5), OE2011 (p.171) e OE 2012 (p.123)

a. Apresente as principais variações nos valores para os anos 2010-13. Que pode conlcuir sobre a fiabilidade das previsões?
b. Analise as previsões para 2030 sabendo que o Relatório do OE2019 (p. 241) prevê encargos líquidos das PPPs não rodoviárias de 310 u.m. e das rodoviárias de 281 u.m.
c. Tendo em conta que no Relatório de 2012 se prevêem receitas das PPPs rodoviárias de 176M. em 2011, 353M. em 2012 e 516M. em 2013, reinterprete os valores de 2012 e explique o que significa esta alteração na forma de financiamento das PPPs.

16.9.

a. Analise o quadro dos valores dos contratos assinados de 2001-08 de parcerias público-privadas (em milhões de euros) e contextualize a importância das PPPs em Portugal no quadro europeu em termos absolutos para o periodo 2001-08 (incluindo as a contratar em 2007).
b. Faça a análise agora em percentagem do PIB de 2007 apenas para as PPPs de 2007, já contratadas e a contratar.

Quadro 16.7. PPPs na Europa: valor de contratos assinados em M.€

							Número de Proj. Assinados	Projectos a Contratar	PIBpm em 2007
	2001-04	**2005**	**2006**	**2007**	**2008**	**Total**	**2001-08**	**Jan 2007 M.€**	
Spain	1000	1154	1664	309	---	4127	38	2931	1053161
France	---	1788	735	329	1241	4093	34	3964	1886792
Italy	890	2179	439	55	---	3563	20	29799	1554198
Ireland	720	121	623	1489	300	3253	19	---	189932
Greece	---	798	1600	3885	1000	2398	8	6270	222771
Germany	440	830	177	465	117	2029	40	9495	2428500
Belgium	1300	480	---	300	680	1780	6	3635	335610
Netherlands	1302	---	431	---	1020	1733	9	1211	571773
Poland	1520	---	---	---	---	1520	2	1317	311001
Austria	49	---	850	---	---	899	6	20	274019
Finland	---	700	---	---	---	700	1	---	179830
Bulgaria	---	366	288	366	---	654	6	2202	30772
Hungary	---	---	38	15	500	556	11	264	99430
Cyprus	---	500	---	---	---	500	1	---	15901
Portugal	278	---	32	140	---	450	7	1515	169319
Other countries	485	2	490	---	---	977	7	4957	
Total (exc. UK)	7987	8918	7367	7353	4958	36583	215	67580	
UK	21849	6237	14111	10698	8236	61131	536		2054237

Fonte: Public Private Finance, DLA Paper, Table 5, e Eurostat (PIBpm)

16.10. Analise as duas figuras seguintes com informação sobre a quantidade de carros de passageiros por km de auto-estrada e o rácio do número de km de auto-estradas por km^2 terrestre da área de cada país. Analise o caso de Portugal (PT) no contexto europeu tendo em conta o carácter periférico do país em oposição à centralidade dos países do Benelux (Bélgica BE, Holanda NL e Luxemburgo LU). Que pode concluir?

Figura 16.1. Carros de Passageiros por Km de auto-estradas no país 2007

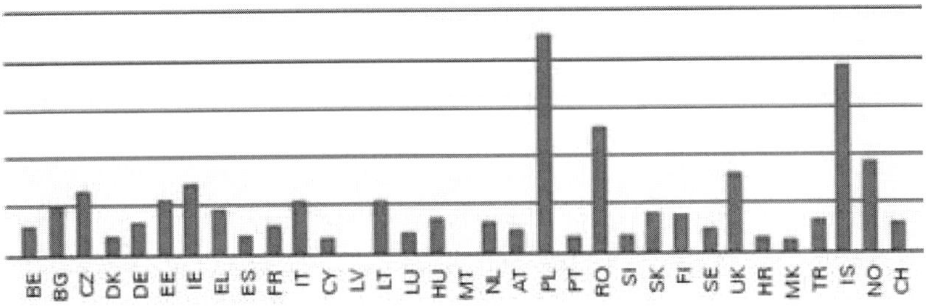

Fonte: Comissão Europeia (Figura 2.6 de European Road Statistics)

Figura 16.2. Densidade de Auto-estrada por país -2007 Km por km2 de área terrestre

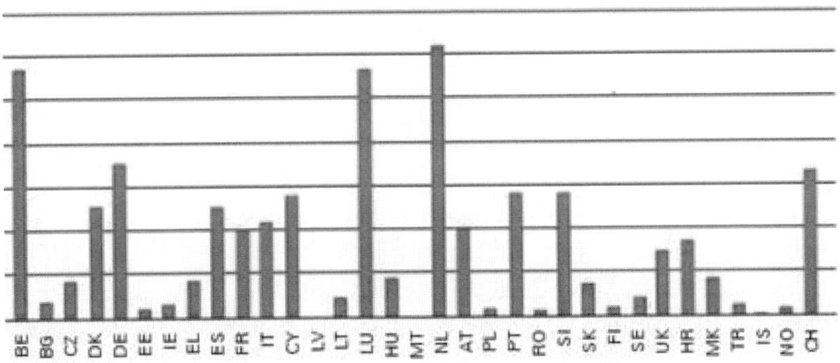

Fonte: Comissão Europeia (Figura 2.7 de European Road Statistics)

16.11. Tendo em conta os dados do Quadro 16.8 que mostra as necessidades de financiamento brutas (NBF) do Estado e o financiamento concedido pela *troika* em 2011 e 2012 de um envelope financeiro total de 78000 milhões de euros:

a. Calcule o peso do financiamento anual da troika nas NBF e o valor remanescente do financiamento a conceder a Portugal em 2013.
b. Assumindo um valor estimado para as NBF em 2013 de 32000 milhões[31], qual o montante necessário para se recorrer aos mercados em 2013?

[31] Em relação às necessidades brutas de financiamento de 2013 o que se sabia, à data de fecho da 4ª edição (2012), é que havia uma obrigação do Tesouro que vencia em 2013 (9737M.) e que o ojectivo para o défice orçamental de 2013 no *Memorandum* (actualização de Setembro de 2011) era de 5224M. Para além destes valores à que somar i) a aquisição líquida de activos financeiros e ii) as verbas para reforço da estabilidade financeira. O valor de 32000 milhões

Quadro 16.8. O financiamento da troika (2011-12) e as necessidades de financiamento

	2011	**2012**	**Total**
FEEF	6026	13666	19692
MEEF	14066	8333	22399
FMI	12947	8333	21280
Total *Troika*	*33039*	*30332*	*63371*
Nec. Brutas Fin.	60126	48258	
Nec. Liq. Fin.	17106	18686	

Fonte: Orçamento de Estado para 2012

16.12. O Memorando com a *troika*[32] prevê o seguinte relativamente à Administração Regional e Local: os salários dos funcionários públicos ficam congelados, as transferências para regiões e municípios reduzem-se pelo menos em 175M. em 2012, e há um aumento do imposto municipal sobre imóveis que não deve servir para compensar a redução nas transferências.

a. Explique quais os objectivos da *troika* com estas medidas.
b. Tendo em conta que o OE2012 aprovado contempla um corte de subsídios de férias e de Natal que implicará uma descida da despesa municipal em cerca de 240 milhões de euros, que implicações isso trará em termos da estrutura da despesa municipal?
c. Que ajustamento ao memorando lhe parece adequado para se continuar a cumprir com os objectivos explicitados na alínea a.?

16.13. Tendo em conta que a população da região autónoma da Madeira em 2011 era de 267785 e a dos Açores de 246746, use estes valores para o cálculo do défice orçamental *per capita* em 2010 e a dívida pública *per capita* em 2010 nas duas regiões. Que pode concluir?

para as NBF tem pois um grau de incerteza grande e é usado para a resolução do exercício. Note-se que este valor compara com o do ano anterior (48258) e já seria muito positivo se as NBF fossem reduzidas nesse montante. Na realidade sabe-se agora em 2016, que as NBF de 2013 foram de 46.093 milhões.

[32] CE/BCE *Memorandum of Understanding* (update September 2011).

Quadro 16.9. Défice e dívida das Administrações Regionais e Local (2007-2010; 2016-2018)

Unid: milhões de euros	2007	2008	2009	2010	2016	2017	2018
Capacidade (+)/necessidade (-) líquida de financiamento							
- Administração Regional e Local	-431,3	-871,8	-1291	-1389	846,6	316,8	347,5
Administração Regional da Madeira	-226,1	-236,8	-332,5	-1 189,70	223,8	79,6	101,3
Administração Regional dos Açores	-75,5	-41,5	-77,5	-53,6	-67,1	-70	-139,6
Administração Local	-129,6	-593,6	-881,1	-145,8	689,9	307,2	385,8
Dívida Bruta							
- Administração Regional e Local	7 055,10	7687,7	8 532,90	9 660,40	10505,9	10283,6	10152,7
Administração Regional da Madeira	1 425,80	1 847,90	2 066,10	3 110,40	4790,3	4803,7	4746,9
Administração Regional dos Açores	469,8	536,7	600,5	652,5	1596	1690,4	1860
Administração Local	5 159,50	5 303,10	5 866,30	5 897,40	4119,6	3789,5	3545,9

Fonte: INE (PDE Setembro 2011 e PDE Outubro 2019).

16.14. Em 2011 uma série de empresas públicas passaram a estar também dentro do perímetro das administrações públicas para apuramento do défice (em contabilidade nacional) e isso fez aumentar as necessidades de financiamento do Estado. Analise o impacto desta correcção do INE/*Eurostat* no défice orçamental desses anos (2007-2010) tendo em conta os valores apresentados abaixo no Quadro 16.10.

Quadro 16.10. Correcção das necessidades de financiamento em 2011

	Unidades	**2007**	**2008**	**2009**	**2010**
Reclassificação de Empresas de transporte (REFER – EPE;	Milhões €	631	862	883	793
Metropolitano de Lisboa – EPE; Metro do Porto – SA)	% PIB	0,4	0,5	0,5	0,5
Sociedades BPN/"Financial Defeasance Structures" (a)	Milhões €				1800
	% PIB				1,0
Execução de Garantias BPP (b)	Milhões €				450
	% PIB				0,3

Fonte: INE (PDE Março 2011).

16.15. O Quadro 16.11 fornece informação sobre o objectivo para o saldo global em 2011 (coluna 1), a variação que isso representaria em relação aos valores executados em 2010 (coluna 2), a consolidação efectivamente realizada em 2011 (coluna 3) e essa consolidação em % do objectivo. Por seu turno o Quadro 16.12 fornece informação apenas sobre o saldo consolidado do subsector Estado, excluindo as transferências para outros subsectores.

Quadro 16.11. Contribuição dos subsectores para a consolidação orçamental, 2011

	(1) Saldo Global Objectivo p/ 2011**	(2) Variação Obj2011- -Exec2010* (obj. Consol.)	(3) Variação Homóloga Saldo*** (Jan. a Dezembro)	(4) Variação em % do Obj. Consol. (4=3/2)
Estado	-9.051,6	4.196,0	3.820,7	91,1%
Estado (saldo primário)	-2.661,0	5.614,9	5.478,5	97,6%
Fundos e Serviços Autónomos	924	543,7	213,3	39,2%
Seg. Social	535,1	-115,9	-221,7	191,3%
Adm. Local e Regional	-75,5	-25,1	-359,5	1432,4%
Total das Adm. Públicas	-7668	4598,7	3.452,7	75,1%

Quadro 16.12. O saldo global consolidado do Subsector Estado (2010-11)

	Execução (Jan-Dez.)	Execução (Jan-Dez.)	Variação Homól.	Variação da Receita. e Desp..
	2010	2011	Exec11- -Exec10	% da var. do SG
Receita Corrente*	34571	36778	2206	115,2%
Receita Capital*	780	332	-448	-23,4%
Despesa corrente*	21859	22089	230	12,0%
Despesa de capital*	799	413	-386	-20,2%
Saldo Global Consolidado	12693	14608	1915	100,0%

Tabela 2. Saldo Global Consolidado do Subsector Estado (execução Dez. 2010 e 2011)

a. Explique qual dos subsectores mais contribuiu para a consolidação orçamental em 2011.
b. Clarifique por que é que o Estado reduz o défice em 3820,7M (sem medidas extraordinárias), mas só reduz o défice consolidado em 1915M (também sem medidas extraordinárias).

16.16. Considere as seguintes perspectivas de evolução da economia portuguesa em dois cenários. O valor do PIBpm para 2011 foi obtido a partir das previsões do Boletim de Inverno do Banco de Portugal (B.P.). O cenário 1, mais optimista, coincide em 2012 e 2013 com as previsões do Banco. O cenário 2, mais pessimista, traduz a revisão em baixa da variação nominal do PIBpm tendo em conta as revisões em baixa para o crescimento mundial e europeu de Janeiro de 2012 do Fundo Monetário Internacional. Assume-se, nos dados do Quadro 16.13, que o valor das necessidades de financiamento líquidas das administrações públicas igualam o valor do défice orçamental previsto no memorandum com a *troika* (para 2012-2014), mantendo-se a consolidação orçamental em 2015 e 2016.

Quadro 16.13. Perspectivas de evolução da economia portuguesa (2011-2016)

	2011	2012	2013	2014	2015	2016
PIBpm (cenário 1)	170034					
PIBpm (cenário 2)	170034					
PIBpm (t.v. cenário 1)	-1,60%	-3,10%	0,30%	0,80%	1,50%	2%
PIBpm (t.v. cenário 2)	-1,60%	-3,80%	-1,50%	-0,50%	0,50%	1,25%
Divida Pública	172.628,8					
(% do PIBpm 1)	101,5%					
(% do PIBpm 2)	101,5%					
Necessidades Liq. De Financ.	10024,3	7645	5224	4521	3400	2200

a. Calcule os valores do PIB a preços de mercado nos dois cenários e o valor da dívida pública, assumindo que haverá receitas de privatização de 4000M. euros em 2012 (como previsto no OE2012) e de 2000M. em 2013.
b. Calcule o rácio da dívida no produto nos dois cenários. Que conclusões retira?
c. Refaça os cálculos da alínea b) assumindo que a dívida existente no terceiro trimestre de 2011 (189.699) será a dívida no final de 2011.

16.17. Considere os seguintes dados sobre a evolução da dívida pública e do défice orçamental em termos absolutos, calcule as variações no período 2007-2015, quer em termos absolutos quer em percentagem do PIB. Analise, explicando essas variações anuais e, em particular, por que é que as variações no *stock* da dívida são diferentes do valor dos défices orçamentais.

Quadro 16.14. Dívida e défices públicos em Portugal (2007-2015)

	2007	2008	2009	2010	2011	2012	2013	2014	2015
Défice	5,3	6,7	17,2	20,1	13	9,5	8,2	12,4	7,9
Dívida	120,1	128,2	146,7	173,1	196,2	212,5	219,6	225,8	231,3
PIBpm	175,5	178,9	175,4	179,9	176,1	168,3	170,2	173,4	179,4

Fonte: Banco de Portugal (milhões de euros)

16.18. Compare as previsões do XXI governo constitucional inscritas no Programa de Estabilidade 2016-20 de Abril de 2016 com as do Fundo Monetário Internacional. O que poderá explicar essas diferenças?

Quadro 16.15. Previsões económicas e orçamentais para Portugal do governo português (MF) e do FMI (2016-...)

	2015	2016	2017	2018	2019
PIBpm-taxa var. real. (MF)	1,5	1,8	1,8	1,9	2
PIBpm-taxa var. real. (FMI)	1,5	1	1,1	nd	nd
Taxa Desemprego (MF)	12,4	11,4	10,9	10,4	9,8
Taxa Desemprego (FMI)	12,4	11,8	11,3	nd	nd
Dívida Pública (% PIB) – (MF)	128,9	124,8	122,3	118,7	114,5
Dívida Pública (% PIB) (FMI)	128,8	128,3	128	nd	nd
Saldo Orçamental (MF)	-4,4	-2,2	-1,4	-0,9	-0,2
Saldo Orçamental (FMI)	-4	-3	-3	nd	nd

Fontes: Programa de Estabilidade 2016-2020 (MF) de Abril 2016 e Concluding Statement of the Fourth Post Programme Monitoring (FMI), Junho 2016

16.19. O sistema bancário português em 2016 apresenta problemas. Foi o caso BES e a criação do Novo Banco à venda (ou liquidação) até, tudo o indica, 2017. Foi a resolução do BANIF no final de 2015. É a nova recapitalização da Caixa Geral de Depósitos em 2016. Distinga os potenciais efeitos económicos, orçamentais e financeiros desta situação do sistema financeiro.

Exercícios Resolvidos

E.16.**10**

Vejamos os factos primeiro. A figura 16.2 dá-nos um indicador da densidade de autoestradas de cada país, o rácio dos quilómetros de autoestrada por quilómetro quadrado de território. Neste ranking em 2007, mesmo antes da crise financeira, Portugal ocupava um lugar cimeiro. Com mais quilómetros de autoestrada só mesmo a Alemanha, a República Checa e o Benelux (Bélgica, Holanda e Luxemburgo). Não sendo Portugal um país tão rico como a Alemanha (que se traduziria em mais viagens de carro por mil habitantes) nem um país central, em que haja viaturas de outros países a usar as nossas auto-estradas em curso para outros países (como a República Checa ou os países do Benelux), só se pode suspeitar que essas auto-estradas estarão, em média, um pouco vazias. Ora, é precisamente isso que mostram os dados da figura 16.1: carros de passageiros por quilómetros de auto-estrada, onde Portugal é dos países que menos carros tem por quilómetro. Estes são os factos. Quanto à interpretação económica, podemos argumentar facilmente que a construção de auto-estradas esteve muito acima do nível eficiente, isto é, acima do que os cidadãos desejariam se tivessem a percepção do "preço fiscal" (ver capítulo 3) que teriam de pagar por cada quilómetro adicional de auto-estrada. Isto porque dada a ilusão fiscal provocada pelo abuso do recurso a parcerias público-privadas (que ainda estamos a pagar), o cidadão mediano português (ver capítulo 4 e exercício 16.5) não se apercebeu do custo dessas auto-estradas e permitiu que certos actores políticos lançassem mão de obras que não tinham justificação económica nem financeira.

E.16.**17**

Caso não houvesse factos adicionais, que a seguir referiremos, a variação no *stock* da dívida em cada ano seria igual ao défice orçamental. Na realidade, em cada ano, as necessidades líquidas de financiamento das administrações públicas (APs), isto é, quanto é que teria de aumentar a dívida pública, seria exactamente igual ao défice orçamental. As APs endividar-se-iam precisamente para financiar o défice orçamental. Nesse sentido, os valores constantes da tabela seguinte deveriam ser iguais. Porém, há sempre factores adicionais que fazem com que a variação do *stock* da dívida bruta seja superior ou inferior ao previsto. Não esqueçamos que se trata de dívida *bruta*, isto é, não considera os activos. Assim, se o Estado utilizar parte do depósitos que tem no Tesouro para amortizar um empréstimo ao FMI, tudo o resto constante, isto tem um efeito de redução da dívida. O mesmo se o Estado privatizar uma empresa pública e afectar as receitas dessa operação financeira para amortizar a dívida (como estabelece aliás a Lei-Quadro das privatizações). Em sentido contrário, se o Estado, uma região autónoma ou uma autarquia local faz uma emissão de dívida para injectar capital numa dada empresa, sob a forma de *aumento de capital* dessa empresa, isso faz aumentar a dívida sem ir ao défice, criando assim uma discrepância entre défice orçamental e variação da dívida. Note-se que se se tratar de uma *transferência de capital* (financiada por uma emissão de dívida) para uma empresa fora do perímetro orçamental isso tem impacto quer no aumento do défice quer no da dívida, o que não criaria nenhuma discrepância entre a variação de um e de outro.

	2007	2008	2009	2010	2011	2012	2013	2014	2015
Défice*	5,3	6,7	17,2	20,1	13	9,5	8,2	12,4	7,9
Var. Dívida*		8,1	18,5	26,4	23,1	16,3	7,1	6,2	5,5
Div/PIB (%)	68,4	71,7	83,6	96,2	111,4	126,3	129,0	130,2	128,9

* mil milhões de euros.

E.16.**18**

Basta comparar as previsões do Ministério das Finanças com as do FMI para se perceber que as do governo são mais optimistas e as do FMI mais realistas, ou as do governo mais realistas e as do FMI mais pessimistas. Na realidade o governo estima que a economia vai crescer mais do que prevê o FMI, e que o peso do défice e da dívida vão reduzir-se mais do que previsto pelo FMI. As discrepâncias de valores radicam em nossa opinião nos seguintes fatores. Primeiro, as previsões do governo são de Abril de 2016 e retomam previsões já anteriores, de Outubro 2015 aquando da apresentação do Orçamento do Estado, enquanto as do FMI são de Junho de 2016, sendo que neste período as perspetivas da economia e portuguesa sofreram uma deterioriação. Segundo, os governos tipicamente consideram que têm de "puxar pela economia" e uma das formas com que o fazem é tentando afetar positivamente as expectativas dos agentes económicos (se o conseguem fazer, ou não, é outra questão). Fazem-no apresentando cenários mais optimistas. Terceiro, há efetivamente dados novos que deterioram a posição financeira do Estado. Não fora a recapitalização necessária na CGD e poder-se-ia avançar mais na amortização da dívida da República ao Fundo Monetário Internacional (e com isso reduzir os encargos da dívida, dado que comparativamente são elevados).

Não resistimos a apresentar as nossas previsões (de um dos autores) em Julho de 2016. A economia deverá crescer em 2016 1,1% ou 1,2%, o défice, em contabilidade nacional (sem medidas extraordinárias) andará pelos 2,5% ou 2,6%, e a dívida pública deverá crescer para 130,5% do PIBpm, considerando apenas como necessidade de financiamento adicional a recapitalização da Caixa Geral de Depósitos. Em Economia, como é habitual, todas as previsões são falíveis, mas aqui ficam registadas neste livro à espera que daqui a cerca de um ano (relativamente à data de edição da presente obra) saibamos os verdadeiros valores.

Soluções das Questões de Escolha Múltipla

	C1	C2	C3	C4	C5	C6	C7	C8	C9	C10	C11	C12	C13	C14	C15
1	c	c	a	c	b	b	d	a	a	a	c	d	d	d	c
2	d	c	c	c	d	b	b	a	b	b	c	c	c	d	d
3	c	d	b	b	c	c	b	c	a	a	c	b	c	d	c
4	b	c	a	b	d	b	d	b	a	c	a	d	a	b	c
5	b	c	b	c	c	c	b	b	a	a	b	a	a	d	b
6	c	d	c	a	a	b	b	c	b	a	c	d	b	c	a
7	c	c	c	d	c	a	d	b	c	b	c	c	b	b	b
8	b	c	b	d	d	c	c	b	d	a	c	b	a	b	b
9	b	a	a	d	b	d	b	a	c	a	c	c	c	b	c
10	a	d	c	d	b	d	a	c	d	a	b	b	c	c	d
11	c	d	b	c	c	b	d	d	a	-	a	c	c	a	b
12	a	d	c.	a	b	d	c	-	b	-	c	a	a	a	-
13	a	d	b	c	d	-	c	-	b	-	a	d	b	c	-
14	d	c	d	d	d	-	c	-	b	-	b	c	d	-	-
15	b	d	c	d	c	-	d	-	d	-	c	d	d	-	-
16	a	c	d	d	a	-	b	-	c	-	d	d	c	-	-
17	a	a	c	-	c	-	a	-	a	-	c	d	a	-	-
18	d	c	c	-	a	-	a	-	d	-	a	c	a	-	-
19	a	b	d	-	b	-	c	-	c	-	a	c	c	-	-
20	a	c	c	-	a	-	c	-	b	-	d	c	c	-	-
21	b	b	a	-	-	-	a	-	c	-	c	d	-	-	-
22	d	d	d	-	-	-	d	-	a	-	d	b	-	-	-
23	c	b	b	-	-	-	a	-	-	-	d	c	-	-	-
24	b	c	a	-	-	-	a	-	-	-	c	a	-	-	-
25	b	d	d	-	-	-	c	-	-	-	c	d	-	-	-
26	b	b	c	-	-	-	c	-	-	-	b	a	-	-	-
27	c	c	a	-	-	-	a	-	-	-	b	d	-	-	-
28	-	d	a	-	-	-	b	-	-	-	c	a	-	-	-
29	-	d	c	-	-	-	d	-	-	-	a	-	-	-	-
30	-	c	d	-	-	-	c	-	-	-	d	-	-	-	-
31	-	b	a	-	-	-	b	-	-	-	b	-	-	-	-
32	-	a	d	-	-	-	c	-	-	-	-	-	-	-	-
33	-	c	d	-	-	-	b	-	-	-	-	-	-	-	-
34	-	d	d	-	-	-	c	-	-	-	-	-	-	-	-
35	-	a	b	-	-	-	c	-	-	-	-	-	-	-	-
36	-	c	c	-	-	-	c	-	-	-	-	-	-	-	-
37	-	b	b	-	-	-	c	-	-	-	-	-	-	-	-
38	-	b	c	-	-	-	d	-	-	-	-	-	-	-	-
39	-	d	c	-	-	-	b	-	-	-	-	-	-	-	-
40	-	c	b	-	-	-	-	-	-	-	-	-	-	-	-
41	-	b	b	-	-	-	-	-	-	-	-	-	-	-	-
42	-	-	d	-	-	-	-	-	-	-	-	-	-	-	-
43	-	-	d	-	-	-	-	-	-	-	-	-	-	-	-
44	-	-	c	-	-	-	-	-	-	-	-	-	-	-	-
45	-	-	c	-	-	-	-	-	-	-	-	-	-	-	-
46	-	-	a	-	-	-	-	-	-	-	-	-	-	-	-

REFERÊNCIAS BIBLIOGRÁFICAS*

Bastos, A. Casaca, S.F., Nunes, F. e Pereirinha (2009) "Women and poverty: a gender-sensitive approach", *Journal of Socio Economics*, Vol. 38, Nº 5, pp. 764-778.

Pereira, P. T. (2012) *Portugal: Dívida Pública e Défice Democrático*, Fundação Francisco Manuel dos Santos, Relógio D'Água.

Pereira, P. T. (2008) *O Prisioneiro, o Amante e as Sereias: Instituições económicas, políticas e democracia*, Edições Almedina, Coimbra

Pereira, P.T. (1998) *Regionalização, Finanças Locais e Desenvolvimento*, ed. Ministério do Equipamento, do Planeamento e da Administração do Território, Lisboa.

Pereira, P.T., Afonso, A., Arcanjo, M. e Santos, J. C. (2016) *Economia e Finanças Públicas*, Escolar Editora, Lisboa, 5a ed. Revista e actualizada.

Pereira, P. T., Cabral, R,; Morais, L.T. e Vicente, J. (2018) *Uma Estratégia Orçamental Sustentável para Portugal*, Almedina, Coimbra.

Rodrigues, C. F.; Figueiras, R.; Junqueira, V. (2016) *Desigualdade do rendimento e pobreza em Portugal: as consequências sociais do programa de ajustamento*, Lisboa, Fundação Francisco Manuel dos Santos.

* Aqui constam apenas as obras referenciadas neste livro. Para uma bibliografia, muitíssimo mais vasta sobre este tema ver as referências bibliográficas em Pereira, Afonso, Arcanjo e Santos, na última edição (2016, à data desta edição).

FONTES ESTATÍSTICAS

Direção Geral do Orçamento.
http://www.dgo.pt/
Pasta: " Estatísticas de Finanças Públicas"

Instituto Nacional de Estatística
https://www.ine.pt
Pasta: "Informação Estatística"

Banco de Portugal
https://www.bportugal.pt/pt-PT/Estatisticas/

IGCP
http://www.igcp.pt/
Pasta: " Estatísticas"

Entidades que fazem pareceres e documentos técnicos:

Tribunal de Contas
http://www.tcontas.pt/
Pasta: " Atos do Tribunal"

Conselho de Finanças Públicas
http://www.cfp.pt/
Pasta: " Finanças Públicas"

Unidade Técnica de Apoio Orçamental
https://www.parlamento.pt/OrcamentoEstado/Paginas/UTAO_UnidadeTecnicadeApoio-Orcamental.aspx

Institute of Public Policy Thomas Jefferson - Correia da Serra (IPP-TJ CS)
https://www.ipp-jcs.org

ver no IPP- TJ CS os Projetos do *Budget Watch, Execução Orçamental,* e *Open Budget Survey.*

Bases de dados Europeias:

AMECO
http://ec.europa.eu/economy_finance/ameco

EUROSTAT
http://ec.europa.eu/eurostat